DEUS
e a BÍBLIA

DEUS
e a BÍBLIA

2ª Impressão

CPAD

Rio de Janeiro

2023

ELINALDO RENOVATO

Todos os direitos reservados. Copyright © 2008 para a língua portuguesa da Casa Publicadora das Assembléias de Deus. Aprovado pelo Conselho de Doutrina.

É proibida a duplicação ou reprodução deste volume, no todo ou em parte, sob quaisquer formas ou meios (eletrônico, mecânico, gravação, fotocópia, distribuição na web e outros), sem permissão expressa da Editora.

Preparação de Originais: César Moisés Carvalho
Revisão: Gleyce Duque
Capa: Marlon Soares
Projeto gráfico e Editoração: Natan Tomé

CDD: 242 – Vida Cristã
ISBN: 978- 85-263-0951-7

As citações bíblicas foram extraídas da versão Almeida e Corrigida, edição de 1995, da Sociedade Bíblica do Brasil, salvo indicação em contrário.

Para maiores informações sobre livros, revistas, periódicos e os últimos lançamentos da CPAD, visite nosso site: https://www.cpad.com.br.

SAC — Serviço de Atendimento ao Cliente: 0800-021-7373

Casa Publicadora das Assembleias de Deus
Av. Brasil, 34.401, Bangu, Rio de Janeiro – RJ
CEP 21.852-002

1ª edição: 2008
2ª Impressão: 2023
Impresso no Brasil
Tiragem: 200

Agradecimentos

Escrever sobre Deus e a Bíblia é para mim muito gratificante. Por isso, antes de tudo e de todos, agradeço a Deus, pelo privilégio que me concede de escrever mais um livro. Um livro sobre o Deus da Bíblia. E um livro sobre a Bíblia, o livro de Deus.

Agradeço a meus pais, José Martins de Lima (in memoriam) e Milza Renovato de Lima, que me encaminharam na fé em Cristo Jesus.

À minha esposa, Íris, amiga sempre presente, em minha vida, que me ajuda em meu ministério. Ela é a leitora número um das minhas obras, e me ajuda na revisão dos livros que escrevo.

Aos meus filhos — Ilana, Kennedy (genro), Rebeca e Bia (netas); Ilene e Joel (genro) e Jônatas (neto); Elieber, Talita (nora) e Taminha (neta) e Elieber Filipe (neto); Raquel e Leandro (genro) —, pelo incentivo que me dão com suas vidas nos caminhos do Senhor, dando-me a alegria de dizer "eu e minha casa servimos ao Senhor".

À Assembléia de Deus em Parnamirim, à qual, pela graça de Deus, sirvo como pastor. Pelos irmãos e amigos, que oram por mim e pelo meu ministério. Que a cada obra que escrevo, encontram motivo para comigo se alegrarem.

À CPAD, na pessoa do Dr. Ronaldo Rodrigues, seu ilustre diretor, que tem valorizado o autor nacional, e a todos os que fazem a nossa Casa.

Aos leitores, pelo Brasil afora, que têm prestigiado nosso trabalho literário. Que este livro seja uma bênção para edificação de suas vidas. A Deus toda a glória!

Elinaldo Renovato de Lima

Apresentação

Neste livro, procuramos demonstrar, num comentário simples, mas fundamentado nas premissas infalíveis da Bíblia, que Deus, o Ser Supremo, que inicia o conteúdo do Livro Sagrado com o relato da Criação do Universo, da vida, do homem e de todos os seres e das coisas que existem, é o Deus único e verdadeiro.

Há muitos deuses criados pela imaginação do homem ou pelo Diabo. Há nações que possuem, no seu panteão, milhões de deuses, que vão da planta ao sol ou à lua; dos insetos, passando pela mosca, até ao rato. Esses povos são os mais miseráveis da Terra. Seus deuses não lhes proporcionam a oportunidade de serem elevados em termos espirituais, morais ou sociais e econômicos.

O Deus da Bíblia, o Senhor, tem prazer em elevar o homem à categoria de um ser superior, na escala dos seres criados. Desde o início, em seu plano maravilhoso, Deus disse: "Façamos o homem à nossa imagem, conforme a nossa semelhança [...]" (Gn 1.26) Isso faz grande diferença. O Deus da Bíblia quer que o homem seja sua imagem, em termos espirituais e morais. Enquanto muitos deuses das falsas religiões nivelam-se aos animais inferiores, e reivindicam que seus adoradores sejam transformados em categorias inferiores.

O Deus da Bíblia é Santo. E exige santidade de seus adoradores: "Mas, como é santo aquele que vos chamou, sede vós também santos em toda a vossa maneira de viver, porquanto escrito está: Sede santos, porque eu sou santo" (1 Pe 1.15,16). Os falsos deuses, de épocas passadas, e os deuses estranhos, dos tempos presentes, requerem do homem práticas imorais e destruidoras.

Nos capítulos em que escrevemos sobre a Bíblia, procuramos exaltar o Livro dos livros. Nele, encontramos todas as diretrizes divinas para a felicidade do homem, na Terra e na eternidade. Os filósofos, com seus livros, recheados de uma linguagem rebuscada, de termos plenos de sapiência humana, pouco ou nada têm feito para libertar o homem da sua tragédia espiritual e moral decorrente do pecado.

Pelo contrário. Os filósofos materialistas, bem como os teólogos liberais, têm contribuído, em sua grande maioria, para afastar o homem do único meio que o pode libertar: a fé em Cristo Jesus, o Salvador do homem, o Cristo dos Evangelhos. Eles estão perdidos e usam a inteligência e a mente para empurrar o ser humano para a perdição eterna. Negam Deus e exaltam o homem. Negam a Bíblia e se fazem deuses em sua vã imaginação. Julgam os crentes alienados ou loucos.

Mas a Bíblia tem a resposta: "Porque a palavra da cruz é loucura para os que perecem; mas para nós, que somos salvos, é o poder de Deus. Porque está escrito: Destruirei a sabedoria dos sábios e aniquilarei a inteligência dos inteligentes. Onde está o sábio? Onde está o escriba? Onde está o inquiridor deste século? Porventura, não tornou Deus louca a sabedoria deste mundo? Visto como, na sabedoria de Deus, o mundo não conheceu a Deus pela sua sabedoria, aprouve a Deus salvar os crentes pela loucura da pregação" (1 Co 1.18-21).

Parnamirim-RN, em 24 de maio de 2008
Elinaldo Renovato de Lima

PREFÁCIO

Há muito já se demonstrou que uma visão equivocada de Deus nos leva a adorar um falso deus, o que conseqüentemente resultará na ida do seguidor para um lugar errado. Outro aspecto igualmente importante e digno de consideração é que adorar o Deus verdadeiro sem conhecer sua revelação escrita ou especial – o Livro Sagrado – pode transtornar e comprometer o futuro do relacionamento do fiel com a divindade.

Pela importância desses pressupostos básicos, o livro *Deus e a Bíblia* é um trabalho que se autojustifica. Entretanto, em um momento em que a Pessoa e a obra de Deus vêm sendo atacadas por teologias falaciosas e antibíblicas, a presente obra se constitui, além disso, em uma importante ferramenta.

Neste livro, o pastor Elinaldo Renovato emprega toda sua capacidade literária e teológica na re-asseveração dessas verdades fundamentais. O público leitor constatará que a hora escolhida por ele é não somente oportuna como também urgente.

Agosto de 2008
Os Editores

Sumário

Apresentação 07
Prefácio 09

Capítulo 01
O Deus da Bíblia 13

Capítulo 02
O Deus que se Comunica com o Homem 23

Capítulo 03
O Deus que Intervém na História 35

Capítulo 04
O Deus da Redenção Humana 47

Capítulo 05
A Soberania de Deus e o Livre-Arbítrio Humano 67

Capítulo 06
O Deus que Comanda o Futuro 91

Capítulo 07
A Rebelião contra o Deus da Bíblia 119

Capítulo 08
A Bíblia É a Palavra de Deus 133

Capítulo 09
A Inerrância da Bíblia 151

Capítulo 10
A Bíblia — O Código de Ética Divino 169

Capítulo 11
A Completude da Bíblia 185

Capítulo 12
A Igreja — Serva da Bíblia 195

Capítulo 13
O Valor do Estudo da Bíblia 203

Bibliografia 219

1
O DEUS DA BÍBLIA

Ora, ao Rei dos séculos, imortal, invisível, ao único Deus seja honra e glória para todo o sempre. Amém (1 Tm 1.17).

Há muitos deuses, criados pelos homens, ou pelo Maligno. Mas o Deus da Bíblia é o único Deus, verdadeiro, soberano, criador dos céus, da Terra, dos homens, e de todas as coisas. Você está iniciando o estudo mais fascinante que existe: Uma visão resumida de alguns aspectos da Doutrina de Deus. É desafiador à fé de cada pessoa, em todo o lugar, em todos os tempos. Quem é Deus? Muitos fazem esta pergunta com sinceridade, buscando entender os vislumbres e as evidências de sua existência, e a natureza de sua Pessoa. Outros a fazem, com soberba, em sua ignorância impedindo-os de entender a transcendência do Eterno ao desejar respostas para sua incredulidade. Para os que aceitam a Bíblia, como fonte de inspiração, e de respostas às inquietações da alma, Deus é o Ser Supremo, o Criador do universo, do homem, e de todas as coisas. E a Bíblia é a sua Palavra.

Os homens, em sua maioria, têm dificuldade em aceitar a indispensável idéia da existência real do Ser Supremo que existe antes do tempo e fora do tempo. Como veremos, em capítulo posterior, o homem, com a mente prejudicada pelo pecado, prefere acreditar que Deus não existe, e que se trata de uma invenção dos homens religiosos, com o objetivo de manter as pessoas sob seu controle, com normas e regras, estabelecidas pelas religiões. E o tempo vai passando e muitos estão enganando e sendo enganados pelos ensinos materialistas e ateístas (2 Tm 3.13).

Os cientistas, em sua maioria absoluta, sentem-se obrigados a crer no que é estabelecido nas teorias sobre as origens da vida, do homem e de todos os demais seres e coisas que existem no universo. Para eles, há mais lógica em aceitar a não provada teoria da evolução, do que aceitar o que a Bíblia diz sobre as origens de tudo. É mais fácil um cientista aceitar e propalar que o homem veio de um primata, que por sua vez, surgiu de um réptil, que surgiu de um anfíbio, que se originou de um peixe, ou vertebrado, que, por sua vez, surgiu de um invertebrado, que teve origem num animal unicelular ou protozoário.

No entanto, após todos os séculos de pesquisa, de teoria em teoria, até hoje, não foi encontrado um único "elo de ligação" entre os estágios da chamada evolução das espécies. Somente a Bíblia tem a resposta mais consistente, segura e compatível com a origem da vida e dos seres criados. "No princípio, criou Deus os céus e a terra. E disse Deus: Façamos o homem à nossa imagem, conforme a nossa semelhança; e domine sobre os peixes do mar, e sobre as aves dos céus, e sobre o gado, e sobre toda a terra, e sobre todo réptil que se move sobre a terra" (Gn 1.1,26). Deus, o Deus da Bíblia, é o Criador, o Preservador, o Senhor e o Salvador do homem. É o Deus que é Juiz do universo, e chamará os homens à prestação de contas no tempo do fim. A crença ou não, no Deus da Bíblia, é fator marcante, decisivo e determinante, não só do comportamento do homem, na Terra, como do seu destino, na eternidade. Meditemos um pouco no tema deste trabalho, neste e nos seguintes capítulos.

I – O DEUS DA BÍBLIA

1. Sua existência

O Deus da Bíblia Existe?

É a pergunta feita por muitas pessoas, em todos os lugares, em todos os tempos. "Se Ele existe", inquirem os críticos da Bíblia, "por que há o sofrimento de tantos, inclusive de inocentes crianças, e de pessoas piedosas?" "Por que a injustiça?" "Por que tantos ímpios prosperam?" "Por que tantas tragédias, vitimando tantas pessoas?" Com tais perguntas, a mente humana procura entender Deus, mas ao mesmo tempo, há quem, presunçosamente, busque afirmar sua não-existência, ou julgar a Deus culpando-o pelos males que há sobre a face da Terra.

A Existência de Deus É um Postulado

Deus existe independentemente de alguém crer ou não em sua existência. A existência de Deus é um postulado, do latim, *postulatu*, cujo significado filosófico é uma "Proposição não evidente nem demonstrável, que se admite como princípio de um sistema dedutível, de uma operação lógica ou de um sistema de normas práticas" *(Dicionário Aurélio)*. Deus é fato que não se pode demonstrar com base na lógica humana. A existência de Deus é um axioma ou "uma proposição que se admite como verdadeira, sem exigência de demonstração". "Não existe outra opção: ou Deus existe ou nada existe", diz o professor titular do Laboratório Thomson de Espectometria de Massas do Instituto de Química da Unicamp, Marcos Nogueira Eberlin. Para ele, a conclusão de que Deus existe é evidente e natural. "Negar que Deus existe", acrescenta, "é assumir o impossível como possível, o improvável como provável. É, portanto, um delírio, uma ilusão."[1] A Bíblia traduz a descrença em Deus de modo mais enfático: insensatez, estupidez, absurdo: "Disse o néscio[2] no seu coração: Não há Deus" (Sl 53.1); "Por causa do seu orgulho, o ímpio não investiga; todas as suas cogitações são: Não há Deus" (Sl 10.4).

Não Há Necessidade de Prova da Existência de Deus

Uma das evidências de que Ele existe é a existência do universo. Sem Deus, ele não poderia existir. Há uma ordem que reina no universo. Em tudo que existe ordem e harmonia, pressupõe a realidade de uma inteligência, de um Ser Inteligente. O universo não é um **caos** (desordem), mas é um sistema ordenado. Tanto no *macrocosmo,* no espaço sideral, nos planetas, incluindo a Terra, bem como no *microcosmo,* há ordem em todas as coisas.

Não podemos provar, cientificamente, que Deus existe porque somos humanos. E Deus não é humano. Ele é Onisciente e Onipotente. Já a nossa mente humana é limitada. Ele, em sua infinita bondade, quis dar-

---

[1] http://www.comcienia.br/200407/reportagem/08/shtml. Acesso em 21/10/2007

[2] Néscio: 1. "Que não sabe; ignorante, estúpido. 2. Inepto, incapaz. 3. Insensato, absurdo" (*Dicionário Aurélio*).

se a conhecer aos seres criados. As provas são necessárias à mente do homem natural. O homem espiritual (1 Co 2.15), pela fé, tem a prova mesmo daquilo que não vê (Hb 1.1).

II – A LIMITAÇÃO HUMANA DIANTE DE DEUS

1. A INCOMPREENSÃO HUMANA

Deus, em sua infinitude, é incompreensível à mente finita do homem. Zofar, diante de Jó, exclamou: "Porventura, alcançarás os caminhos de Deus ou chegarás à perfeição do Todo-poderoso?" (Jó 11.7) Isaías não encontrou resposta, e indagou: "A quem, pois, fareis semelhante a Deus ou com que o comparareis?" (Is 40.18) Mas Ele mesmo resolveu revelar-se ao homem. Por meio de Cristo, Deus enviou o que de melhor se pode conhecer a seu respeito: "E a vida eterna é esta: que conheçam a ti só por único Deus verdadeiro e a Jesus Cristo, a quem enviaste" (Jo 17.3).

2. A CONDIÇÃO HUMANA

Os homens, em sua condição natural, atingidos em seu âmago, pelo germe do pecado, têm dificuldade em crer em Deus. Está escrito: "Ora, o homem natural não aceita as coisas do Espírito de Deus, porque elas se discernem espiritualmente" (1 Co 2.14). E existem ainda os que não têm o bom senso espiritual, os quais negam a existência de Deus, "todas as suas cogitações são: Não há Deus" (Sl 10.4). Mas Deus existe independente da crença ou da incredulidade dos homens naturais. A vida de Deus, ou o fato de Deus, é algo que é percebido através de muitas evidências. Enquanto o néscio, em sua ignorância, ou em seu orgulho, diz: "Não há Deus", "Os céus manifestam a glória de Deus e o firmamento anuncia a obra das suas mãos" (Sl 19.1).

III – A DIFERENÇA ENTRE O DEUS DA BÍBLIA E OS FALSOS DEUSES

Os seres humanos, em todas as nações, sentindo a necessidade de ter contato com o transcendente, com as coisas ocultas diante da natureza, e de suas forças; diante do desconhecido, e por ignorância, criaram os seus próprios deuses; o Diabo também atuou, apresentando deuses falsos aos homens, para que os mesmos não conhecessem o Deus Altíssimo, Criador do Céu e da Terra. Ele cegou os entendimentos dos homens (2 Co 4.4).

1. O DEUS DA BÍBLIA É O CRIADOR

De acordo com a Bíblia, Deus criou todas as coisas *ex-nihilo*, ou seja, a partir do nada. Os deuses falsos foram criados pela imaginação do homem. Na Babilônia, adorava-se a Marduk, que era considerado "deus dos deuses". Esse matou "Tiamat, a deusa das águas profundas", que fazia surgir todo tipo de criaturas más. Marduk a derrotou, segundo sua crença, e dividiu o corpo da "deusa" em duas partes, criando o céu e a terra.[3] O Deus da Bíblia, o Senhor, não matou ninguém para criar nada. Pelo contrário. Do nada, criou todas as coisas do universo. Diz a Bíblia: "Tu só és Senhor, tu fizeste o céu, o céu dos céus e todo o seu exército, a terra e tudo quanto nela há, os mares e tudo quanto neles há; e tu os guardas em vida a todos, e o exército dos céus te adora" (Ne 9.6).

2. O DEUS DA BÍBLIA É ETERNO

Na Bíblia, temos várias referências sobre a eternidade de Deus. "O Deus eterno te seja por habitação, e por baixo de ti estejam os braços eternos" (Dt 33.27); "Não sabes, não ouviste que o eterno Deus, o Senhor, o Criador dos confins da terra, nem se cansa, nem se fatiga? Não há esquadrinhação do seu entendimento" (Is 40.28); "Mas o Senhor Deus é a verdade; ele mesmo é o Deus vivo e o Rei eterno" (Jr 10.10). Os deuses falsos são mortais. O deus grego, Perséfone, morria a cada ano. As folhas do outono representavam o seu fim. No inverno, os deuses morriam, e ressurgiam na primavera.

3. O DEUS DA BÍBLIA É SANTO

Os deuses falsos se nivelam às baixezas dos seus seguidores, lascivos, violentos. Há deuses que na verdade são demônios, que requerem de seus adoradores beber sangue de animais; tomar banho de sangue de galinha, de bodes. E há os que levam seus fiéis a praticarem orgias sexuais, enquanto prestam-lhes culto. Mas o Deus da Bíblia exige santidade.

---

[3] Lloyd GEERING, Deus em um mundo novo, p. 115.

A Bíblia mostra claramente que a santidade de Deus é atributo inerente à sua majestade, pureza e perfeição. "Tu és tão puro de olhos, que não podes ver o mal e a vexação não podes contemplar; por que, pois, olhas para os que procedem aleivosamente e te calas quando o ímpio devora aquele que é mais justo do que ele?" (Hc 1.13).

"Porque Eu sou o Senhor, vosso Deus; portanto, vós me santificareis e sereis santos, porque eu sou santo" (Lv 11.44); "Exaltai ao Senhor, nosso Deus, e adorai-o no seu santo monte, porque o Senhor, nosso Deus, é santo" (Sl 99.9); "Pelo que vós, homens de entendimento, escutai-me: longe de Deus a impiedade, e do Todo-poderoso, a perversidade!" (Jó 34.10) No Apocalipse, vêem-se os quatro seres viventes, adorando, e dizendo: "Santo, Santo, Santo é o Senhor Deus, o Todo-poderoso, que era, e que é, e que há de vir" (Ap 4.8).[4]

4. O Deus da Bíblia é o supremo Juiz do universo

Deus tem suas leis, mandamentos, estatutos e juízos. "Porque o Senhor é o nosso Juiz; o Senhor é o nosso Legislador; o Senhor é o nosso Rei; Ele nos salvará" (Is 33.22). Ele é o Juiz do universo; o "Juiz de toda a Terra" (Gn 18.25; Sl 75.7). Juízo e justiça são a base de seu trono (Sl 89.14). Ninguém escapará ao juízo de Deus. Homens ímpios, acobertados pelo anonimato, ou pela proteção humana, têm escapado à justiça da Terra. Não obstante, terão que encarar o supremo juiz, "porquanto tem determinado um dia em que com justiça há de julgar o mundo, por meio do varão que destinou; e disso deu certeza a todos, ressuscitando-o dos mortos" (At 17.31).

Os homens naturais, em suas práticas pecaminosas, consciente ou inconscientemente, rejeitam o Deus da Bíblia, pois, em sua rebeldia, não admitem a idéia de prestar contas a um Ser Supremo. Preferem aceitar os falsos deuses, pois estes são libertinos, e não exigem santidade. Dizem os ímpios: "Rompamos as suas ataduras e sacudamos de nós as suas cordas" (Sl 2.3).

5. O Deus da Bíblia é o Deus Salvador (Gn 32.30; Sl 7.10; 1 Pe 3.21)

A Bíblia demonstra bem a diferença entre o Deus verdadeiro e os falsos deuses, tipificados nos ídolos (Sl 115.1-8), que não podem salvar.

---

[4] LIMA, Elinaldo Renovato de. Apostila sobre doutrina de Deus, p. 31,32.

Na Índia, país pobre, do chamado Terceiro Mundo, são catalogados cerca de 300 milhões de deuses! O rio, a vaca, e até o rato, são considerados deuses. Impossível render culto a todos eles, mas os homens esforçam-se para agradá-los, talvez, de forma global. No Japão, país de primeiro mundo, há deuses e mais deuses, que são cultuados por seu povo. No Brasil, o sincretismo religioso transforma o país num santuário de deuses falsos, misturando entidades ditas do cristianismo, com divindades do candomblé, da macumba, e do espiritismo, num cenário de trevas e decadência espiritual. Todas essas manifestações se constituem num elaborado programa do Maligno para afastar as pessoas do Verdadeiro Deus, o Deus da Bíblia.

No antigo Egito, adoravam-se Rá, Osíris, Amon, e outros supostos deuses, indicando a idéia de que um Ser Supremo é a única explicação para a origem de todas as coisas. Os povos primitivos eram religiosos. Nos tempos bíblicos, conforme registra o Antigo Testamento, muitas falsas divindades, de caráter demoníaco, eram adoradas, tais como Baal, Moloque, Asera, e outros. Mas, atualmente, não se vê menos religiosidade no homem moderno. Nunca houve tantas religiões no mundo, como agora, em pleno século XXI. São milhares e milhares de religiões e seitas, as mais diversas, com crenças, doutrinas, rituais e mitos os mais diversificados. Há religiões para todos os gostos e ocasiões.

O mais curioso é que, nestes tempos pós-modernos, há pessoas que estão se voltando para práticas religiosas muito antigas, acreditando em bruxas, duendes, fadas, e em outros seres criados pela imaginação humana. As superstições, o animismo, o esoterismo estão em alta neste início de milênio. Tarôs, cartas, búzios, pirâmides, e outros objetos místicos estão tomando conta da mente dos povos ocidentais. O Movimento da Nova Era está infiltrado em todas as áreas, tanto na religião, como na cultura, na educação, na medicina, e em muitos outros ramos do conhecimento humano.

Embora tudo isso seja misticismo, primitivismo religioso, de influência diabólica, não resta dúvida de que, no coração do homem antigo, ou moderno, sua alma indica a necessidade que ele tem de se encontrar com Deus, de encontrar o Criador de tudo e de todos (cf. Sl 42.1-3). É a imperiosa noção de que, se tudo existe, é porque existe um criador. E este não é outro, senão Deus! Diz a Bíblia: "Não há santo como é o Senhor; porque não há outro fora de ti; e rocha nenhuma há como o nosso Deus" (1 Sm 2.2).

O salmista bem demonstrou a diferença entre o Deus da Bíblia e os falsos deuses, tipificados nos ídolos: "Não a nós, Senhor, não a nós, mas ao teu nome dá glória, por amor da tua benignidade e da tua verdade. Por que dirão as nações: Onde está o seu Deus? Mas o nosso Deus está nos céus e faz tudo o que lhe apraz. Os ídolos deles são prata e ouro, obra das mãos dos homens. Têm boca, mas não falam; têm olhos, mas não vêem; têm ouvidos, mas não ouvem; nariz têm, mas não cheiram. Têm mãos, mas não apalpam; têm pés, mas não andam; nem som algum sai da sua garganta. Tornem-se semelhantes a eles os que os fazem e todos os que neles confiam" (Sl 115.1-8).

IV – DEUSES QUE NÃO SÃO DA BÍBLIA

No século passado, surgiram muitas teorias, ensinos e doutrinas pseudo-teológicas. Na verdade, são doutrinas "ateológicas", pois, além de não terem fundamento bíblico ortodoxo, são verdadeiras aberrações contra o verdadeiro Deus.

1. O Deus do Teísmo Aberto

Trata-se de doutrina herética que, a despeito de considerar-se teológica, é uma violação à interpretação bíblica verdadeira sobre o Deus da Bíblia. Pregam as seguintes heresias:

1) Deus é amor. Todos os seus atributos são subordinados ao seu amor. É o único argumento que poderia ter fundamento bíblico (1 Jo 4.8, 16). No entanto, o amor a que se referem não é o amor do Deus da Bíblia, visto que usam a idéia do amor de Deus para justificar as outras heresias. Esquecem que Deus também é justiça (Is 30.27; Hb 12.29).

2) Deus não é soberano. Deus se relaciona com os homens, de modo cooperativo. Se os homens cooperarem com Deus, as coisas dão certo; se os homens, com o livre-arbítrio, não cooperarem, dá tudo errado, e Deus não pode impedir. Por isso, Deus não pode eliminar o mal nem evitar tragédias. Refutação: A soberania de Deus é inquestionável à luz da Bíblia. "Ainda antes que houvesse dia, eu sou; e ninguém há que possa fazer escapar das minhas mãos; operando eu, quem impedirá?" (Is 43.13; 46.9,10).

3) Deus não é onisciente. Ele ignora o futuro. Não sabe tudo o que vai ocorrer; tudo depende das ações livres das pessoas. Refutação: Deus tem absoluta onisciência: "E não há criatura alguma encoberta diante dele; antes, todas as coisas estão nuas e patentes aos olhos daquele com quem temos de tratar" (Hb 4.13; Sl 139.1-12).

4) Deus se arrisca. Ele se arriscou, quando criou o homem e os anjos, pois não sabia que haveria a tragédia do pecado. Refutação: "Lembrai-vos das coisas passadas desde a antiguidade: que eu sou Deus, e não há outro Deus, não há outro semelhante a mim; que anuncio o fim desde o princípio e, desde a antiguidade, as coisas que ainda não sucederam" (Is 46. 9,10). Deus não foi apanhado de surpresa, ante a Queda. Ele previu a redenção, no seu plano, antes da fundação do mundo (cf. 1 Pe 1.19,20).

5) Deus é falho. Ele pode dar conselhos e orientações erradas. Satanás deve rir muito dessa teologia, que admite um deus fraco, vulnerável e sujeito a falhas. Refutação: Deus é perfeito: "Perfeito serás, como o Senhor, teu Deus" (Dt 18.13; Jó 37.16; Mt 5.48).

6) Deus é mutável. A Bíblia diz que Ele se arrependeu; logo, Ele muda em seus planos e ações. Refutação: Deus não muda em sua essência: "Toda boa dádiva e todo dom perfeito vêm do alto, descendo do Pai das luzes, *em quem não há mudança, nem sombra de variação*" (Tg 1.17; grifo nosso). Quando a Bíblia diz que Deus se arrependeu, está usando uma linguagem humana para o entendimento humano. A mudança de Deus é mudança de planos e propósitos, quando o homem sai do seu lugar. Deus não tem compromisso imutável com quem não se comporta segundo a sua vontade. Em Gênesis 6.6, a Bíblia diz que Deus se arrependeu de ter feito o homem. Mas esse "arrependimento" nada tem a ver com o arrependimento do homem. Este arrepende-se de más ações. Deus nunca errou. Quem errou foi o homem. Deus já tinha previsto a corrupção geral do homem, e já houvera previsto o juízo sobre suas maldades.

Como aceitar que uma teologia, que estuda coisas relativas a Deus chegue a afirmar coisas tão absurdas? Só há uma explicação: "E também houve entre o povo falsos profetas, como entre vós haverá também falsos doutores, que introduzirão encobertamente heresias de perdição e negarão o Senhor que os resgatou, trazendo sobre si mesmos repentina perdição" (2 Pe 2.1). Com toda a certeza, o "deus" do Teísmo Aberto não é o Deus da Bíblia.[5]

---

[5] **N. do E.:** Para saber mais sobre *Teísmo Aberto*, consulte DANIEL, Silas. *A Sedução das Novas Teologias.* 1ª ed. Rio de Janeiro: CPAD, 2007, pp. 155-175.

2. O Deus da Nova Era

Já é bem conhecido o movimento filosófico e religioso, chamado Nova Era. Em resumo, é uma mistura de idéias, extraídas de seitas orientais, judaísmo, cristianismo e ocultismo. A finalidade é confundir ao máximo a mente das pessoas para que não se aproximem do Deus da Bíblia, ou dEle se afastem.

O deus da Nova Era não é uma pessoa, não é santo nem é eterno. Esse movimento é panteísta. Para seus adeptos, "deus é tudo e tudo é deus". O animal é deus; deus é o animal; a Terra é uma deusa (Gaia) e deus é a Terra; o universo é deus, e deus é o universo; o homem é deus, e deus é o homem. Só não é o Deus da Bíblia.

O Deus da Bíblia é o Criador, o Eterno, o Imutável, o Onipotente, o Onisciente e Onipresente, o Infalível, o Absoluto e Soberano. É o Senhor do universo. E é, também, o Deus que "amou o mundo de tal maneira que deu o seu Filho unigênito, para que todo aquele que nele crê não pereça, mas tenha a vida eterna. Porque Deus enviou o seu Filho ao mundo não para que condenasse o mundo, mas para que o mundo fosse salvo por ele" (Jo 3.16,17). Nós, seus servos, somos as pessoas mais felizes do universo, pois conhecemos Deus, por intermédio de Jesus Cristo, e de sua Palavra. Sirvamos a esse Deus com alegria e santidade (1 Pe 1.15; Hb 12.14).

2

O DEUS QUE SE COMUNICA COM O HOMEM

E ouviram a voz do Senhor Deus, que passeava no jardim pela viração do dia; e escondeu-se Adão e sua mulher da presença do Senhor Deus, entre as árvores do jardim. E chamou o Senhor Deus a Adão e disse-lhe: Onde estás? (Gn 3.8,9)

O Deus da Bíblia, em sua transcendência, sempre quis, e quer, comunicar-se com o ser humano, de forma pessoal, para demonstrar seu amor e seu cuidado, visando a sua salvação. Os deuses, criados pela imaginação humana, sempre se mostraram inacessíveis ao relacionamento com os seus adoradores. Os doze deuses do Olimpo, dos gregos, não desciam para ouvir, nem muito menos falar com eles. De igual modo, os deuses, igualmente falsos, de tantas religiões não-cristãs, são vistos como divindades, a quem seus seguidores jamais podem dirigir-se, diretamente. Se crêem numa pretensa comunicação, têm de fazê-la por meio de intermediários, também falsos. Mas o Deus da Bíblia, desde que criou o homem, com este se comunica. Por intermédio de Jesus, único mediador entre Deus e os homens, o ser humano tem acesso ao Soberano Senhor do universo e de todas as coisas.

A Bíblia relata o episódio, ocorrido no Monte Carmelo, quando os profetas de Baal e de Asera clamaram a Baal, seu deus, pedindo que manifestasse seu poder, fazendo descer fogo do céu, sobre o altar intencionalmente preparado, segundo o ritual de sua falsa crença. Eles clamaram toda a manhã, exasperados, gritando, ferindo-se com facas e lancetas, derramando o próprio sangue, na esperança de que o seu deus os ouvisse. Mas foi em vão. Ao meio-dia, sol a pino, de tanto clamar a seu deus e o fogo não descer, os adoradores de Baal já se encontravam exaustos. Os olhos da multidão estavam fixos ao espetáculo deprimente de tantas pessoas em busca de um deus falso.

Como nada acontecesse, ante os clamores vãos dos adoradores de Baal, o profeta Elias, servo do Deus Altíssimo, com certa ironia, sugeriu que clamassem mais, pois seu deus poderia estar dormindo, cansado, ou , quem sabe, viajando... Tudo em vão. O profeta de Jeová, então, convidou o povo para que chegasse mais perto. Consertou o altar, que estava desmantelado, ofereceu o sacrifício, e clamou a Deus, dizendo: "[...] Ó Senhor, Deus de Abraão, de Isaque e de Israel, manifeste-se hoje que tu és Deus em Israel, e que eu sou teu servo, e que conforme a tua palavra fiz todas estas coisas. Responde-me, Senhor, responde-me, para que este povo conheça que tu, Senhor, és Deus e que tu fizeste tornar o seu coração para trás. Então, caiu fogo do Senhor, e consumiu o holocausto, e a lenha, e as pedras, e o pó, e ainda lambeu a água que estava no rego. O que vendo todo o povo, caiu sobre os seus rostos e disse: Só o Senhor é Deus! Só o Senhor é Deus!" (1 Rs 18.36-39)

O Deus da Bíblia é o Deus de Elias. O Deus que se comunica com o homem; que ouve suas orações, e responde com sinais, prodígios e maravilhas, para que o seu nome seja glorificado.

I – A COMUNICAÇÃO DIRETA

1. NA CRIAÇÃO

O relato bíblico sobre a criação do ser humano, homem e mulher, demonstra, de modo bem evidente, que Deus comunicava-se de forma direta com o ser criado. Antes de tudo, Deus comunicou vida ao novo ser, infundindo-lhe o fôlego da vida, concedendo-lhe alma e espírito. Diz o Gênesis: "E formou o Senhor Deus o homem do pó da terra e soprou em seus narizes o fôlego da vida; e o homem foi feito alma vivente" (Gn 2.7). Com sua divina inteligência, e estética absoluta, Deus resolveu propiciar ao homem um ambiente maravilhoso: "E plantou o Senhor Deus um jardim no Éden, da banda do Oriente, e pôs ali o homem que tinha formado" (Gn 2.8). Sem dúvida, ao pôr o homem no jardim, fazendo dele o responsável e guardador, Deus lhe deu as instruções necessárias, fazendo-lhe ouvir sua voz.

2. Evitando a solidão

Em sua divina percepção, Deus entendeu que não seria desejável para o homem, o ser masculino, viver só (Gn 2.18). Ainda que, no início, antes da Queda, pudesse falar com Deus e ouvir a sua voz, seria interessante que o homem tivesse alguém, com a mesma natureza, para comunicar-se. Imagine como teria sido a primeira sensação de Adão após receber o fôlego de vida diante do Criador: admiração e curiosidade. Estava ali, aquele ser perfeito, programado para viver eternamente, com perfeita saúde mental e física; seu primeiro olhar, certamente, foi para Deus; depois, para o ambiente paradisíaco ao seu redor, pleno de beleza, dominado por aromas agradáveis e visão deslumbrante. Faltava alguém para completar-lhe o que haveria de lhe suprir as necessidades de seu interior, de sua mente e coração.

Além de comunicar-se com Deus, Adão precisava comunicar-se com outro ser, semelhante a ele. Por isso, após criá-lo, Deus tomou a decisão sublime: "E disse o Senhor Deus: Não é bom que o homem esteja só; far-lhe-ei uma adjutora que esteja como diante dele. E da costela que o Senhor Deus tomou do homem formou uma mulher; e *trouxe-a a Adão*" (Gn 2.18,22; grifo meu). Cremos que Deus se comunicava com voz audível.

Após criar a mulher, Deus a apresentou ao seu esposo. Ao entregar a mulher ao homem, Deus comunicou-lhe o seu cuidado e o seu amor. Ao realizar isso, Deus comunicou-se com ele, fazendo-lhe sentir indizível alegria e surpresa, ao contemplar sua companheira, que haveria de vivenciar a mais fascinante experiência da vida na terra.

3. A comunicação com o primeiro casal

Não se sabe quanto tempo o primeiro casal conviveu, em perfeita harmonia, espiritual, moral, conjugal, e social, antes de dar lugar ao pecado. Ele os fez, "macho e fêmea", com inteligência prodigiosa. Diz o texto bíblico:

> [...] Façamos o homem à nossa imagem, conforme a nossa semelhança; e domine sobre os peixes do mar, e sobre as aves dos céus, e sobre o gado, e sobre toda a terra, e sobre todo réptil que se move sobre a

terra. E criou Deus o homem à sua imagem; à imagem de Deus o criou; macho e fêmea os criou. E Deus os abençoou e Deus lhes disse: Frutificai, e multiplicai-vos, e enchei a terra, e sujeitai-a; e dominai sobre os peixes do mar, e sobre as aves dos céus, e sobre todo o animal que se move sobre a terra (Gn 1.26-28).

Após criar o homem e a mulher, à sua imagem (*imago Dei*), Deus lhes disse que deveriam frutificar e multiplicar-se, procriando a espécie humana. Além disso, em sua comunicação primeira, o Senhor determinou que o homem, com sua mulher, dominassem sobre a natureza, sobre os seres vivos. Deus fez o homem para ser o dominador da natureza. Nem ele, nem sua esposa, jamais teriam medo, ou pavor de qualquer animal, ou de qualquer inseto. Mas, por causa da Queda, o homem haveria de deixar de ser dominador, para ser dominado. De ser agente, ou sujeito, para ser objeto das circunstâncias, e da evolução dos acontecimentos que haveriam de suceder à humanidade.

Após o primeiro contato direto e visual de Deus com o ser humano, sem a menor sombra de dúvida, o Criador continuou a comunicar-se com ele. Em nosso livro *A Família Cristã nos Dias Atuais*, editado pela CPAD, interpretamos aquele ambiente comunicativo com os primeiros habitantes da Terra.

> O mais importante, no entanto, acontecia todas as tardes: "[...] Deus, que passeava no jardim pela viração do dia" (Gn 3.8a). O Criador, certamente, todas as tardes, visitava o Éden, buscando passar bons momentos em agradável diálogo e conversa com o casal, que sentia, assim, muita comunhão com o Senhor. A presença do Criador enchia o primeiro lar de muita paz e de alegria indizível.[1]

III – OITO EFEITOS DA QUEDA

1. A COMUNICAÇÃO PREJUDICADA

A Queda foi conseqüência e origem. Resultado da desobediência a Deus. E origem de toda a tragédia que desabou sobre o homem e toda a humanidade, trazendo doença, envelhecimento, violência e a morte. Sobre a natureza, em sua abrangência, trazendo efeitos prejudiciais ao

---

[1] LIMA, Elinaldo Renovato de. *A família cristã nos dias atuais* (CPAD), p. 10.

meio-ambiente, na vida agrária, pecuária, nos solos, nas águas, no ar atmosférico, e em todos os ecossistemas (Gn 3.17,18). Hoje, o chamado "efeito-estufa", já aqueceu o planeta além do normal, e vai aquecer mais ainda. Tudo conseqüência do pecado. Diante da tragédia, o Criador voltou a comunicar-se com o homem. A seguir, um resumo da Queda.

Com a Queda, rompeu-se a comunhão com Deus. Antes, sentiam satisfação em ouvir a voz de Deus, que lhes parecia música suave, pois foram os primeiros sons que penetraram em seus ouvidos naquele momento inicial da criação. A história se repete. Se o homem, e, muito mais, o crente, não zelar pela comunhão com Deus, o pecado destrói a comunicação com o Senhor.

2. A BARREIRA DO MEIO

Em qualquer situação, o medo é uma terrível barreira à comunicação entre as pessoas. Após a tragédia da desobediência, a voz de Deus lhes causou desconforto. "E ouviram a voz do Senhor Deus, que passeava no jardim pela viração do dia; e escondeu-se Adão e sua mulher da presença do Senhor Deus, entre as árvores do jardim" (Gn 3.8). Esconderam-se, evitando a presença e o olhar daquele que os criou, com tanto amor e cuidado, propiciando-lhes o dom da vida, e o mais belo e agradável ambiente para sua vivência na Terra.

3. DEUS PROCURA O HOMEM

"E chamou o Senhor Deus a Adão e disse-lhe: Onde estás?" Com esta pergunta, temos a mais eloqüente prova de que Deus deseja comunicar-se com o homem. Sabedor, em sua onisciência, do que houvera ocorrido, o Criador poderia simplesmente ter abandonado o casal desobediente; poderia ter pensado num outro plano, talvez incluindo a criação de outros seres, em outro planeta; mas não o fez. Toda comunicação envolve o que a transmite, e o que a recebe e entende. Deus fez soar sua voz de modo incisivo: "Onde estás?" (3.9b)

E Adão, a quem fora dado a liderança do casal, respondeu desconcertado e nervoso: "Ouvi a tua voz soar no jardim, e temi, porque estava nu, e escondi-me" (3.10b). Imaginemos a mulher, ante aquela situação embaraçosa, vendo seu marido tremer com medo de Deus. Ela, que foi tão ativa em desobedecer, agora, estava muda. Através da História, vê-se o homem fugindo de Deus. O Adversário usa a ciência, a cultura, a tecnologia, a arte, a religião e muitas coisas, para afastar o homem de

Deus. Mas a Bíblia diz: "Porque Deus amou o mundo de tal maneira que deu o seu Filho unigênito, para que todo aquele que nele crê não pereça, mas tenha a vida eterna" (Jo 3.16). Deus veio ao encontro do homem, para salvá-lo, redimindo-o do pecado.

4. O CONHECIMENTO DA DISCÓRDIA

"E Deus disse: Quem te mostrou que estavas nu? Comeste tu da árvore de que te ordenei que não comesses? Então, disse Adão: A mulher que me deste por companheira, ela me deu da árvore, e comi. E disse o Senhor Deus à mulher: Por que fizeste isso? E disse a mulher: A serpente me enganou, e eu comi" (Gn 3.11-13). A inquirição do Criador era perturbadora para Adão. Em vez de assumir a responsabilidade pelo pecado, preferiu lançar a culpa sobre sua esposa. Esta, por sua vez, também não teve a coragem de dizer que tivera ouvido a voz do Tentador, mas pôs a culpa na serpente. Aí, começaram as desavenças entre homem e mulher; a falta de responsabilidade em assumir os próprios erros, e escolher o caminho de atribuir as faltas aos outros. Satanás continua a enganar os que se descuidam do relacionamento com Deus (2 Co 11.3). Ele se transfigura até em anjo de luz (2 Co 11.14).

5. A MALDIÇÃO DA SERPENTE, E A REDENÇÃO PRENUNCIADA

Dificilmente alguém deseja junto de si uma serpente. Ela se tornou símbolo de maldição. E símbolo do Diabo (Ap 12.9; 20.2). "Então, o Senhor Deus disse à serpente: Porquanto fizeste isso, maldita serás mais que toda besta e mais que todos os animais do campo; sobre o teu ventre andarás e pó comerás todos os dias da tua vida. E porei inimizade entre ti e a mulher e entre a tua semente e a sua semente; esta te ferirá a cabeça, e tu lhe ferirás o calcanhar" (Gn 3.14,15). Naquele ambiente tenso no qual já se via os efeitos da tragédia do pecado, Deus condenou a serpente, e anunciou a redenção, por meio da "semente da mulher", que é Cristo Jesus, nosso Salvador.

6. A PERDA DE STATUS DA MULHER

Hoje, em Cristo, a mulher recuperou seu status espiritual (cf. Gl 3.28), mas está subordinada a seu marido (Ef 5.24). Com a Queda, ela sofreu terríveis conseqüências. Além de ter multiplicada a sua dor e a sua conceição, Deus decretou: "[...] e o teu desejo será para o teu marido, e ele te dominará" (Gn 3.16). Queiramos ou não, a mulher ficou em situação desvantajosa perante o homem, e tem sofrido as conseqüências da tragédia do pecado. Quando pensa que está sendo valorizada, em muitos casos, não percebe que está sendo apenas objeto das estruturas pecaminosas nas mãos do Diabo. A maior parte do marketing sobre a prostituição é baseado na figura feminina. Ninguém mais do que a mulher tem o corpo como objeto de exploração mercantil.

7. As perdas da bênção da terra e da vida eterna

"E a Adão disse: Porquanto deste ouvidos à voz de tua mulher e comeste da árvore de que te ordenei, dizendo: Não comerás dela, maldita é a terra por causa de ti; com dor comerás dela todos os dias da tua vida. Espinhos e cardos também te produzirá; e comerás a erva do campo. No suor do teu rosto, comerás o teu pão, até que te tornes à terra; porque dela foste tomado, porquanto és pó e em pó te tornarás" (Gn 3.17-19). A terra e o solo, no início, totalmente férteis, passaram a ser hostis ao homem. O clima foi totalmente afetado e modificado.

Antes, o homem trabalharia sem despender um esforço tão grande, e jamais agrediria o meio-ambiente. Porém, com a Queda, mais força física e desgaste tiveram que ser despendidos. Ainda que, com a tecnologia, o homem consiga obter maior rendimento do seu trabalho, os prejuízos decorrentes da exploração da Terra são incalculáveis. A ciência mostra que o planeta está sendo destruído, poluído, degradado. É como se o homem e a Terra, antes em harmonia, tivessem se tornado adversários.

O pior foi a última frase da sentença divina: "[...] até que te tornes à terra; porque dela foste tomado, porquanto és pó e em pó te tornarás". Ou seja, a sentença da morte física. No programa inicial de Deus para o homem ele não deveria voltar "ao pó", mas, em obediência, estaria eternamente em comunhão com Deus, sem sofrer os efeitos do envelhecimento, da doença e da morte. Morte física e morte espiritual – resultado da Queda. Funerárias, caixões, enterros, cemitérios e sepultamentos, são conseqüências do pecado. Graças a Deus, que, por meio de Cristo, a morte será derrotada: "Onde está, ó morte, o teu aguilhão? Onde está, ó inferno, a tua vitória?" (1 Co 15.55). E então desfrutaremos daquilo que Deus tem para nós: "E, quando isto que é corruptível se revestir da incorruptibilidade, e isto que é mortal se revestir da imortalidade, então, cumprir-se-á a palavra que está escrita: Tragada foi a morte na vitória" (1 Co 15.54).

8. A EXPULSÃO DO JARDIM

"E fez o Senhor Deus a Adão e a sua mulher túnicas de peles e os vestiu. Então, disse o Senhor Deus: Eis que o homem é como um de nós, sabendo o bem e o mal; ora, pois, para que não estenda a sua mão, e tome também da árvore da vida, e coma, e viva eternamente, o Senhor Deus, pois, o lançou fora do jardim do Éden, para lavrar a terra, de que fora tomado. E, havendo lançado fora o homem, pôs querubins ao oriente do jardim do Éden e uma espada inflamada que andava ao redor, para guardar o caminho da árvore da vida" (Gn 3.21-24).

Certamente, depois de ter experimentado as benesses de uma vida saudável, plena de saúde, paz e comunhão com Deus, no ambiente especial do Éden, Adão e Eva devem ter sentido tremenda frustração, quando se viram expulsos do seu primeiro lar, construído pelo próprio Deus. Mas é o resultado do pecado. Ele faz separação entre Deus e o homem: "Mas as vossas iniqüidades fazem divisão entre vós e o vosso Deus, e os vossos pecados encobrem o seu rosto de vós, para que vos não ouça" (Is 59.2).

IV – A COMUNICAÇÃO INDIRETA COM O HOMEM

Após a Queda, Deus deixou de visitar o homem, pessoal e diariamente como o fazia no Éden. O deísmo diz que Deus fez o homem, e todos os seres vivos, mas os abandonou à própria sorte. O Deus da Bíblia nunca fez isso. Deus é transcendente, ou seja, superior e acima da criatura, mas também é imanente, isto é, deseja comunicar-se com o ser criado à sua imagem, conforme a sua semelhança, ainda que este esteja desfigurado pelas conseqüências do pecado. Assim, ao longo dos séculos, Deus sempre se comunicou com o homem, mesmo de modo indireto.

1. POR MEIO DOS PATRIARCAS

Deus falou com Noé, anunciando a destruição do gênero humano, por causa de sua maldade desenfreada (Gn 6.13). Deus falou com Abraão, dizendo-lhe que saísse de sua terra, e faria dele uma bênção para todas as famílias da terra (Gn 12.1-3). Deus ouviu as orações de Isaque e lhe fez promessas (Gn 25.21-23). Deus falou com Jacó e lhe fez promessas (Gn 28.13-15). Assim, de uma forma ou de outra, Deus sempre se comunicou com homens, escolhidos por Ele, e com seus filhos, transmitindo-lhes sua vontade para eles e para sua descendência, dentro do plano de Deus para o povo escolhido, para os gentios, e para a Igreja.

2. POR MEIO DOS PROFETAS

Deus falou com Moisés (Ex 3.1-22). Ele era profeta (At 3.22). Através dos profetas, Deus falou a juízes; a reis, como a Davi, a Salomão, e a tantos outros, em períodos de bonança, de alegria, de vitórias e derrotas. Deus usou Samuel, Natã, Ido, Isaías, Jeremias, Ezequiel, Daniel, Oséias, Joel, Amós, Obadias, Jonas, Miquéias, Naum, Habacuque, Sofonias, Ageu, Zacarias, Malaquias, no Antigo Testamento. João Batista, e outros, no Novo Testamento. Todos esses homens foram porta-vozes da comunicação de Deus a seu povo, a povos estranhos, e à sua Igreja, em tempos e lugares diferentes.

V – A COMUNICAÇÃO PELA REVELAÇÃO

Não foi o homem que descobriu Deus. A religião não descobriu Deus. Foi Ele que se revelou ao homem, para comunicar sua Pessoa e seus propósitos para o ser criado. E o fez (e ainda faz) de duas formas:

1. A REVELAÇÃO GERAL OU NATURAL

É aquela em que Deus se revela através da natureza e da consciência humana, da realidade em nossa volta. Ela se dirige a todos os homens, e pode ser absorvida pela razão.

a) Pela natureza. Diz a Bíblia: "Os céus manifestam a glória de Deus e o firmamento anuncia a obra das suas mãos" (Sl 19.1). "Porquanto o que de Deus se pode conhecer neles se manifesta, porque Deus lho manifestou. Porque as suas coisas invisíveis, desde a criação do mundo, tanto o seu eterno poder como a sua divindade, se entendem e claramente se vêem *pelas coisas que estão criadas*, para que eles fiquem inescusáveis" (Rm 1.19,20; grifo meu).

b) No próprio homem. Através da consciência, Deus se revela ao homem: "Porque os que ouvem a lei não são justos diante de Deus, mas os que praticam a lei hão de ser justificados. Porque, quando os gentios, que não têm lei, fazem naturalmente as coisas que são da lei, não tendo eles lei, para si mesmos são lei, os quais mostram a obra da lei escrita no seu coração, testificando juntamente *a sua consciência e os seus pensamentos,* quer acusando-os, quer defendendo-os" (Rm 2.13-15; grifo meu). É Deus usando a "comunicação não-verbal" para revelar ao homem a sua santa vontade.

2. A REVELAÇÃO ESPECIAL

É aquela em que Deus usou três formas especiais de se comunicar com o homem, visando a sua salvação.

1) Pela Palavra de Deus. Na Bíblia, fonte maior da revelação de Deus, de sua Pessoa e de seus atributos, não se vê qualquer idéia que denote a intenção de provar a sua existência. No princípio, no Éden, e em períodos longos da História, Deus se comunicava verbalmente com o homem, direta, ou indiretamente. Mas houve um momento em que Deus disse a Moisés que ele escrevesse o que ouvia "num livro" (Êx 17.14). Simplesmente, e de modo direto, sem rodeios ou prelúdios literários, as Escrituras começam, afirmando: "No princípio, criou Deus os céus e a terra" (Gn 1.1). Esse é o ponto de partida da História da humanidade, da origem de tudo, do homem, de todos os seres e coisas criadas.

2) Deus revelou-se a seus escolhidos. Ele se revelou a Adão, a Abraão, a Isaque, a Jacó, a Moisés, A Davi, a Isaías, a Jeremias, a Ezequiel, a Maria, a Pedro, a Tiago, a João e a tantos outros. Ou seja, *Deus fez uma revelação de si mesmo* a pessoas que foram vistas por Ele como receptivas ao conhecimento do Ser Supremo. Essas pessoas *são testemunhas* da existência pessoal de Deus. É a revelação de Deus no seu caráter sobrenatural, e pode ser dada diretamente, *ou por meio de pessoas,* dotadas de capacitação sobrenatural (mensageiros, profetas).

3) Por meio de Jesus Cristo. Essa revelação só pode ser absorvida pela fé. E tem por escopo o plano da redenção. É dada ao homem na condição de pecador. Essa revelação só pode ser apreendida pela iluminação do Espírito Santo (Jo 16.8), por meio de Jesus. "Todas as coisas me foram entregues por meu Pai; e ninguém conhece o Filho, senão o Pai; e ninguém conhece o Pai, senão o Filho e aquele a quem o Filho o quiser revelar" (Mt 11.27; Jo 1.18). O objetivo da revelação especial é "nos conduzir a Deus". Nela, encontramos o *plano de Deus para a salvação do homem*. A revelação especial de Deus foi dada ao homem pela sua Palavra, a Bíblia Sagrada, que é o mais completo meio pelo qual Deus se deu a conhecer à humanidade.

3. Os atributos de Deus

Conforme Strong:

> Os atributos de Deus são as características distintivas da natureza divina, inseparáveis da idéia de Deus e que constituem a base e apoio das suas várias manifestações, ou comunicação, às suas criaturas. Chamamo-los de atributos porque somos compelidos a atribuí-los a Deus como qualidades ou poderes fundamentais ao seu ser a fim de dar um relato racional de alguns fatos constantes nas auto-revelações de Deus.[2]

E Deus o fez pela sua Palavra, na *revelação especial*.
Os atributos de Deus, revelados aos que nEle crêem, podem ser reunidos em duas categorias:

1) Atributos naturais
São aqueles que somente Ele possui. Também se chamam atributos "absolutos", ou "imanentes". Tais atributos são: Sua vida (Jo 5.26; Jr 10.10; 1 Ts 1.9) ; sua divindade. Deus é Espírito (Jo 4.24); a *personalidade* de Deus. Ele é uma Pessoa. Revelou-se com inteligência, vontade, e emoções, ou sensibilidades divinas. Ele tem *nomes*: Jeová (O Senhor); Jeová Rafá (O Senhor que cura); Jeová Shalom (O Senhor é Paz), Jeová Raá (O Senhor é Meu Pastor), e outros. *Eternidade*. Deus é eterno (Dt 33.27; Jr 10.10); *Imutabilidade*. Deus não muda (Ml 3.6; Tg 1.17); *Onisciência*. Deus sabe tudo (Sl 139.1-5; Hb 4.13); *Onipotência*. Ele pode tudo (Gn 17.1). *Onipresença*. Deus está em todo o lugar (Sl 139.7-12). Diz a Bíblia: "Senhor, ninguém há como tu, e não há Deus além de ti, conforme tudo quanto ouvimos com os nossos ouvidos" (1 Cr 17.20).

2) Atributos Morais
São atributos de Deus, os quais Ele comunica aos homens. Exemplos: *santidade*. Deus é santo, e quer que seus filhos sejam santos (1 Pe 1.15; Lv 11.44). *Amor* (ágape), Deus é Amor (1 Jo 4.8), e quer que amemos uns aos outros (1 Jo 4.10). *Verdade*, Deus é verdadeiro (Nm 23.19; Jo 3.33), e quer

---

[2] STRONG, Augustus H. *Teologia Sistemática*, p. 364.

que falemos a verdade (Ef 4.25; 2 Jo 1.4); *Fidelidade,* Deus é Fiel (1 Co 1.9; Dt 7.9), e quer que sejamos fiéis (2 Tm 2.2; Ap 17.14). *Longanimidade* (paciência), Deus é longânimo (Nm 14.18; 2 Pe 3.9), e quer que sejamos longânimos para com os outros (1 Ts 5.14; Tg 5.8; Gl 5.22).

Deus é transcendente, entretanto, é imanente. Ele revela, nas Escrituras, o desejo de comunicar-se com o ser por Ele criado. Deus falava com o homem no Éden, de forma direta. Depois da Queda, afastou-se do homem por causa da barreira do pecado. Mas pela sua Palavra, no Antigo Testamento, e por meio de Cristo e da Palavra no Novo Testamento, Deus demonstra o seu amor para com a humanidade. Na verdade, Deus se comunica com o homem, porque Ele "quer que todos os homens se salvem e venham ao conhecimento da verdade" (1 Tm 2.4).

3
O DEUS QUE INTERVÉM NA HISTÓRIA

Lembrai-vos das coisas passadas desde a antiguidade: que eu sou Deus, e não há outro Deus, não há outro semelhante a mim; que anuncio o fim desde o princípio e, desde a antiguidade, as coisas que ainda não sucederam; que digo: o meu conselho será firme, e farei toda a minha vontade (Is 46.9,10).

Ainda que os acontecimentos terrenos pareçam fora de controle, a Bíblia mostra que Deus interveio, intervém, e intervirá, na História. A História é a testemunha dos acontecimentos marcantes na evolução da humanidade. Compulsando os livros, ou as enciclopédias, que reúnem os fatos ocorridos entre os povos, as nações, as raças, e os grupos sociais diversos, desde o homem em seus primórdios, passando pelos grupos, reunidos em tribos, clãs e agrupamentos sociais maiores, nas diversas partes da Terra, vê-se que há um encadeamento de expressiva variedade, ora com certa lógica, ora com absoluta ou aparente falta de coerência.

Existe uma historiografia, ou estudo da História; há uma filosofia da História (historiologia), segundo a qual o homem procura entender a realidade das sociedades, e da humanidade, ao longo de sua existência. Muitos estudiosos indagaram: O que move a História? Ou, qual a sua razão? Agostinho (411 d.C.) concluiu que a História é movida pela vontade de Deus. Imannuel Kant (1724-1804) entendeu que a História tinha sua lógica; e o filósofo alemão Hegel (1770-1831) afirmou que ela é movida pelas idéias, ou pensamentos dos homens.

Karl Marx (1818-1883), confrontando Hegel, formulou a teoria de que o que move a História é a luta de classes. Tudo seria explicado em termos materiais e científicos. Bastaria inverterem-se as posições dos oprimidos e dos opressores, e tudo estaria resolvido, alcançando-se o "paraíso na terra", com o "homem novo", fruto da implantação da ditadura do proletariado. Ou seja: os pobres, passando à condição de dominadores; e os ricos, passando à condição de dominados, e, por fim, destruídos, seria a solução para a trágica história dos homens.

Essa visão se traduz no chamado "materialismo histórico", segundo a qual, a História traduz as relações de produção e de propriedade. Ou seja, as forças econômicas explicariam a razão e do desenvolvimento da História. **Friedrich Nietzche** (1844-1900), que fez a apologia do Anticristo, e inspirou o nazismo, com a idéia do super-homem, que não precisa de Deus, asseverou que a História pode ser compreendida apenas pela razão, e não tem princípio nem fim.[1]

Na aparência, pode parecer que todos os fatos, envolvendo o ser humano, desde sua presença, no planeta, até os dias hodiernos, estão fluindo sem razão. Por que a maldade? Por que a violência? Por que as guerras, quando se sabe que seus resultados sempre são nefastos? Por que os atos terroristas, explodindo pessoas? Por que a fome, num planeta, em que poucos têm tanto, e tantos têm tão pouco, ou quase nada? Por que a injustiça social? A má distribuição das riquezas, naturais, ou produzidas pelo homem?

Às questões que perturbam a mente humana, os cientistas e estudiosos, dão muitas respostas. Mas, muitas delas voltam-se contra o Autor e Preservador da criação. No mundo presente, há milhares e milhares de textos, escritos por ateus, materialistas, ou agnósticos, buscando explicar o desenvolvimento da História. Há muitas "teorias da história". Há filósofos, como **Heródoto** ("o Pai da História", 484-424 a.C), que argumentam que a História se desenvolve em ciclos. As sociedades evoluiriam, através de movimentos, desde seu nascimento, ascensão, decadência, e queda, independente da vontade dos homens. Alguma força estranha moveria os fatos históricos.

Contrariando a visão cíclica da História, houve filósofos, que entenderam que a história tem seu curso de modo linear, partindo de um começo,

---

[1] PONTES, Helder. *Um pouco de historiografia*. Disponível em *http://umpoucodehistoriografia.com*. Acesso em: 09/09/2007.

desenvolvendo-se, e chegando a um ponto final em sua trajetória. Agostinho (350-430) deu grande contribuição a essa visão da História, por entender que os fatos aconteciam, obedecendo à vontade de Deus. Karl Marx, de certa forma, também esboçou a idéia de que a História seria linear, pois passaria pela luta de classes, e chegaria ao fim, com a implantação da ditadura do proletariado, ou do comunismo, o que jamais aconteceu. Outras abordagens também se desenvolveram, procurando explicar a lógica e o desenvolvimento da História, na qual se insere o próprio homem.[2]

No entanto, quando lemos a Bíblia, percebemos que a História teve início, com a intervenção de Deus no "cosmo", quando a Terra "era sem forma e vazia; e havia trevas sobre a face do abismo; e o Espírito de Deus se movia sobre a face das águas. E disse Deus: Haja luz. E houve luz. E disse Deus: Façamos o homem à nossa imagem, conforme a nossa semelhança; e domine sobre os peixes do mar, e sobre as aves dos céus, e sobre o gado, e sobre toda a terra, e sobre todo réptil que se move sobre a terra. E criou Deus o homem à sua imagem; à imagem de Deus o criou; macho e fêmea os criou" (Gn 1.2,3, 26, 27).

Com a criação do homem, na Terra, começou a História. E esta se desenvolveu, e continua a se desenvolver, segundo dois fatores. Primeiro, a vontade soberana de Deus (Is 43.13), e segundo, pela ação do homem, através do livre-arbítrio, sobre a Terra, e sobre o relacionamento com o próprio homem, e com a natureza, dentro da vontade permissiva de Deus. Embora a vontade de Deus seja soberana, pois Ele é Onipotente, Onisciente, e Onipresente, o Altíssimo não controla o ser criado, como se fosse um autômato, ou um fantoche. Concede liberdade ao homem para agir, ou deixar de agir. E o faz responsável por suas ações livres, para poder justificar a definição de ser imagem, conforme a semelhança do Criador.

De acordo com a Bíblia, a História não é cíclica. É linear. O homem não volta à origem, em sua plenitude, nem reencarna, como crêem as seitas orientais, de natureza espiritista. Ele nasce, cresce, reproduz-se, e morre. E entra na esfera da eternidade: com ou sem Deus. E, na História, segundo Deus, está previsto o fim de todas as coisas. A humanidade será confrontada com a realidade, prevista por Deus, para a História. Os adeptos de Buda crêem que, após ciclos imaginários de reencarnação, atingirão "o Nirvana", integrando-se ao cosmo.

Os que, dentre os homens, crêem na Palavra de Deus, e a obedecem, alcançarão a vida eterna, como clímax de sua história, no encontro com Jesus, nas nuvens, no espaço sideral, quando serão

---

[2] Ibid.

levados ao Tribunal de Cristo, para receber a recompensa por sua fé e perseverança, e às Bodas do Cordeiro, na união eterna da Igreja, com o noivo, Jesus; os que, usando sua liberdade, e visão da História, preferem rejeitar a Palavra de Deus, serão condenados a uma eternidade sem Deus, no Juízo Final.

Quanto à Terra, a Bíblia prevê que um dia, o planeta será totalmente restaurado. Um dia, todas as indagações do homem terão respostas, dadas pelo Criador; um dia, todos os conflitos, contradições, injustiças, e desacertos, experimentados pelo homem, darão lugar a uma nova ordem de coisas, por intervenção do próprio Deus, na História da humanidade. Um dia, haverá "novos céus e nova terra, em que habita a justiça" (2 Pe 3.13; Is 65.17).

I – A INTERVENÇÃO DE DEUS NA CRIAÇÃO

Como dissemos, na introdução, Deus *interveio* no universo, e, por razões jamais compreendidas, criou a Terra, esse pequeníssimo planeta, para nela, colocar o ser humano, feito à sua imagem, conforme a sua semelhança. A Bíblia é o Livro de Deus, em que toda a História do universo, da Terra, do homem, dos demais seres vivos, e de todas as coisas, é narrada, de forma eloqüente, à disposição dos que querem conhecer a origem, o desenvolvimento, e o fim de todas as coisas.

1. A FORMAÇÃO DA TERRA

A Terra foi "formada" por Deus, e feita, ou criada por Ele. Diz a Bíblia: "Porque assim diz o Senhor que tem criado os céus, o Deus que formou a terra e a fez; ele a estabeleceu, *não a criou vazia,* mas a formou para que fosse habitada: Eu sou o Senhor, e não há outro" (Is 45.18; grifo meu). O profeta Isaías recebeu a revelação especial de como Deus formou o planeta para ser habitado. Longe de avaliar a falsa teoria da evolução, que procura, com presunção descabida, e sem o suporte da verdadeira ciência, afirmar que o universo surgiu por acaso, como resultado de uma grande explosão (Big-Bang). A Bíblia nos mostra que tudo começou, a partir da ação de Deus, o Ser Supremo, incriado, eterno e auto-existente.

2. A CRIAÇÃO DO HOMEM

Após usar o seu poder divino para criar todas as coisas no universo, desde a luz, até os seres vivos, passando pela vegetação, Deus resolveu criar o homem. Para quê? Por que Deus teria necessidade de criar um ser que haveria de rebelar-se contra Ele? Que desprezaria sua voz, e daria ouvidos ao Diabo, acarretando tamanha tragédia, que se abateu sobre a raça humana? Não conhecemos respostas concretas. Talvez possamos imaginar razões que levaram o Altíssimo a arquitetar a idéia de criar um ser, à sua imagem, conforme a sua semelhança, que viesse agir de modo contrário à sua divina vontade. Mas a Bíblia diz:

> E Deus disse: Façamos o homem à nossa imagem, conforme a nossa semelhança; e domine sobre os peixes do mar, e sobre as aves dos céus, e sobre o gado, e sobre toda a terra, e sobre todo réptil que se move sobre a terra. E criou Deus o homem à sua imagem; à imagem de Deus o criou; macho e fêmea os criou. E Deus os abençoou e Deus lhes disse: Frutificai, e multiplicai-vos, e enchei a terra, e sujeitai-a; e dominai sobre os peixes do mar, e sobre as aves dos céus, e sobre todo o animal que se move sobre a terra (Gn 1.26-28).

Enquanto os outros seres foram criados, sob o impacto do "fiat" (faça-se) de Deus, o homem teve criação de modo bem diferente. Deus, Elohim (hb.), expressão plural de El (hb.), concretizou o seu projeto para criar um ser especial, de forma especial, nos atos da criação. Assim, de modo solene e majestático, Ele disse: "Façamos o homem à nossa imagem, conforme a nossa semelhança" (Gn 1.26).

A criação do homem foi o coroamento da criação de Deus. "Assim, os céus, e a terra, e todo o seu exército foram acabados. E, havendo Deus acabado no dia sétimo a sua obra, que tinha feito, descansou no sétimo dia de toda a sua obra, que tinha feito. E abençoou Deus o dia sétimo e o santificou; porque nele descansou de toda a sua obra, que Deus criara e fizera" (Gn 2.1-3). Deus descansou. Isto é: Ele terminou a sua obra, a criação de todas as coisas.

"Em Gênesis 1.26-30, encontramos 'O Homem Feito à Imagem de Deus'. 1) Um ser espiritual apto para a imortalidade, 26ab; 2) Um ser moral que tem a semelhança de Deus, 27; 3) Um ser intelectual com a capacidade da razão e de governo, 26c,28-30 (G. B. Williamson)".[3] Esta é a interpretação do que é ser "imagem" e "semelhança" de Deus, encontrada no *Comentário Beacon* (CPAD).

---

[3] LIVINGSTON, George Herbert. et al. *Comentário Bíblico Beacon* (CPAD),p. 33.

Diz Chafer:

> O homem parece ser exaltado a um lugar de dignidade e honra insuperáveis. Por ser por designação divina colocado para ser o Senhor de uma pequena parte do universo em que haveria de viver e ser o meio de instrução para os seres angelicais, é razoável que o homem deva ser altamente enobrecido. Em qualquer outra esfera que os anjos possam se distinguir, é essencial que entre as criaturas da terra haja uma que, por ser racional, possa estar preeminentemente acima de tudo o que é deste mundo.[4]

E não poderia ser de modo diferente. Deus interveio na História, criando o homem, à sua imagem, conforme a sua semelhança, para ser governante dessa "pequena parte do universo"; para dominar sobre as criaturas viventes, criadas antes dele. Diz o salmista: "Contudo, pouco menor o fizeste do que os anjos e de glória e de honra o coroaste. Fazes com que ele tenha domínio sobre as obras das tuas mãos; tudo puseste debaixo de seus pés: todas as ovelhas e bois, assim como os animais do campo; as aves dos céus, e os peixes do mar, e tudo o que passa pelas veredas dos mares" (Sl 8.5-8). Esse era o plano original de Deus para com o homem: ser representante de Deus, com autoridade sobre toda a criação. Como veremos adiante, esse plano foi prejudicado com a Queda, transtornando todo o universo.

II – A INTERVENÇÃO DE DEUS NA QUEDA E NA CORRUPÇÃO GERAL

1. A INTERVENÇÃO NA QUEDA

De acordo com a Bíblia, Deus pôs o homem no Éden "para o lavrar e o guardar" (Gn 2.15). Essa não era a única finalidade, mas uma entre outras. Sabemos que a presença do homem na Terra tem o sentido de adoração e glorificação ao Criador. Deus ordenou ao homem que ele poderia comer de toda a árvore do jardim, com exceção de uma, "a árvore da ciência do bem e do mal", que era, na verdade, um meio de prova, posto por Deus para que o homem exercesse sua liberdade de modo consciente.

Em sua bondade, Deus deu o direito e a liberdade de o homem apropriar-se de todos os frutos do jardim, exceto dos que produzisse a árvore proibida. Mas o homem desprezou a bênção de Deus em cada árvore, em cada fruto, em cada folha; milhares de bênçãos, e resolveu

---

[4] CHAFER, Lewis Sperry. *Teologia Sistemática*, p. 567, vol. 1 e 2.

dar ouvidos à outra voz. O Diabo enganou a mulher, dando-lhe a entender que poderia desobedecer a Deus sem sofrer as conseqüências do pecado. Eva foi enganada por sua própria concupiscência (Tg 1.14b). Satanás fez do "amargo" "doce", e do "doce" "amargo" (Is 5.20). E a mulher compartilhou o pecado com seu marido, e ambos caíram.

A Bíblia, a Palavra de Deus, que é a verdade (Jo 17.17), e a mais fidedigna fonte da História do homem, desde sua criação, nos afirma que a harmonia do Paraíso foi transtornada, quando o Diabo, um antigo querubim, que se rebelou contra Deus, foi lançado dos céus à Terra, e, certamente, por vingança, resolveu atacar a obra-prima da mão de Deus – o homem. A causa eficiente para a Queda, no entanto, surgiu no meio do próprio casal. Eva, em vez de se firmar de acordo com a voz de Deus, resolveu usar o seu livre-arbítrio e dar ouvidos à voz do Inimigo, pecando contra o Senhor. Começava a grande tragédia que modificou o rumo da História do homem.

E Deus, o Criador, não ficou alheio à transgressão do homem e da mulher. Interveio para repreender; interveio para impedir que o pecado se propagasse eternamente; interveio para apontar a solução para a tragédia do pecado. No último diálogo e no último contato que Deus teve diretamente com o homem no Paraíso, logo após a Queda, o Senhor prometeu que, da semente da mulher, levantaria alguém que haveria de ferir a cabeça do Diabo, propiciando a redenção da humanidade. Diz o texto bíblico: "E porei inimizade entre ti e a mulher e entre a tua semente e a sua semente; esta te ferirá a cabeça, e tu lhe ferirás o calcanhar" (Gn 3.15).

Ali, o casal ouviu a promessa da redenção da humanidade. Estava implícito que a "a semente da mulher" – Jesus – haveria de "ferir" a cabeça da "serpente" – Satanás. Mas a Palavra de Deus assegura que a vitória final, implacável, e eterna, de Cristo, e de sua Igreja, sobre todo o mal, já está garantida: A serpente não ficará apenas ferida, mas esmagada. "E o Deus de paz esmagará em breve Satanás debaixo dos vossos pés. A graça de nosso Senhor Jesus Cristo seja convosco. Amém!" (Rm 16.20)

Deus não se atrasa. Não deixa para mais tarde. No próprio Éden, palco da desgraça da humanidade, Ele prometeu a redenção do homem. Ali, diante do casal em pecado, Deus providenciou "túnicas de peles", com que o vestiu, cobrindo-lhe a nudez, a vergonha. Para que o homem pudesse estar diante do Senhor, um animal foi morto, sangue foi derramado. Aquele animal, um cordeiro, sem dúvida, foi morto para que o pecado do homem fosse coberto. Era uma tipificação de Cristo, que haveria de ser morto pelos pecados de todos os homens.

Deus interveio na Queda, para afastar o homem do ambiente do Jardim, pois este só poderia ser habitado pelo homem, se o mesmo tivesse permanecido em obediência ao plano original de Deus. Diz a Bíblia: "Então, disse o Senhor Deus: Eis que o homem é como um de nós, sabendo o bem e o mal; ora, pois, para que não estenda a sua mão, e tome também da árvore da vida, e coma, e viva eternamente, o Senhor Deus, pois, o lançou fora do jardim do Éden, para lavrar a terra, de que fora tomado" (Gn 3.22,23). Ele não foi tomado de surpresa como alguém na sua crítica à Palavra de Deus, imagina e propala. Ele sabia, em sua presciência, e onisciência, o que haveria de acontecer, no plano espiritual, humano, moral, e físico, à obra-prima de sua criação – o homem.

Em sua primeira epístola, Pedro, escreve que devemos saber "que não foi com coisas corruptíveis, como prata ou ouro, que fostes resgatados da vossa vã maneira de viver que, por tradição, recebestes dos vossos pais, mas com o precioso sangue de Cristo, como de *um cordeiro imaculado* e incontaminado, o qual, na verdade, em outro tempo, foi *conhecido, ainda antes da fundação do mundo*, mas manifestado, nestes últimos tempos, por amor de vós" (1 Pe 1.18-20; grifos meus).

2. A INTERVENÇÃO NA CORRUPÇÃO GERAL DO GÊNERO HUMANO

1) O Pecado Aumenta e se Espalha

Com a Queda, o pecado continuou a se expandir no meio das gerações, dos descendentes de Adão. Não demorou muito, e houve o primeiro crime de homicídio, quando Caim matou seu irmão, Abel (Gn 4.8). Esse é um fato terrível, que demonstra que o ser humano, após a Queda, absorveu o germe do pecado, que inclui os instintos perversos que o incitam à violência. Lameque matou um homem e um jovem (Gn 4.23). Ao que parece, a violência tomou conta das gerações primitivas. A corrupção se espalhou como epidemia sobre as pessoas, com o passar dos séculos. Ao invés de atentarem para os resultados da Queda, e deles se afastarem, os primeiros habitantes da Terra sentiram-se atraídos pelo pecado, ouvindo a voz do Tentador.

No capítulo 6 de Gênesis, por volta do período entre 2553 a 2439 a.C.[5] houve intensa multiplicação da raça humana (Gn 6.1). Há o registro de que a união entre "os filhos de Deus" e as formosas "filhas dos homens". Quem eram esses dois tipos de pessoas? Há especulações fantasiosas sobre esses personagens da história bíblica. Há quem afirme que "os filhos de Deus" eram anjos, que se uniram sexualmente com mulheres na Terra.

---

[5] *Bíblia em Ordem Cronológica*, Vida, p. 8.

A *Bíblia de Estudo Pentecostal* (CPAD), em nota de rodapé, sobre o texto de Gênesis 6.2, diz:

> Esses "filhos de Deus", sem dúvida, eram os descendentes da linhagem piedosa de Sete (cf. Dt 14.1; Sl 73.15; Os 1.10); eles deram início aos casamentos mistos com as "filhas dos homens", i.e., mulheres da família ímpia de Caim (ver 4.16 nota). A teoria de que os filhos de Deus eram anjos, não subsiste ante as palavras de Jesus, que os anjos não se casam (Mt 22.30; Mc 12.25). Essa união entre os justos e os ímpios levou à "maldade" do versículo 5, i.e., os justos passaram a uma vivência iníqua. Como resultado, a terra corrompeu-se e encheu-se de violência (vv. 11-13; [...])

Deus jamais ficou alheio ao que se passa na humanidade. "O Senhor está no seu santo templo; o trono do Senhor está nos céus; os seus olhos estão atentos, e as suas pálpebras provam os filhos dos homens" (Sl 11.4). Deus contemplou a evolução da maldade do homem, em seu crescimento populacional, e social, na face da Terra.

> E viu o Senhor que a maldade do homem se multiplicara sobre a terra e que toda imaginação dos pensamentos de seu coração era só má continuamente. Então, arrependeu-se o Senhor de haver feito o homem sobre a terra, e pesou-lhe em seu coração. E disse O Senhor: Destruirei, de sobre a face da terra, o homem que criei, desde o homem até ao animal, até ao réptil e até à ave dos céus; porque me arrependo de os haver feito (Gn 6.5-7).

2) *Deus Intervém*

Ao olhar para os homens, Deus contemplou a vida de Noé (Gn 6.8,9). E chamou o patriarca, e lhe disse acerca do seu juízo que haveria de derramar sobre a humanidade em sua corrupção geral. Então, ordenou que fizesse uma arca, para si, para sua família, e para as espécies de animais, que houvesse sobre a terra (Gn 6.13-22). Noé executou todo o projeto de Deus, construindo um navio, com medidas e proporções, que causam admiração aos estudiosos da Bíblia, visto que foi construído segundo princípios exatos da engenharia náutica.

No momento certo (2319 a.C.), quando Noé "completou seiscentos anos, um mês e dezessete dias, nesse mesmo dia, todas as fontes das grandes profundezas jorraram, e as comportas dos céus se abriram".[6] Deus

---

[6] Ibid. p. 10.

mandou o Dilúvio sobre a Terra. "No primeiro dia do primeiro mês do ano seiscentos e um da vida de Noé, secaram-se as águas na terra".[7]

Como resultado da intervenção de Deus, na História da humanidade, por causa da corrupção geral do gênero humano, de toda a sociedade, existente naquela época, só escaparam Noé e sua esposa, seus três filhos, Sem, Cão e Jafé, e suas três noras (Gn 7.7).

Cumpriu-se o que diria Paulo, séculos mais tarde: "Não erreis: Deus não se deixa escarnecer; porque tudo o que o homem semear, isso também ceifará" (Gl 6.7). O Dilúvio é referência para os tempos do fim, quando Deus, mais uma vez, intervirá na História (cf. 2 Pe 3.6,7).

III – DEUS INTERVÉM NA REDENÇÃO

1. NA REDENÇÃO DE ISRAEL

Por causa da sua desobediência, Israel ficou escravizado por cerca de quatrocentos anos. E Deus levantou um redentor, ou libertador, Moisés, que foi o líder da saída do Egito, em demanda da terra prometida, de Canaã. "E aconteceu, naquele mesmo dia, que o Senhor tirou os filhos de Israel da terra do Egito, segundo os seus exércitos" (Êx 12.51). A libertação do povo hebreu, da escravidão do Egito foi tão grande, que, ao longo de sua jornada, celebrou a Páscoa, relembrando a libertação do jugo de Faraó. "Então, direis: Este é o sacrifício da Páscoa ao Senhor, que passou as casas dos filhos de Israel no Egito, quando feriu aos egípcios e livrou as nossas casas. Então, o povo inclinou-se e adorou" (Êx 12.27). Somente pela intervenção sobrenatural de Deus, através da manifestação do seu poder, ao derramar as pragas sobre a nação de Faraó, foi que o povo pôde sair livre, redimido, para servir a Deus, no deserto, durante quarenta anos, até entrar no território da Terra Prometida.

2. NA REDENÇÃO DO SER HUMANO

Deus interveio na redenção do ser humano, com sua misericórdia e seu amor. Lá, no Éden, o Criador tomou uma providência, que tipificou sua intervenção na História, para redimir o homem perdido. Adão e sua esposa esconderam-se da presença do Criador, por sentirem medo e vergonha. Nus, envergonhados e temerosos, providenciaram vestes inadequadas para estarem na presença de Deus, tecendo folhas de figueira,

---

[7] Ibid. p. 11.

que não tinham consistência. Certamente, aquelas vestes de folhas, que se tornariam palhas secas, representavam o esforço humano para tentar chegar a Deus, através de suas obras. Mas Deus proveu outra forma de vestimenta, para que o homem pudesse estar diante dEle. Ele ceifou a vida de um, ou de vários animais, a fim de propiciar ao casal pecador vestes consistentes e duradouras, para que os mesmos se sentissem aptos a ver a face do Criador. Ninguém pode estar salvo, na presença de Deus, através das obras (cf. Ef 2.8). É necessário ter vestes de salvação: "Regozijar-me-ei muito no Senhor, a minha alma se alegra no meu Deus, porque me vestiu de vestes de salvação, me cobriu com o manto de justiça" (Is 61.10).

IV – NA CONSUMAÇÃO DOS SÉCULOS

1. QUATRO ASPECTOS DA SALVAÇÃO

A redenção, ou salvação, de Cristo, envolve quatro aspectos.

1) Regeneração

Através do novo nascimento, o homem pode entrar e ver o Reino de Deus (Jo 3.3-5; 2 Co 5.17). Já foi efetuada, em Cristo, por ocasião da conversão do pecador.

2) Justificação

O processo pelo qual o pecador, condenado, em seus delitos e pecados, obteve, por concessão de Deus, pela fé em Cristo Jesus, o perdão de seus pecados (Rm 5.1; Cl 2.14).

3) Santificação

Aspecto presente, na vida do cristão, indispensável para a preservação da condição de salvo, ou redimido. Sem santificação, ninguém verá a Deus (Hb 12.14). O salvo deve ser santo em toda a maneira de viver (1 Pe 1.15).

4) Glorificação

É a fase da salvação, que só ocorrerá, quando o salvo for liberto do poder da morte, e ressuscitar, em corpo glorioso, semelhante ao de Jesus, quando ressuscitou (Fp 1.21). Enquanto nos aspectos atuais da redenção, o homem ainda está sujeito às situações de perigos espirituais, morais, ou físicos, ou seja, doenças, agressões, envelhecimento e morte. Na glorificação, tais fatores jamais o alcançarão. Na glorificação, haverá o coroamento de todo o processo redentor, operado por Cristo, que alcançará a plenitude da constituição do salvo. Espírito, alma e corpo tornar-se-ão um corpo glorioso, semelhante ao de Jesus, após a sua ressurreição (cf. Fp 3.21).

Jesus vai intervir, com seu poder e glória, na História da Terra, e do homem, na sua Segunda Vinda. Na primeira fase, de sua volta, Ele virá para os seus servos, salvos e remidos por seu sangue, concedendo-lhes a maravilhosa glorificação, através da ressurreição dentre os mortos, e a transformação dos que estiverem vivos, na primeira fase de sua Segunda Vinda.

Diz a Bíblia: "Dizemo-vos, pois, isto pela palavra do Senhor: que nós, os que ficarmos vivos para a vinda do Senhor, não precederemos os que dormem. Porque o mesmo Senhor descerá do céu com alarido, e com voz de arcanjo, e com a trombeta de Deus; e *os que morreram em Cristo ressuscitarão primeiro*; depois, *nós, os que ficarmos vivos, seremos arrebatados* juntamente com eles nas nuvens, a encontrar o Senhor nos ares, e assim estaremos sempre com o Senhor" (1 Ts 4.15-17; grifo meu).

V – *NA SEGUNDA VINDA DE JESUS*

Na primeira fase, Jesus virá "para" os salvos. Na segunda fase, Ele vira "com" os salvos. Após os eventos que ocorrerão nos céus (Tribunal de Cristo e Bodas do Cordeiro), Jesus voltará com a sua Igreja; derrotará e prenderá Satanás e seus demônios no lago de fogo e enxofre; implantará o Reino Milenial; instalará o Juízo do Trono Branco, em Jerusalém, quando julgará os ímpios; e, finalmente, implantará o perfeito estado eterno, quando haverá "novos céus e nova terra, onde habita a justiça e a paz. "Mas nós, segundo a sua promessa, aguardamos novos céus e nova terra, em que habita a justiça" (2 Pe 3.13).

O Deus da Bíblia é o Deus que intervém na História. Desde a criação, até à implantação do perfeito estado eterno, a criação terá passado por etapas e fases em sua história. Mas Deus é eterno. Ele não passa. Ele interveio, intervém, e intervirá, nos acontecimentos, no tempo, e no espaço, conforme o seu plano divino.

4
O DEUS DA REDENÇÃO HUMANA

E tudo isso provém de Deus, que nos reconciliou consigo mesmo por Jesus Cristo e nos deu o ministério da reconciliação, isto é, Deus estava em Cristo reconciliando consigo o mundo, não lhes imputando os seus pecados, e pôs em nós a palavra da reconciliação (2 Co 5.18,19).

Deus previu, em seu plano maravilhoso para o planeta Terra, uma vida gloriosa, em todos os aspectos imagináveis. Na vida espiritual, emocional, física, social e de toda a ordem. No entanto, a tragédia do pecado prejudicou o ser humano que, de modo insensato, usando o livre-arbítrio, concedido por Deus, preferiu ouvir a voz do Adversário do Senhor Deus e de si mesmo. Diz a Bíblia: "Pelo que, como por um homem entrou o pecado no mundo, e pelo pecado, a morte, assim também a morte passou a todos os homens, por isso que todos pecaram. Porque até à lei estava o pecado no mundo, mas o pecado não é imputado não havendo lei. No entanto, a morte reinou desde Adão até Moisés, até sobre aqueles que não pecaram à semelhança da transgressão de Adão, o qual é a figura daquele que havia de vir" (Rm 5.12-14).

O pecado que é a desobediência a Deus, em qualquer aspecto, entrou no mundo por Adão, por sugestão de sua mulher que teve a infelicidade de ter sido a primeira a ser contatada pelo tentador. Ali, no Éden, teve início a tragédia espiritual da humanidade. "Porque todos pecaram e destituídos estão da glória de Deus" (Rm 3.23). Com o pecado, que passou a todos os homens, ninguém nasce, isento da marca da tragédia espiritual. Ainda que a criança não tenha culpa pessoal, é atingida pelo pecado original. Mas no próprio teatro da Queda, Deus prometeu a redenção da humanidade, por intermédio da "semente da mulher" (e não do homem), que é Cristo Jesus (Gn 3.15).

Satanás atingiu o ser criado à imagem de Deus e talvez pensou que Deus estaria derrotado. Mas ao encarnar-se no ventre de Maria, Jesus, o Deus Filho, dava início ao maravilhoso plano da redenção do homem. A Lei foi um elemento provisório, dada a Moisés, mas não teve eficácia salvífica. "Por isso, nenhuma carne será justificada diante dele pelas obras da lei, porque pela lei vem o conhecimento do pecado" (Rm 3.20). Porém, em Cristo, Deus propiciou a redenção: "Porque, assim como todos morrem em Adão, assim também todos serão vivificados em Cristo" (1 Co 15.22). "Mas, vindo a plenitude dos tempos, Deus enviou seu Filho, nascido de mulher, nascido sob a lei, para remir os que estavam debaixo da lei, a fim de recebermos a adoção de filhos" (Gl 4.4,5).

I – CONCEITOS CORRELATOS

Os termos considerados a seguir são todos relacionados com a obra salvífica de Cristo Jesus. No Antigo Testamento eram usados de modo típico, ou profético, apontando para o sacrifício de Cristo na cruz, com o propósito de redimir o homem. No Novo Testamento, vê-se o cumprimento de todo o significado dos termos que apontam para a salvação no Senhor Jesus.

1. PROPICIAÇÃO

É a expressão da misericórdia de Deus para com o homem pecador. Deus torna-se propício ao pecador, quando este aceita o sacrifício de Cristo, em seu lugar (Rm 3.23,25). O publicano pediu a Deus que lhe fosse propício, ou tivesse misericórdia dele (Lc 18.13). Às vezes, os termos correlatos parecem sinônimos, dependendo da interpretação. Diz Horton:

> Os termos "propiciação" e "expiação" relacionam-se estritamente com o conceito de sacrifício e procuram informar o efeito do sacrifício de Cristo. No Antigo Testamento, refletem *kipper* e seus derivados; no Novo, *hilaskomai* e seus derivados. Os dois grupos de palavras significam "aplacar", "pacificar" ou "conciliar" (isto é, propiciar) e "encobrir com um preço" ou "fazer expiação por" (a fim de remover pecado ou ofensa da presença de alguém: expiar).[1]

---

[1] HORTON, Stanley M. *Teologia Sistemática* (CPAD), p. 353.

2. REDENÇÃO

No sentido etimológico, redenção significa: "Livramento de alguma forma de escravidão com base no pagamento de um preço por um redentor. Redenção é um conceito básico para a visão bíblica da salvação".[2] Uma pessoa podia pagar o preço (resgate) para libertar um escravo (Lv 25.48). No grego, temos a palavra *lutrõsis*, com o sentido de libertação física, como ocorreu com a nação israelita: "Redenção enviou ao seu povo; ordenou o seu concerto para sempre; santo e tremendo é o seu nome" (Sl 111.9); "Assim, o Senhor salvou Israel naquele dia da mão dos egípcios; e Israel viu os egípcios mortos na praia do mar" (Êx 14.30); neste texto, o termo hebraico é *yasha`*, e tem o sentido de salvação, ocorrendo 354 vezes no Antigo Testamento.

3. RECONCILIAÇÃO

Diferente do que ocorre com os outros termos, que têm mais conotação bíblica ou teológica, "reconciliação" é bastante conhecido na linguagem comum: "Ato ou efeito de reconciliar(-se). Reatamento de amizade" *(Dicionário Aurélio)*. Aponta, biblicamente, para o efeito do sacrifício de Cristo, interpondo-se entre o pecador e Deus, visando reatar o relacionamento rompido por causa do pecado. Pelo seu sacrifício na cruz, Jesus removeu toda a barreira, que impedia a aproximação do homem com Deus. É um termo bem próximo de propiciação. Diz a Bíblia: "A vós também, que noutro tempo éreis estranhos e inimigos no entendimento pelas vossas obras más, agora, contudo, vos reconciliou no corpo da sua carne, pela morte, para, perante ele, vos apresentar santos, e irrepreensíveis, e inculpáveis" (Cl 1.21,22).

4. EXPIAÇÃO

"A palavra 'expiação' (hb. kippurim, derivado de kaphar, que significa 'cobrir') comunica a idéia de cobrir o pecado mediante um 'resgate', de modo que haja uma reparação ou restituição adequada pelo delito cometido" *(Bíblia de Estudo Pentecostal*, CPAD). A palavra expiação tem origem nos termos latinos *ex* (completamente) *piare* (aplacar). Destes termos, deriva a palavra *expiationem*, que significa "Cancelamento pleno do pecado com base na justiça de Cristo, propiciando ao pecador arrependido a restauração de sua comunhão com Deus".[3] A expiação tem um sentido mais forte do que o da propiciação, pois não apenas abranda a ira de Deus. Pela morte de Cristo,

---

[2] PFEIFFER, Charles F. *et al. Diccionario Bíblico Wicliffe* (CPAD), p. 1655.

[3] ANDRADE, Claudionor de. *Dicionário Teológico* (CPAD), p. 128.

a culpa é cancelada, ou expiada. Na redenção, há sempre a idéia de libertação pelo pagamento de um preço; na expiação tem-se o resgate com o cancelamento do pecado, e da pena dele decorrente. Segundo Myer Pearlman:

> A palavra expiação, no hebraico, significa literalmente cobrir, e é traduzida pelas seguintes palavras: fazer expiação, purificar, reconciliar, fazer reconciliação, pacificar, perdoar, ser misericordioso e adiar. A expiação, no original, inclui a idéia de cobrir, tanto os pecados (Sl 78.38; 79.9; Lv 5.18) como também o pecador (Lv 4.20). Expiar o pecado é ocultar o pecado da vista de Deus de modo que o pecador perca seu poder de provocar a ira divina.[4]

O pecado provocou o rompimento da relação entre Deus e o homem. Numa demonstração do seu amor e de sua misericórdia, Deus proveu "um meio de restauração por intermédio da morte de Cristo: a expiação, que cobre o pecado do ser humano".[5] Segundo Berkhof:

> A doutrina da expiação aqui apresentada é a doutrina da satisfação ou substituição penal, que é a doutrina claramente ensinada pela Palavra de Deus [...] a expiação foi destinada a propiciar a Deus e reconciliá-lo com o pecador [...]. O sangue do sacrifício é interposto entre Deus e o pecador e, em vista da ira de Deus, é afastado. Tem pois o efeito de afastar do pecador a ira de Deus.[6]

Veremos, neste estudo, que a expiação, no Antigo Testamento, não tinha o alcance da expiação no Novo Testamento. No primeiro, vê-se o pecado sendo "coberto". No segundo, vê-se o pecado sendo "tirado". Essa é uma diferença teológica e bíblica fundamental.

II – A EXPIAÇÃO NO ANTIGO TESTAMENTO

1. A EXPIAÇÃO TIPIFICADA

No Antigo Testamento, encontramos ensinamentos preciosos, que nos iluminam o entendimento quanto à doutrina da expiação. Isso porque a

---

[4] PEARLMAN, Myer. *Conhecendo as Doutrinas da Bíblia* (CPAD), p. 200.

[5] GRENZ, Stanley J. & GURETZKI, David. *Dicionário de Teologia*, p. 55,56.

[6] BERKHOF, Louis. *Teologia Sistemática*, p. 374,375.

morte de Cristo nos recorda os sacrifícios oferecidos a Deus na Antiga Aliança. Aqueles sacrifícios eram verdadeiros tipos do sacrifício perfeito de Cristo. Eram atos rituais, de caráter profético, que apontavam para o sacrifício de Cristo, o "Cordeiro de Deus, que tira o pecado do mundo" (Jo 1.29). Todos aqueles cordeiros, bodes, ovelhas, vacas, pássaros, e outros animais, que foram sacrificados, no Antigo Testamento, eram figuras do sacrifício expiatório de Cristo em favor da humanidade, separada de Deus.

Diante da Queda do ser humano, Deus efetuou o *primeiro ato expiatório*, concretizado no mundo. "E fez o Senhor Deus a Adão e a sua mulher túnicas de peles e os vestiu" (Gn 3.21). Para vestir o casal pecante, Deus teve que imolar o animal inocente, derramando seu sangue pelo homem culpado. Mesmo que a Bíblia não se refira a esse ato como um sacrifício, na verdade o foi. Deus não aceitou a cobertura de folhas providenciada pelo casal. A vítima foi morta pelo culpado, para que ele pudesse contemplar a Deus. Aquele ato apontava para o sacrifício de Cristo, "a semente da mulher", que haveria de esmagar a cabeça da serpente (cf. Gn 3.15).

2. O PECADO AGRAVADO COM A IDOLATRIA

Após a Queda, o homem espalhou-se pela Terra, mas levando no coração a idéia do Deus Único, Criador dos Céus e da Terra. Com o tempo, os homens distanciaram-se da verdadeira adoração, e, ao em vez de se voltarem para glorificar o Criador, inclinaram-se para adorar a criatura. Diz Pearlman:

> Em lugar de virem a Deus, através dos corpos celestes, começaram a adorar esses corpos como deidades; em vez de verem o criador através das árvores e animais começaram a adorar esses como deuses; em vez de reconhecer que o homem foi feito à imagem de Deus, começaram a fazer um deus da imagem do homem.[7]

A idolatria foi a substituição do Deus verdadeiro pelos falsos deuses, fruto da imaginação do homem, induzidos por Satanás. Como resultado, veio a corrupção geral do gênero humano (Gn 6) rechaçada pelo Dilúvio mandado sobre a Terra, como juízo divino. Somente Noé e sua família escaparam.

3. A NATUREZA DOS SACRIFÍCIOS NO ANTIGO TESTAMNTO

Eles eram uma forma pela qual os hebreus ofereciam sua adoração a Deus. Os povos pagãos também ofereciam sacrifícios a seus deuses, sendo comum a idolatria no Egito, na Índia, na China, e no meio de

---

[7] PEARLMAN, Myer. *Conhecendo as Doutrinas da Bíblia* (CPAD), p. 186.

outros povos. Os israelitas eram monoteístas. Só adoravam a Jeová, o Criador dos céus e da Terra.

Em princípio, os sacrifícios tinham o objetivo de levar o homem à comunhão com Deus; havendo impedimentos, os sacrifícios tinham o objetivo de remover esse impedimento. De acordo com a *Bíblia de Estudo de Aplicação Pessoal*[8], *havia cinco tipos de sacrifícios*, conforme o quadro abaixo:

Oferta	Propósito	Significado	Cristo, o Perfeito Sacrifício
Holocausto (**Lv 1** – **voluntário**)	Expiar os pecados em geral.	Mostrava devoção a Deus.	A morte de Jesus foi o perfeito sacrifício.
Oferta de manjares (**Lv 2** – **voluntário**)	Demonstrar honra e respeito a Deus em adoração.	Reconhecia que todos pertencemos a Deus.	Cristo foi o homem perfeito, que se deu a si mesmo a Deus e aos outros.
Sacrifício pacífico (**Lv 3** – **voluntário**)	Expressar gratidão a Deus.	Simbolizava paz e comunhão com Deus.	Cristo, o único caminho para se ter comunhão com Deus.
Oferta pelo pecado (**Lv 4** – **exigida**)	Pagar pelo pecado cometido, involuntariamente, por ignorância, negligência ou imprudência.	Restabelecia a comunhão do pecador com Deus; mostrava a gravidade do pecado.	A morte de Cristo restaura o nosso relacionamento com Deus.
Oferta pela culpa (**Lv 5** – **exigida**)	Pagar pelos pecados cometidos contra Deus e as outras pessoas. Um sacrifício era feito para Deus, e a pessoa prejudicada era restituída.	Provia compensações para as partes lesadas.	A morte de Cristo anula as conseqüências mortais do pecado.

---

[8] CPAD. *Bíblia de Estudo Aplicação Pessoal*, p. 141.

Como se pode ver no quadro, todos os sacrifícios, no Antigo Testamento, tiveram seu cumprimento em Cristo, o sacrifício perfeito. NEle, Deus levou os nossos pecados (2 Co 5.21). Ele foi a nossa oferta pela culpa (Is 53.10); Ele é o nosso holocausto pelo pecado (Hb 9.15; Ef 5.2); é também o nosso sacrifício de paz (Jo 6.53,56; ver Lv 7.15,20).

4. O ALCANCE DA EXPIAÇÃO NO ANTIGO TESTAMENTO

1) Os sacrifícios "cobriam" o pecado

Segundo Chafer:

> No que diz respeito às nossas versões, o uso do termo expiação está restrito ao Antigo Testamento. Embora haja uma tradução de duas palavras hebraicas, apenas uma delas, *kãphar*, está geralmente em vista e ela é usada cerca de setenta vezes. O seu significado é "cobrir". Segundo esse autor, o termo usado para expiação no AT não deveria ser aplicado ao NT, visto que, na antiga aliança, "Deus perdoava e restaurava onde o pecado era somente *coberto* pelos sacrifícios de animais", enquanto que, no NT, os pecados haveriam de ser *tirados* do homem. No AT, a base para a expiação era "somente típica e não real". "Todos os pecados da lei mosaica foram mostrados como *cobertos* mas não *tirados*".[9]

Diz, ainda, Chafer: "A palavra hebraica *kãphar* expressa com exatidão divina precisamente o que aconteceu do ponto de vista de Deus na transação. O pecado foi coberto, mas não 'retirado', pois aguardava a morte prevista de Cristo".[10]

Enquanto isso, no Novo Testamento, o alcance é muito mais profundo e abrangente. Diz o escritor aos Hebreus:

> porque é impossível que o sangue dos touros e dos bodes tire pecados. E assim todo sacerdote aparece cada dia, ministrando e oferecendo muitas vezes os mesmos sacrifícios, que nunca podem tirar pecados; mas este, havendo oferecido um único sacrifício pelos pecados, está assentado para sempre à destra de Deus, daqui em diante esperando até que os seus inimi-

---

[9] CHAFER, Lewis Sperry. *Teologia Sistemática*, p.128.

[10] Ibid., vol. 3, p. 108.

gos sejam postos por escabelo de seus pés. Porque, com uma só oblação, aperfeiçoou para sempre os que são santificados (Hb 10.4, 11-14).

É interessante a observação de Myer Pearlman:

> Quando um israelita esclarecido trazia oferta, estava ele cônscio de duas coisas: primeira, que o arrependimento em si não era o suficiente; era indispensável uma transação visível que indicasse o fato de ser removido o pecado (cf. Hb 9.22). Mas por outro lado, ele aprendia com os profetas que o ritual sem a correta disposição interna do coração também era mera formalidade sem valor. O ato de sacrifício devia ser a expressão externa dos sacrifícios internos de louvor, oração, justiça e obediência – os sacrifícios do coração quebrantado e contrito.[11]

De fato, diz a Bíblia: "O sacrifício dos ímpios é abominável ao Senhor" (Pv 15.8). Até mesmo no Antigo Testamento, os atos externos só tinham valor diante de Deus, se correspondessem a um coração realmente quebrantado diante do Senhor (Ver Sl 26.6; 50.12-14; 51.16; Pv 21.3; Am 5.21-24).

2) Os sacrifícios no AT eram imperfeitos

Diz o escritor aos Hebreus: "porque é impossível que o sangue dos touros e dos bodes tire pecados" (Hb 10.4). Tanto eram imperfeitos, que precisavam ser repetidos (Hb 10.1,2); pois os sacerdotes que os ofereciam eram homens imperfeitos:

> Os antigos sumo-sacerdotes eram homens santos, mas falhos. Arão, irmão de Moisés teve grande honra, ao ser separado para o ofício de Sumo Sacerdote. Entretanto, ele teve grandes falhas, a ponto de levantar um bezerro de ouro, como se fosse Deus, levando o povo a pecar. Mas Cristo, nosso Sumo Sacerdote, é superior a Arão, não só porque não falhou em nada, mas porque cumpriu todo o plano da salvação em favor não só de Israel, mas de toda a humanidade.[12]

De fato, os sacerdotes do Antigo Testamento eram homens imperfeitos, que ofereciam sacrifícios imperfeitos.

---

[11] PEARLMAN, Myer. p.189.

[12] LIMA, Elinaldo Renovato de. *Hebreus*. **Lições Bíblicas**. CPAD, Rio de Janeiro, 3º Trimestre de 2001.

5. A CERIMÔNIA DO DIA DA EXPIAÇÃO

1) O Dia mais Importante

Conforme estudo na *Bíblia de Estudo Pentecostal* (CPAD):

> O capítulo 16 de Levítico descreve o Dia da Expiação, o dia santo mais importante do ano judaico. Nesse dia, o sumo sacerdote, vestia as vestes sagradas, e de início preparava-se mediante um banho cerimonial com água. Em seguida, antes do ato da expiação pelos pecados do povo, ele tinha de oferecer um novilho pelos seus próprios pecados.[13]

2) O "Bode do Sacrifício"

O sumo sacerdote tomava dois bodes. O primeiro era o bode do sacrifício. Este era sacrificado, e o seu sangue era levado ao Lugar Santo dos Santos, que ficava além do segundo véu, e era aspergido sobre a tampa da arca, o propiciatório (hb. *Kapporeth* 16.15). Esse ato tinha um significado espiritual de profundo valor. O sangue do animal sacrificado sobre a tampa da arca significava que a Lei, que houvera sido violada pelos israelitas estava coberta pelo sangue, com que se fazia expiação por toda a nação (Lv 16.15,16). Era um tipo do sacrifício de Cristo, morto em nosso lugar, para nos redimir de todos os pecados (Rm 3.24-26; Hb 9.11,12).

3) O "Bode da Expiação"

Em seguida, o sumo sacerdote tomava o bode vivo, colocava as mãos sobre sua cabeça, e confessava os pecados dos israelitas sobre ele, e o enviava ao deserto. O simbolismo desse ato aponta para Cristo, levando os nossos pecados (Is 53.6, 11,12; Jo 1.29; Hb 9.26). Há interpretações absurdas acerca do "bode da expiação", inclusive considerando que o bode vivo representa Satanás, sobre quem os pecados seriam lançados. Tal idéia carece do menor fundamento bíblico. É semelhante a outra que ensina que Cristo deu seu sangue a Satanás, como resgate por nós. Na verdade, "Os dois bodes representam a expiação, o perdão, a reconciliação e a purificação consumados por Cristo".[14]

---

[13] CPAD. *Bíblia de Estudo Pentecostal*, p.209.

[14] Ibid., p. 210.

III – A EXPIAÇÃO NO NOVO TESTAMENTO

Dos termos relativos à obra da salvação, realizada por Deus, em Cristo, parece-nos que o mais incisivo, e significativo, é o da "expiação". No Novo Testamento, significa o que ocorre, no plano espiritual, em que o pecado do homem é "tirado", "cancelado", e não apenas "coberto", como no Antigo Testamento.

1. A NECESSIDADE DA EXPIAÇÃO

Por que haveria Deus de se preocupar com o homem perdido, incrédulo, ingrato e desobediente? Por que haveria de prover a expiação do pecado desse homem, que lhe deu as costas, preferindo ouvir a voz da antiga serpente, quando todos os meios para sua felicidade estavam à sua disposição?

Somente pela Bíblia, a Palavra de Deus revelada e inspirada, é que podemos obter algumas respostas consistentes. A expiação foi necessária por dois grandes motivos: *a santidade de Deus* e *a pecaminosidade* do homem. O pecado do homem, face à santidade divina, provocava a ira de Deus. Alguns conceitos precisam ser identificados para entender-se melhor o significado da expiação.

Diz a Bíblia: "Tu és tão puro de olhos, que não podes ver o mal e a vexação não podes contemplar; por que, pois, olhas para os que procedem aleivosamente e te calas quando o ímpio devora aquele que é mais justo do que ele?" (Hc 1.13)

O pecado causou tremenda perturbação à relação do homem com Deus, afrontando sua santidade, de tal modo que a ira de Deus exige sua condenação. A Bíblia diz que "sem derramamento de sangue não há remissão" (Hb 9.22). Ou o homem seria morto, derramando seu próprio sangue, ou alguém teria de morrer em seu lugar. No Antigo Testamento, os animais inocentes foram sacrificados aos milhões em lugar do homem pecador. Mas o sangue dos animais apenas "cobriam" (expiavam de forma imperfeita) o pecado do homem: "Porque é impossível que o sangue dos touros e dos bodes tire pecados" (Hb 10.4). "Mas, vindo a plenitude dos tempos, Deus enviou seu Filho, nascido de mulher, nascido sob a lei, para remir os que estavam debaixo da lei, a fim de recebermos a adoção de filhos" (Gl 4.4,5). Jesus, que ofereceu o perfeito sacrifício, trouxe a verdadeira e perfeita expiação para o que nEle crê. Desse modo, só através da expiação, a ira de Deus é aplacada, livrando o pecador da condenação eterna, que é o fim de todos aqueles que não se arrependem de suas transgressões contra a santidade de Deus. Com a expiação, Deus pune o pecado e livra o pecador que aceita o sacrifício de Cristo em seu lugar.

2. O SIGNIFICADO DA EXPIAÇÃO POR MEIO DA MORTE DE CRISTO

O significado da expiação, no Novo Testamento, é idêntico ao do Antigo Testamento. O que a diferencia é o seu alcance, e a natureza daquEle que foi oferecido como holocausto no lugar do pecador. No Antigo Testamento, os cordeiros, os bodes, as vacas, os pombos, e outros animais, eram sacrificados. No Novo Testamento, o "Cordeiro de Deus, que tira o pecado do mundo" é o que faz toda a diferença. É Deus, efetuando a redenção, por meio de Cristo.

1) Foi uma Morte Expiatória

O sacrifício efetuado no Novo Pacto é de alcance infinitamente maior e mais profundo que o obtido através da morte de animais, no Antigo Testamento. No Antigo Pacto, o sangue cobria o pecado (cf. Sl 51.9; Is 38.17; Mq 7.19), em o Novo Testamento, através de Cristo, *o pecado é quitado*. Diz a Bíblia que Jesus: "Agora, na consumação dos séculos, uma vez se manifestou, para aniquilar o pecado pelo sacrifício de si mesmo. [...] assim também Cristo, oferecendo-se uma vez, *para tirar os pecados* de muitos, aparecerá segunda vez, sem pecado, aos que o esperam para a salvação" (Hb 9.26,28; grifo meu). "Àquele que não conheceu pecado, o fez pecado por nós; para que, nele, fôssemos feitos justiça de Deus" (2 Co 5.21). Diz, ainda, Hebreus: "Porque é impossível que o sangue dos touros e dos bodes tire pecados. Como acima diz: Sacrifício, e oferta, e holocaustos, e oblações pelo pecado não quiseste, nem te agradaram (os quais se oferecem segundo a lei). Então, disse: Eis aqui venho, para fazer, ó Deus, a tua vontade. Tira o primeiro, para estabelecer o segundo. Na qual vontade temos sido santificados pela oblação do corpo de Jesus Cristo, feita uma vez" (Hb 10.4,8-10).

Aí, reside um grande ato do amor de Deus, visando a redenção do homem perdido. Jesus levou sobre si os pecados dos outros, os pecados da raça humana. Com sua natureza humana, Ele sofreu pelo homem, participando da satisfação para com a lei e a justiça divina, que demandam a punição do pecado contra a santidade de Deus. Como homem, mas não contaminado pelo pecado, em sua concepção, ou em qualquer fase de sua vida terrena, Jesus foi o único Ser que teve condições de morrer pelos outros, e não por si. Ele era puro. Foi gerado sem pecado. Ele não tinha a culpa pessoal. Nem herdou pecado original, como as crianças o herdam, através de seus pais. Como foi visto na teoria da substituição, Jesus morreu em nosso lugar. Diz Strong: "Aquele que é pessoalmente puro pode de um modo vicário suportar a pena devida ao pecado de todos".[15]

2) Foi uma Morte Propiciatória

Como já foi visto, esta palavra vem de "propiciação", (do lat. *Propitiatio*), que tem o significado de tornar propício, tornar-se favorável; também tem o sentido de juntar, reconciliar. "E ele é a propiciação pelos nossos pecados e não somente pelos nossos, mas também pelos de todo o mundo" (1 Jo 2.2; Hb 2.17). Propiciar, no Novo Testamento, é "aplacar a ira de um Deus santo pela oferenda dum sacrifício expiatório. Cristo é descrito como essa propiciação (cf. Rm 3.25; 1 Jo 2.2; 4.10)".[16] Assim, a morte de Cristo trouxe a possibilidade de o homem perdido chegar perto de Deus; fazendo o Eterno propício, ou favorável ao homem, mediante a expiação dos pecados, de tal forma que o homem tenha a graça e o amor dEle. Pela propiciação, o homem pode chegar-se a Deus. Jesus anulou o poder separador do pecado na vida do que a Ele se converte.

Em Romanos lemos que "a justiça de Deus pela fé em Jesus Cristo", e a redenção "ao qual Deus propôs para propiciação pela fé no seu sangue, para demonstrar a sua justiça pela remissão dos peca*dos dantes cometidos, sob a paciência de Deus" (Rm 3.22a,25). Neste último versículo, a palavra propiciação vem do grego,* "*hilasterion",* que é traduzida em Hebreus 9.5 por "propiciatório", que significa "coberta". Na Arca da Aliança, a tampa era chamada de propiciatório (hb. ***Kapporeth;*** ver Êx 25.10-22). Na Arca, havia duas partes: a arca propriamente dita, que representava a presença de Deus no meio de seu povo; a segunda parte era o propiciatório (a cobertura). Dentro da arca, estavam as tábuas da lei, que eram a base do julgamento de Deus para os atos de seu povo; sobre a arca, o propiciatório cobria as tábuas da Lei, e era sobre ele que o sangue era aspergido pelo sumo sacerdote, uma vez por ano, por si, e pelo povo. Com isso, o Senhor indicava que era um Deus de justiça, e também um Deus de perdão.

Sendo Cristo nossa "propiciação", ou nosso "propiciatório", diante de Deus, é por Ele que temos a expiação dos pecados cometidos contra a lei de Deus (sua Palavra), consubstanciada no Evangelho de nosso Senhor Jesus Cristo. O apóstolo Paulo, em Romanos, disse que "sendo justificados

---

[15] Augustus Hopkins STRONG. *Teologia Sistemática* (CPAD), p. 440.

[16] PEARLMAN, Myer. *Conhecendo as Doutrinas da Bíblia* (CPAD), p. 202.

gratuitamente pela sua graça, pela redenção que há em Cristo Jesus, ao qual Deus propôs para propiciação pela fé no seu sangue, para demonstrar a sua justiça pela remissão dos pecados dantes cometidos, sob a paciência de Deus; para demonstração da sua justiça neste tempo presente, para que ele seja justo e justificador daquele que tem fé em Jesus" (3.24-26).

Desse modo, quando Deus aceita a expiação por Jesus, ao mesmo tempo, Ele age de acordo com sua justiça e com sua graça. Afirma Pearlman: "Ao tratar do pecado, Ele precisa mostrar sua graça, pois Ele não deseja a morte do pecador; mas ao perdoar o pecado, Ele precisa revelar a sua justiça, pois a própria estabilidade do universo depende da soberania de Deus".[17] Deus não tem prazer na morte do ímpio (Ez 18.23,32; 33.11).

3) Foi uma Morte Substitutiva

Os animais, oferecidos sobre o altar do sacrifício, no Antigo Testamento, eram substitutos do pecador. Jesus Cristo, na cruz, foi o Substituto perfeito para todos os que desejam o perdão de Deus. Viu Isaías: "Mas ele foi ferido pelas nossas transgressões e moído pelas nossas iniqüidades; o castigo que nos traz a paz estava sobre ele, e, pelas suas pisaduras, fomos sarados" (Is 53.5; ver 1 Pe 2.24).

4) Foi uma Morte Redentora

A palavra redimir tem o sentido de resgate; de tornar a comprar algo por um preço. "Assim sendo, o termo tem um sentido duplo: significa tanto o pagamento de um preço como a libertação do cativo".[18] No Antigo Testamento, quando um homem de posses queria redimir alguém que se tornara escravo, era preciso preencher três condições:

1ª) Tinha que ser um parente do escravo;

2ª) Deveria estar disposto a pagar o preço da redenção;

3ª) Deveria ter condições para pagar o preço do escravo (ver Lv 25.47-49).

---

[17] Ibid., p. 199.

[18] VAN CLEAVE, Nathaniel M. & DUFFIELD, Guy P. *Fundamentos da Teologia Pentecostal*, p. 255.

Nosso Senhor Jesus Cristo teve em si mesmo todas essas condições: Fez-se "nosso parente", quando "se fez carne, e habitou entre nós" (Jo 1.14); dispôs-se a pagar o preço de nossa redenção (2 Co 8.9); e foi o único que teve condições de pagar o preço aceito pela justiça de Deus (1 Pe 1.18,19); nós fomos redimidos, resgatados, comprados por Cristo. Somos sua propriedade (1 Co 6.19,20). A redenção de uma alma exige um preço caríssimo, que ninguém pode pagar (Sl 49.7-9). Jesus deu a vida em resgate de muitos (Mt 20.28).

5) Foi uma Morte Reconciliadora

Reconciliar significa reatar uma amizade. Conciliar outra vez. Através do pecado, ante a santidade de Deus, o homem tornou-se seu inimigo. Diz Paulo: "Mas Deus prova o seu amor para conosco em que Cristo morreu por nós, sendo nós ainda pecadores" (Rm 5.8). Na condição de pecadores, éramos inimigos de Deus. Mas ao usar sua graça e seu amor (Jo 3.16), Deus proveu a reconciliação por meio de Jesus: "E tudo isso provém de Deus, que nos reconciliou consigo mesmo por Jesus Cristo e nos deu o ministério da reconciliação, isto é, Deus estava em Cristo reconciliando consigo o mundo, não lhes imputando os seus pecados, e pôs em nós a palavra da reconciliação" (2 Co 5.18,19; ver Cl 1.20; Rm 5.10).

É interessante ficar claro que a expiação não significa que Deus estava mal humorado com o homem, e dele se afastou até que Jesus propiciasse a reconciliação. Há quem entenda dessa forma equivocada. Pelo contrário. Foi o pecador que se afastou de Deus, provocando a ira divina. E foi Deus quem tomou a iniciativa de prover uma solução definitiva para a reconciliação do miserável pecador. Por intermédio de Cristo, é Deus quem vem ao encontro do homem, e não o contrário. Deus está pronto para receber qualquer pecador, por intermédio de Cristo, oferecendo-lhe a bênção da reconciliação, pela qual ele tem acesso à vida eterna (cf. Jo 5.24).

Strong reforça a idéia da substituição vicária, ao afirmar o seguinte:

> A expiação, então, da parte de Deus, tem sua base: 1) na santidade de Deus, que deve visitar com a condenação o pecado, apesar de que esta condenação traz a morte a seu Filho; e 2) no amor de Deus que providencia o sacrifício, sofrendo no seu Filho e com ele pelos pecados dos homens, mas através desse sofrimento, abrindo o caminho e os meios de salvação.[19]

---

[19] STRONG, Augustus Hopkins. *Teologia Sistemática* (CPAD), p. 445.

A morte de Cristo tem o sentido de reconciliação (*gr. apokatallassõ*), indicando que não existe mais qualquer impedimento à paz entre o redimido e o Redentor. A redenção, efetuada por Cristo, foi a intervenção de Deus, para a reconciliação do mundo consigo mesmo. Jesus colocou-se como intercessor, para reconciliar o homem com Deus, bem como "todas as coisas", que na terra e nos céus, foram atingidas pelos efeitos da Queda. Diz Paulo:

> E que, havendo por ele feito a paz pelo sangue da sua cruz, por meio dele reconciliasse consigo mesmo todas as coisas, tanto as que estão na terra como as que estão nos céus. A vós também, que noutro tempo éreis estranhos e inimigos no entendimento pelas vossas obras más, agora, contudo, vos reconciliou no corpo da sua carne, pela morte, para, perante ele, vos apresentar santos, e irrepreensíveis, e inculpáveis, se, na verdade, permanecerdes fundados e firmes na fé e não vos moverdes da esperança do evangelho que tendes ouvido, o qual foi pregado a toda criatura que há debaixo do céu, e do qual eu, Paulo, estou feito ministro (Cl 1.20-23).

Por seu sangue, Jesus fez a paz entre o homem caído, perdido, escravo do pecado, com o seu Criador; "E tudo isso provém de Deus, que nos reconciliou consigo mesmo por Jesus Cristo e nos deu o ministério da reconciliação" (2 Co 5.18). "A vós também, que noutro tempo éreis estranhos e inimigos no entendimento pelas vossas obras más, agora, contudo, vos reconciliou no corpo da sua carne, pela morte, para, perante ele, vos apresentar santos, e irrepreensíveis, e inculpáveis" (Cl 1.21,22). Não poderia ser diferente. Jesus afirmou: "Eu sou o caminho, e a verdade, e a vida. Ninguém vem ao Pai senão por mim" (Jo 14.6). A vinda de Cristo, encarnado, foi a intervenção de Deus no seio da humanidade, visando a sua redenção.

6) Foi uma Morte Triunfante

Normalmente, quando um líder morre, num confronto, diz-se que ele foi derrotado. Com Cristo, aconteceu o contrário. Foi exatamente na sua morte que Ele triunfou contra o Diabo e o pecado. No proto-evangelho, em Gênesis 3.15, Deus decretou que a "semente da mulher" – Jesus – haveria de esmagar a cabeça da "serpente", que é Satanás.

Diz Chafer que

> O combate entre Cristo e Satanás, que foi travado na colina do Calvário, envolve questões e poderes pertencentes às esferas mais altas do que a terra e muito além dos limites dos tempos... Não está somente implícito que, nesse conflito, Satanás exerceu o seu poder máximo, mas que o dano impingido sobre o Filho de Deus, igualado ao ferir do seu calcanhar, foi feito por Satanás.[20]

Mas Cristo foi o grande vencedor daquela batalha cósmica, contemplada em sua dimensão mais ampla pelos seres celestiais.

Os homens que observaram a morte de Cristo não entenderam o seu significado transcendente. Jesus foi o Vitorioso. Diz a Bíblia: "E, quando vós estáveis mortos nos pecados e na incircuncisão da vossa carne, vos vivificou juntamente com ele, perdoando-vos todas as ofensas, havendo riscado a cédula que era contra nós nas suas ordenanças, a qual de alguma maneira nos era contrária, e a tirou do meio de nós, cravando-a na cruz" (Cl 2.13,14). Essa foi sua vitória sobre o pecado. Além de vencer o pecado, Cristo derrotou Satanás e suas hostes, pois despojou "os principados e potestades" e "os expôs publicamente e deles triunfou em si mesmo" (Cl 2.15). Glória ao Nome de Jesus!

IV – O ALCANCE DA EXPIAÇÃO NO NOVO TESTAMENTO

1. EFEITO RETROATIVO

No Antigo Testamento, os sacrifícios eram imperfeitos. Então, como eles puderam ser salvos, diante de Deus? Eles foram salvos, ou não? Já vimos que o sangue dos animais não tirava o pecado. Apenas os cobria. Responde Myer Pearlman: "Foram salvos por *antecipação do futuro* Sacrifício realizado. A prova dessa verdade encontra-se em Hebreus 9.15 (vide também Rm 3.25), que ensina que a morte de Cristo era, em certo sentido, *retroativa e retrospectiva*; isto é, que tinha uma eficácia em relação ao passado"[21] (grifos meus). Esse aspecto da expiação, efetuada por Cristo não tem sido bem percebido por muitos que estudam esse tema. Mas é profundamente esclarecedor quanto ao alcance da salvação efetuada por Jesus.

Chafer também entende que os pecadores, entre o tempo de Adão e Cristo, foram salvos pelo sacrifício de Cristo, ao afirmar que Deus não

---

[20] CHAFER, Lewis Sperry. *Teologia Sistemática*, Vol. 3, p.113.

[21] PEARLMAN, Myer. *Conhecendo as Doutrinas da Bíblia* (CPAD), p. 192.

derramou os juízos divinos sobre os pecadores do Antigo Testamento, procrastinando-os, na espera do sacrifício de Cristo. E que

> a procrastinação do juízo revela que Deus deixou de lado o pecado, em vista dos sacrifícios [...]. Desta maneira, é visto que a morte de Cristo foi uma consumação justa da antiga ordem, assim como o fundamento da nova. Visto que na antiga ordem Deus havia perdoado pecados com base no sacrifício que ainda era futuro, esse sacrifício, quando realizado, não somente *tirou*, pelo justo juízo, os pecados que Ele antes havia perdoado, mas mostrou que Deus havia sido justo em procrastinar os seus juízos sobre aqueles pecados. Este é o testemunho de Romanos 3.25, onde, na procrastinação da morte de cristo, está afirmado que: "ao qual Deus propôs como propiciação, pela fé, no seu sangue, para demonstração da sua justiça por ter ele, na sua paciência, deixado de lado os delitos outrora cometidos.[22]

2. A Expiação no presente

A redenção do homem, por Cristo, não foi apenas um ato histórico, que passou a fazer parte de um passado distante. De modo algum. A eficácia do sacrifício de Cristo, ou seja, de seu sangue, derramado na cruz do Calvário, continua a operar na redenção da humanidade. A condição indispensável é que o homem creia; arrependa-se de seus pecados; e aceite Jesus como seu único e suficiente salvador pessoal.

A redenção, efetuada através da morte de Cristo, é para hoje. Diz a Bíblia: "Enquanto se diz: Hoje, se ouvirdes a sua voz, não endureçais o vosso coração, como na provocação" (Hb 3.15). E ainda: "Porque diz: Ouvi-te em tempo aceitável e socorri-te no dia da salvação; eis aqui agora o tempo aceitável, eis aqui agora o dia da salvação" (2 Co 6.2).

Enquanto a "salvação" oferecida por religiões e movimentos não-cristãos é algo que o pecador não vê no horizonte de sua existência, a redenção de Deus — ou a salvação em Cristo — é para o presente, com reflexos sobre o passado, e sobre o futuro, dando plena segurança e convicção da realidade da nova vida em Cristo. Jesus disse: "Na verdade, na verdade vos digo que quem *ouve* a minha palavra *e crê* naquele que me enviou *tem* a vida eterna e *não entrará* em condenação, *mas passou* da morte para a vida" (Jo 5.24; grifos meus). Neste versículo, tem-se a perfeita segurança da redenção de Deus através de Jesus. Se uma pessoa "ouve"

---

[22] CHAFER, Lewis Sperry. *Teologia Sistemática*.

(no presente) a palavra, e "crê" (no presente) em Deus, que enviou Jesus, "tem a vida eterna" (no presente); e mais: "não entrará em condenação" (no futuro); mas "passou" (tempo passado) "da morte para a vida".

3. O ASPECTO FUTURO DA REDENÇÃO

O aspecto futuro da redenção equivale ao quarto aspecto, ou fase da salvação, que é o da "glorificação". Já vimos que os demais são: regeneração, justificação, e santificação, experimentadas no tempo presente da vida do que é salvo. Mas ainda falta a realização plena da redenção da parte física do ser humano convertido a Cristo. Diz Paulo que "também gememos em nós mesmos, esperando a adoção, a saber, a redenção do nosso corpo" (Rm 8.23).

1) A Estatura de "Varão Perfeito"

No tempo presente, todo o nosso esforço para apresentar-nos perfeitos diante de Deus é necessário, mas é impossível alcançar a perfeição em sua totalidade na condição humana atual. Diz a Bíblia: "Até que todos cheguemos à unidade da fé e ao conhecimento do Filho de Deus, a varão perfeito, à medida da estatura completa de Cristo" (Ef 4.13). A perfeição absoluta abrange quatro etapas: unidade da fé; conhecimento do Filho de Deus; varão perfeito; à medida da estatura completa de Cristo. Impossível alcançar essa perfeição na condição humana, prejudicada e contaminada pelo pecado original.

2) Jesus Garantiu a Redenção do Corpo

Na redenção ou na expiação, Deus assegurou, por intermédio do sacrifício de Cristo, a completa redenção do homem. Porém, há uma parte do homem que ainda aguarda a redenção. Diz Paulo: "E não só ela, mas nós mesmos, que temos as primícias do Espírito, também gememos em nós mesmos, esperando a adoção, a saber, a redenção do nosso corpo" (Rm 8.23). O apóstolo acentua que não somente "ela", a criação, geme, mas que nós, os salvos, gememos, também, "esperando a adoção, a saber, *a redenção do nosso corpo*" (grifo meu).

Este é um ponto crucial, para o entendimento dos efeitos da redenção sobre nosso ser. Há pessoas que, baseadas em Isaías 53.4, afirmam categórica e precipitadamente, que um salvo não pode adoecer, pois Jesus "tomou" as nossas enfermidades, e levou "nossas dores", ou doenças. Verbos no passado. Porém, apesar de os verbos "tomar" e "levar" estarem no passado, o texto é profético, e se cumpriu, em parte, com o ministério terreno de Jesus, quando Ele curou muitos enfermos, como na casa da sogra de Pedro (Mt 8.14-17) e em muitos outros episódios de curas, operadas por Jesus.

Dizemos "em parte" porque Paulo diz que "gememos em nós mesmos, esperando a adoção, a saber, a redenção do nosso corpo" (Rm 8.23). Isto é, nosso corpo ainda não está plenamente redimido. Isso ocorrerá, de modo pleno, quando os salvos forem ressurretos, ou transformados, na Vinda de Cristo, para buscar a sua Igreja. Mas a redenção plena só pode ser assegurada, se o cristão permanecer em santificação (Hb 12.14; 1 Ts 5.23; 1 Pe 1.15).

A redenção da humanidade decorre da graça, da misericórdia, e do amor de Deus. É incompreensível para adeptos de outras religiões, que Deus tenha sacrificado seu próprio Filho. De fato, a mente humana, limitada e falível, jamais poderá aquilatar o valor da redenção do homem mediante a expiação dos seus muitos pecados. Mas Jesus efetuou a expiação, não "por sangue de bodes e bezerros, mas por seu próprio sangue, entrou uma vez no santuário, havendo efetuado *uma eterna redenção*" (Hb 9.12; grifo meu). Quem crê é salvo. Quem não crê é condenado (Mc 16.16).

5

A SOBERANIA DE DEUS E O LIVRE-ARBÍTRIO HUMANO

Pois o Senhor, vosso Deus, é o Deus dos deuses e o Senhor dos senhores, o Deus grande, poderoso e terrível, que não faz acepção de pessoas, nem aceita recompensas (Dt 10.17).

Deus é soberano. Ele está acima de tudo e de todos os seres criados. Mas concede liberdade aos homens, dentro de limites por Ele estabelecidos, para que sejam livres agentes, ou seja, seres responsáveis por suas ações.

O tema deste capítulo envolve um assunto de grande significado e ao mesmo tempo bastante polêmico. De um lado, a soberania de Deus.

De outro, a liberdade do homem. Entre os cristãos, há os que entendem que a soberania de Deus é determinística, assumindo um caráter quase fatalista, à semelhança do que crêem os árabes, que aceitam a idéia da doutrina do destino. Para esses povos orientais, o destino dos homens está predestinado de forma absoluta e fatalista. Tudo se resume numa expressão: *"maktub"*, isto é, "está escrito"; se alguém nasce para ser pobre, jamais poderá ser rico; se alguém nasce para ser rico, sê-lo-á, pois o destino já determinou. Há interpretações menos radicais dessa palavra árabe, admitindo que o que acontece é determinado pelas ações das pessoas.

Existem certas interpretações teológicas que têm noções semelhantes para o que se pode entender sobre a soberania de Deus, especialmente, em relação à salvação dos homens. Esta é uma visão, que se pode chamar de "calvinismo radical", baseia-se uma interpretação das idéias esposadas pelo teólogo João Calvino (1509-1564). Nessa visão, há os que já nascem predestinados à perdição eterna; e os que já nascem predestinados para a salvação eterna. Tudo determinado, arbitrariamente, pela soberania de Deus, excluindo-se totalmente a idéia do livre-arbítrio.

Há outra visão, esposada pelo teólogo Jacobus Arminius (1560-1609), segundo a qual Deus é soberano, mas considera o livre-arbítrio do homem, como agente-livre, dotado de capacidade de escolha, e responsável por seus atos. É oposta a primeira, e ambas são causa de enormes discussões acadêmicas entre teólogos, pastores e até dos crentes que se interessam pelo confronto das idéias, e interpretações de assuntos polêmicos, baseados nos textos bíblicos.

Afinal, indagam os debatedores do assunto: "Se Deus é soberano, Ele tudo pode. E como fica o livre-arbítrio do homem?"; e, "se o homem é livre, e Deus não controla totalmente suas ações, como fica a soberania de Deus?" Tais questões conduzem, invariavelmente, a discussões intermináveis, que, normalmente, não chegam a um lugar comum. Os calvinistas parecem estar entrincheirados, "armados até aos dentes", com argumentos bíblicos baseados em referências textuais contra os arminianos que do outro lado do "campo de batalha", também armam-se com os melhores textos, igualmente extraídos dos livros do Antigo e do Novo Testamento.

Neste capítulo, não temos a pretensão de dirimir todas as dúvidas acerca do assunto, nem ter a última palavra sobre essa discussão, que tem atravessado séculos dividindo opiniões e até grupos evangélicos, e denominações. A nosso ver, não há necessidade de uma visão dogmática. No arminianismo, há explicações consistentes que não precisam ser levadas ao radicalismo; da mesma forma, no calvinismo, há explicações que devem ser consideradas, sem chegar-se a um dogmatismo exacerbado.

I – A SOBERANIA DE DEUS

Soberania, aplicada a Deus, é um termo (Do lat. *super*), que significa:

Autoridade inquestionável que Deus exerce sobre todas as coisas criadas, quer na terra, quer nos céus. A soberania divina está baseada em sua onipotência, onipresença e onisciência. Isto significa que todos precisamos de Deus para existir; sem Ele, não há vida nem movimento.[1]

[...] indica o total domínio do Senhor sobre toda a sua vasta criação. Como soberano que é, Deus exerce de modo absoluto a sua vontade, sem ter de prestar contas a qualquer vontade finita.[2]

1. DEUS É SOBERANO CRIADOR

O universo, o homem, os animais, as plantas, os minerais, e tudo o que existe veio à realidade pelo poder soberano de Deus (Gn 1.1; 24-31; Jo 1.1-3). Ao pronunciar as palavras "haja"!, "apareça"!, todas as coisas apareceram, como resultado do poder soberano, e da energia, emanada das palavras do Criador! Ele pensou, falou, e logo, tudo tornou-se realidade. Ele é o Princípio absoluto, a causa primeira, de que se originou tudo o que veio à existência. "Digno és, Senhor, de receber glória, e honra, e poder, porque tu criaste todas as coisas, e por tua vontade são e foram criadas" (Ap 4.11). Jesus é Deus. NEle, "temos a redenção pelo seu sangue, a saber, a remissão dos pecados; o qual é imagem do Deus invisível, o primogênito de toda a criação; porque *nele foram criadas todas as coisas* que há nos céus e na terra, visíveis e invisíveis, sejam tronos, *sejam dominações, sejam principados, sejam potestades; tudo foi criado por ele e para ele. E ele é antes de todas as coisas*, e todas as coisas subsistem por ele" (Cl 1.14-17; grifos meus).

2. DEUS É O SOBERANO PRESERVADOR

Ele preserva todas as coisas, através de suas leis biológicas, físicas e químicas, constatadas pela verdadeira ciência (At 17.25). Os homens, em sua ignorância e soberba, atribuem a continuidade

---

[1] ANDRADE, Claudionor Corrêa de. *Dicionário Teológico* (CPAD), p. 228.

[2] CHAMPLIN, R.N. & BENTES, J. M., *Enciclopédia de Bíblia e Teologia*, Vol. 6, p. 313.

dos seres vivos e das coisas, a um processo evolutivo, movido pelo acaso. Nada mais absurdo e ilógico, ante a grandeza, a ordem e a complexidade do universo, da vida e de seus elementos. Diz a Bíblia, falando acerca de Jesus: "A quem constituiu herdeiro de tudo, por quem fez também o mundo. O qual, sendo o resplendor da sua glória, e a expressa imagem da sua pessoa, e *sustentando todas as coisas pela palavra do seu poder,* havendo feito por si mesmo a purificação dos nossos pecados, assentou-se à destra da Majestade, nas alturas" (Hb 1.2,3; grifo meu).

3. Deus é o Soberano Senhor e dono de todas as Coisas

Como Criador e Preservador, Deus é Senhor de todas as coisas, independente da crença ou não-crença dos homens materialistas; queiram ou não queiram os insensatos ateístas. Diz a Bíblia: "Do Senhor é a terra e a sua plenitude, o mundo e aqueles que nele habitam. Porque ele a fundou sobre os mares e a firmou sobre os rios" (Sl 24.1,2). Deus é Senhor (Gn 2.4). É dominador (2 Cr 20.6; Ap 6.10).

Deus é o Governante Supremo do universo. Não há outro. Ele faz tudo o que lhe apraz, em conformidade com o seu caráter. E não tem o dever de dar satisfação a quem quer que seja. Nabucodonosor, Rei da Babilônia, após a terrível experiência de julgar-se grande, e ter sido abatido por Deus, exclamou: "Mas, ao fim daqueles dias, eu, Nabucodonosor, levantei os meus olhos ao céu, e tornou-me a vir o meu entendimento, e eu bendisse o Altíssimo, e louvei, e glorifiquei ao que vive para sempre, cujo domínio é um domínio sempiterno, e cujo reino é de geração em geração. E todos os moradores da terra são reputados em nada; e, segundo a sua vontade, ele opera com o exército do céu e os moradores da terra; não há quem possa estorvar a sua mão e lhe diga: Que fazes?" (Dn 4.34,35). Questionar Deus é atitude própria da insensatez dos incrédulos, materialistas ou ímpios.

II – A SOBERANIA E A ONIPOTÊNCIA DE DEUS

1. Deus é Onipotente

"A soberania de Deus consiste em sua onipotência, expressa em relação ao mundo criado, mormente no tocante à responsabilidade moral das criaturas diante dele".[3] *Ominis* e *potentia* (lat.) são dois termos que

---

[3] Ibid., p. 313.

formam a palavra onipotência. Aplicada à Pessoa de Deus, diz-se que Ele é onipotente, porque tudo pode, é Todo-poderoso. Nenhum ser, no universo pode reivindicar para si tal atributo. O Diabo tem muita força e até mesmo certo poder, por permissão de Deus. Mas não é onipotente; só age por permissão de Deus, dentro de certos limites. Ele diz no Gênesis: "Eu sou o Deus Todo-poderoso" (Gn 17.1). Na realidade o legítimo poder pertence a Deus (Sl 62.11; 1 Pe 4.11).

A onipotência de Deus é manifestada em sua Palavra, desde o início de tudo. Ele tem o poder de criar. No Gênesis, Ele criou os céus, os mares, a Terra, os astros, a luz, simplesmente dizendo: "Haja". E tudo apareceu. Ele não só criou o universo, mas o sustenta e o mantém, segundo leis planejadas, e executadas segundo o seu poder infinito: "O qual, sendo o resplendor da sua glória, e a expressa imagem da sua pessoa, e sustentando todas as coisas pela palavra do seu poder" (Hb 1.3a).

Deus manifestou sua onipotência, diante de homens que se julgavam invencíveis, como Faraó, rei do Egito. Este, loucamente, resolvendo enfrentar e afrontar Deus, foi fragorosamente abatido, humilhado, bem como seus deuses, quando resistiu à ordem de Jeová para que libertasse seu povo. Mediante as dez pragas do Egito, Deus usou Moisés para tirar o seu povo do cativeiro, e não houve quem impedisse (ver Êx 7.1-5).

Diante de seu arquiinimigo, Satanás, Deus tem absoluto domínio e controle de suas ações. O Diabo só pode agir por permissão de Deus, até o ponto em que Ele entender que o adversário pode ir. Na experiência de Jó, vemos que o Maligno resolveu testar a fé do patriarca, afirmando que, se lhe fossem tirados todos os bens, inclusive os filhos, blasfemaria contra o Senhor. Deus deu permissão ao Diabo para tirar tudo o que o homem de Deus tinha, e com pressa o adversário executou seu plano maligno. Mas Jó não blasfemou, nem atribuiu a Deus falta alguma (Jó 1.22).

Certamente, perplexo, o Diabo resolveu tentar mais uma vez fazer Jó blasfemar, e obteve permissão de Deus para tirar sua saúde, no que foi atendido. Feriu o homem de Deus de uma doença maligna. Mas Jó não blasfemou. Pelo contrário, enfrentando a tudo e a todos, inclusive à sua própria esposa, que o aconselhara a se suicidar, Jó mostrou que a fé em Deus é suficiente para derrotar o adversário: "Então, Jó se levantou, e rasgou o seu manto, e rapou a sua cabeça, e se lançou em terra, e adorou, e disse: Nu saí do ventre de minha mãe e nu tornarei para lá; o Senhor o deu e o Senhor o tomou; bendito seja o nome do Senhor. Em tudo nisto Jó não pecou, nem atribuiu a Deus falta alguma" (Jó 1.20-22).

Da experiência de Jó, podemos tirar algumas lições sobre onipotência. Primeira, que o Diabo só pôde ferir o servo de Deus, após tirar seus bens, por permissão de Deus. Segunda, que o Adversário não é onipotente. Só pôde agir com permissão de Deus, que é verdadeiramente o único ser Onipotente em todo o universo.

2. ONIPOTÊNCIA E BONDADE DE DEUS

Houve um terremoto, em Lisboa, em 1775, precisamente no dia 01 de novembro, chamado "Dia de Todos os Santos". Foi uma terrível catástrofe.

> Não somente as casas, os edifícios, as igrejas e os palácios desabaram, como a cidade viu-se inundada por um maremoto, formidável, terrível, que levou tudo de roldão. Para o cúmulo da desgraça, um incêndio ardeu por seis dias ainda, devorando o que restara mais ou menos inteiro. Tamanha catástrofe, como não poderia deixar de ser, provocou inúmeras polêmicas das quais participaram com destaque os filósofos Voltaire e J.J. Rousseau, rivais ideológicos do movimento iluminista.[4]

Morreram quase 30.000 pessoas. Nas igrejas, os padres diziam aos quatro ventos, que aquilo era obra da mão de Deus.

O filósofo Voltaire, ateu, escreveu uma carta (*Lettre sur la Providence*). Em sua invectiva contra Deus, o filósofo materialista dizia que Deus não poderia existir. Se Ele existisse e fosse bom, não podia ser onipotente, pois não evitara tamanha tragédia, que ceifara a vida de tantas pessoas inocentes; e, se Deus fosse onipotente, poderia ter evitado a catástrofe e não o fazendo, Ele não poderia ser bom. Tais especulações materialistas causaram revoltas e dúvidas quanto à existência de Deus. Diz a História que o filósofo Rousseau, rival ideológico de Voltaire, o repreendeu, dizendo que não se devia atribuir a Deus, ou à natureza, as causas da tragédia. E, sim, aos lisboetas, que construíram mais de 20.000 casas em seis ou sete andares junto ao Rio Tejo.

De fato, diz a Bíblia: "De que se queixa, pois, o homem vivente? Queixe-se cada um dos seus pecados" (Lm 3.39). As catástrofes naturais podem ser usadas por Deus, como forma de lembrar ao homem o preço que paga por dar as costas ao Criador. Mas Ele não é o causador do mal, e sim, o pecado. O homem agride a natureza, produz poluição do

---

[4] Disponível em http://educaterra.terra.com.br. Acesso em 24 Novembro de 2007.

ar, do solo, das águas, enfim, degrada o meio-ambiente, provocando o chamado efeito estufa, que produz o aumento anormal da temperatura do planeta; as calotas polares estão se derretendo; o nível das águas dos mares está subindo, e já se prevê que muitas ilhas desaparecerão, e muitas cidades litorâneas, serão varridas pelas águas.

Espécies estão sendo extintas, por causa da degradação do meio ambiente; terremotos, maremotos, "tsunamis" ocorrem, destruindo cidades. De quem é a culpa? De Deus? Não. Mas é culpa do próprio homem. E ele pagará por isso. Diz o Apocalipse: "E iraram-se as nações, e veio a tua ira, e o tempo dos mortos, para que sejam julgados, e o tempo de dares o galardão aos profetas, teus servos, e aos santos, e aos que temem o teu nome, a pequenos e a grandes, *e o tempo de destruíres os que destroem a terra*" (Ap 11.18; grifo meu). Haverá, sim, diz a Bíblia, terríveis juízos de Deus sobre a humanidade ímpia, quando os sete selos do Apocalipse forem abertos (Ler Apocalipse 6 e seguintes.). Serão catástrofes jamais vistas.

Deus não é responsável pelo mal. Se um operário, numa fábrica, deixar cair areia dentro da engrenagem de uma máquina eletrônica, de tecnologia avançada, poderá estragar todo o equipamento, tornando-o inoperante ou exigindo longo e dispendioso reparo. Perguntamos: O fabricante é responsável pelo que ocorreu com a máquina? A resposta é: Não. O responsável é o operador do equipamento, ou o supervisor, que não deu o devido treinamento ao empregado. Se uma pessoa dirige um veículo automotor, no centro de uma grande cidade, com trânsito congestionado, e atravessa o sinal vermelho do semáforo, pode ser colidir com outro veículo. Quem é o responsável? A indústria, que fabricou o automóvel? Claro que não.

O raciocínio, ainda que bem simples, encaixa-se muito bem na situação do homem, diante de Deus. Ele, o "fabricante", fez o homem para comportar-se de acordo com seu "manual" – a Bíblia –, em que se conhece a sua vontade, sobre como o homem pode, ou deve, agir, nas diversas circunstâncias no seu viver. Mas, por razões que já conhecemos, desde a Queda, o homem resolve agir de modo contrário ao plano de Deus. O resultado também é conhecido. Doenças, violência, injustiças, mortes, tragédias, problemas com a natureza e o meio-ambiente, e tantos males que cercam a humanidade. Quem é o culpado? Deus? Claro que não. O culpado é o homem, que não segue as orientações do seu Criador.

Deus é, em grau absoluto, onipotente e bondoso. A prova disso é que mandou seu Filho Unigênito, para salvar a todos os que nEle crêem (Jo 3.16). Ele é tão bom, que "faz que o seu sol se levante sobre maus

e bons e a chuva desça sobre justos e injustos" (Mt 5.45). Ele "mesmo é quem dá a todos a vida, a respiração e todas as coisas" (At 17.25). Ele deu inteligência ao homem para realizar feitos notáveis, através da ciência e da tecnologia. Mas o homem teima em desobedecer a Deus, fazendo mau uso de seu livre-arbítrio. Não adianta culpar Deus.
A onipotência e o caráter de Deus. Por que Deus não pode mentir? Por causa do seu caráter. Ele não pode mudar. Diz Myer Pearlman:

> A onipotência de Deus significa duas coisas: (1) Sua liberdade e poder para fazer tudo o que esteja em harmonia com sua natureza. Pois para Deus nada será impossível. Isto naturalmente não significa que Ele possa ou queira fazer alguma coisa contrária à sua própria natureza – por exemplo, mentir ou roubar; ou que faria alguma coisa absurda ou contraditória a si mesmo, tal como fazer um círculo triangular, ou fazer água seca. (2) Seu controle e sabedoria sobre tudo que existe ou que pode existir.[5]

Corroborando esse entendimento, diz a Bíblia: "Pelo que, querendo Deus mostrar mais abundantemente a imutabilidade do seu conselho aos herdeiros da promessa, se interpôs com juramento, para que por duas coisas imutáveis, nas quais é impossível que Deus minta, tenhamos a firme consolação, nós, os que pomos o nosso refúgio em reter a esperança proposta; a qual temos como âncora da alma segura e firme e que penetra até ao interior do véu" (Hb 6.17-19). Deus não pode mentir tão somente porque Ele não viola sua própria natureza, nem age de modo contrário a seu caráter. Mentir não faz parte de seus divinos propósitos, nem de sua natureza, ou do seu caráter. Portanto, em sua Onipotência, Ele tem o poder de se auto-limitar, só utilizando sua onipotência para realizar tudo o que estiver de acordo com seus propósitos ou decretos.

Da mesma forma, Ele não pode morrer, não pode pecar. Não pode fazer com que algo errado, conforme a sua Palavra, se torne certo; ou o que sua Palavra diz que é certo, se torne errado. Se o fizesse, seria uma contradição: "Toda boa dádiva e todo dom perfeito vêm do alto, descendo do Pai das luzes, em quem não há mudança, nem sombra de variação" (Tg 1.17). Seu poder é ilimitado, infinito, fazendo tudo o que desejar, *em coerência com seu caráter, expresso em sua Palavra*. Sua Onipotência lhe faculta o poder de não lhe fazer o que não lhe apraz. "Os seus discípulos, ouvindo isso, admiraram-se muito, dizendo: Quem poderá, pois, salvar-

---

[5] PEARLMAN, Myer. *Conhecendo as Doutrinas da Bíblia* (CPAD), p. 62.

se? E Jesus, olhando para eles, disse-lhes: Aos homens é isso impossível, mas a Deus tudo é possível" (Mt 19.25,26). Salvar o homem é algo que está no mais alto propósito de Deus. No entanto, segundo o seu caráter, revelado nas Escrituras, Ele não vai tirar (salvar) um pecador do Inferno, se morrer em pecado, pois isso contrariaria seu caráter. Na prática, Ele poderia fazê-lo. Mas seria moralmente contrário à sua natureza. Só faz o que está de acordo com seu propósito: "Conforme o propósito daquele que faz todas as coisas, segundo o conselho da sua vontade" (Ef 1.11).

A onipotência e a sua vontade. Strong, comentando a onipotência de Deus, diz:

> Onipotência não implica o exercício de todo o poder da parte de Deus. Ele tem poder sobre o seu poder; em outras palavras, o seu poder está sob o controle da sábia e santa vontade. *Deus pode fazer tudo o que ele quer, mas não quer tudo o que ele pode.* De outra forma seu poder seria mera força, agindo necessariamente, e Deus seria escravo de sua onipotência [...] A onipotência em Deus não exclui, mas implica, o poder de auto-limitação[6] (grifo meu).

III – A SOBERANIA DE DEUS E O LIVRE-ARBÍTRIO

Esse tópico trata do relacionamento de Deus com o homem, feito à sua imagem, conforme a sua semelhança. Nesta condição é indispensável e forçoso que o homem tenha liberdade para agir ou deixar de agir; fazer ou deixar de fazer; pensar ou deixar de pensar; ser ou não ser; ter ou não ter, dentro de suas limitações espirituais, emocionais ou físicas. Como entender a soberania de Deus que é a expressão de sua onipotência ante as ações do homem que em sua grande maioria rejeita o Criador e Salvador? Pode o homem ser realmente livre, diante do Deus onipotente? Se Deus é soberano, por que Ele não impede que o homem, em seu estado pecaminoso, cometa tantos desatinos e pecados? É o que desejamos apresentar, à guisa de respostas, com fundamento na Palavra de Deus.

1. A VONTADE SOBERANA DE DEUS

A vontade de Deus é soberana. No entanto, Ele não é arbitrário. Em seu relacionamento com o homem, apresenta duas formas de expressar sua vontade. Uma de modo absoluto, diretivo, inexorável, como expressão de sua onipotência; outra, de modo permissivo, abrindo

---

[6] STRONG, Augustus H. *Teologia Sistemática*, pp. 428, 429.

espaço para o homem agir, segundo a liberdade que lhe é concedida desde a criação, para que o mesmo seja, ao mesmo tempo, livre, responsável e responsabilizado por suas ações.

Diz Paulo: "Não erreis: Deus não se deixa escarnecer; porque tudo o que o homem semear, isso também ceifará. Porque o que semeia na sua carne da carne ceifará a corrupção; mas o que semeia no Espírito do Espírito ceifará a vida eterna. E não nos cansemos de fazer o bem, porque a seu tempo ceifaremos, se não houvermos desfalecido" (Gl 6.7-9). Parece-nos bem claro que o homem tem liberdade para "semear", ou seja, agir, fazer ou praticar algo, seja certo, ou errado. Assim, pode ser santo ou ímpio. O apóstolo deixa bem patente que o que semear "na carne", ou seja, de acordo com a natureza carnal, herdada do pecado original, "ceifará corrupção", isto é, a condenação. Não será salvo. Não porque Deus o predestinou, de modo arbitrário. Mas porque ele semeou.

Por outro lado, se o homem semear "no Espírito", ou seja, der valor ao relacionamento espiritual com Deus, "ceifará a vida eterna". Será salvo (Jo 3.16; 5.24). No Apocalipse, lemos: "Eis que estou à porta e bato; *se* alguém ouvir a minha voz e abrir a porta, entrarei em sua casa e com ele cearei, e ele, comigo" (Ap 3.20; grifo meu). Deus sempre permite um "se", no seu relacionamento com o homem. Se ele quer viver com Deus, na dimensão terrena, viverá com Deus, na eternidade. Do contrário, se não quer saber de Deus, viverá eternamente longe de sua presença. É uma escolha pessoal. Um direito. E uma grande responsabilidade, com repercussões para toda a eternidade.

1) Vontade Permissiva de Deus

Por que Deus não impede que o homem faça o mal? Por que Deus permite tanta violência? Quando alguém faz o bem, mesmo sem crer em Deus, está sendo teleguiado por Ele? Seriam os homens "fantoches de Deus", como diz certo escritor? Está em foco o livre-arbítrio concedido por Deus ao homem, para que este faça o que desejar e puder fazê-lo até mesmo o mal. Deus pode impedir o mal. Porém, pela sua *vontade permissiva,* faculta ao homem escolher entre o bem e o mal. Se não houvesse permissão para o mal, não haveria também liberdade concedida. Seria uma contradição.

2) A Vontade Diretiva de Deus

Quando algo é visto por Deus como uma coisa que deve ser impedida e o deseja impedir, Ele usa sua *vontade diretiva*: "Ainda antes que houvesse dia, eu sou; e ninguém há que possa fazer escapar das minhas mãos; operando eu, quem impedirá?" (Is 43.13) "E ao anjo da igreja que está em Filadélfia escreve: Isto diz o que é santo, o que é verdadeiro, o que tem a chave de Davi, o que abre, e ninguém fecha, e fecha, e ninguém abre" (Ap 3.7).

Há quem se inquiete, e indague: Por que Deus não evita o mal se Ele tem todo o poder? Diante desse dilema, entre a permissão de Deus para a existência do mal, e seu poder para evitá-lo, deve-se considerar que a longanimidade de Deus é a paciência para com os pecadores, dando-lhes oportunidade para o arrependimento. Isso faz parte de sua relação com suas criaturas. Em sua soberania, Ele pode alargar o tempo para que a humanidade tome conhecimento do seu amor, e não só de sua justiça. Não obstante a sua soberania, Ele não age de modo arbitrário sobre os homens, criados à sua imagem, conforme a sua semelhança, para serem dominadores (Gn 1.26).

IV – A SOBERANIA E OS DECRETOS DE DEUS

São também chamados de "O Conselho de Deus", ou "o Plano de Deus"; ou ainda, "As Obras de Deus". Refere-se aos propósitos de Deus em relação aos homens, ao universo, e a todas as coisas, e de modo especial, à salvação da humanidade. "Este aspecto pode ser dividido em 1) seus decretos 2) sua providência 3) conservação".[7] Neste tópico, não estudamos a natureza de Deus, em si, mas as suas obras, as suas ações, que constituem os seu plano divino (Ef 1.9; 3.11).

1. EM RELAÇÃO AO UNIVERSO

Segundo Brancroft:

> Esse plano compreende todas as coisas que já foram ou serão; suas causas, condições, sucessões e relações, e determina sua realização certa. O Plano de Deus inclui tanto o aspecto eficaz como o aspecto permissivo da vontade de Deus. Todas as coisas estão incluídas no plano de Deus, porém algumas Ele as origina e outras Ele as permite. No aspecto eficaz do plano de Deus incluímos aqueles acontecimentos que Ele resolveu efetuar por meio de causas secundárias ou pela sua própria agência imediata. No aspecto permissivo de Deus, incluímos aqueles acontecimentos que Ele resolveu permitir que fossem efetuados por livres agentes.[8]

---

[7] HORTON, Stanley M. *Teologia Sistemática,* p. 153.

[8] BANCROFT, E.H. *Teologia Elementar,* p. 82.

Nessa conceituação, vemos a vontade diretiva (ou decretatória), e a vontade permissiva de Deus.

Concordamos perfeitamente quanto ao decreto divino, em seus aspectos amplo e geral, em relação ao universo e às coisas criadas, bem como aos acontecimentos que ocorrem, seja por vontade diretiva, seja por vontade permissiva de Deus. A Bíblia tem inúmeras referências que corroboram esse entendimento: "Este é o conselho que foi determinado sobre toda esta terra; e esta é a mão que está estendida sobre todas as nações. Porque o Senhor dos Exércitos o determinou; quem pois o invalidará? E a sua mão estendida está; quem, pois, a fará voltar atrás?" (Is 14.26,27) "Para sempre, ó Senhor, a tua palavra permanece no céu. A tua fidelidade estende-se de geração a geração; tu firmaste a terra, e firme permanece. Conforme o que ordenaste, tudo se mantém até hoje; porque todas as coisas te obedecem" (Sl 119.89-91).

2. EM RELAÇÃO ÀS PESSOAS, COMO AGENTES-LIVRES

Neste aspecto, desde muitos séculos, há grandes discussões teológicas sobre a intervenção de Deus na vontade do homem, segundo seu decreto, sobretudo no que tange à salvação. De um lado, há os que crêem firmemente que Deus, em sua soberania, elegeu e predestinou algumas pessoas para serem salvas, e outras, para serem condenadas. Dentre os ensinos teológicos sobre os decretos de Deus em relação aos homens, destacamos os seguintes:

2.1. CALVINISMO – PREDESTINÇÃO ABSOLUTA

É a doutrina formulada por João Calvino (1509-1564). Teólogo protestante francês, formou-se em filosofia na Universidade de Paris. Estudou direito, mas não se dedicou à vida jurídica. Mudou-se para a Suíça, onde escreveu sua grande obra, *Institutas*. Sua doutrina defende a idéia da predestinação absoluta, fundamentada na soberania de Deus. O homem nada pode fazer para ser salvo; nem mesmo ter fé, pois nessa interpretação, a fé, a vontade, a decisão, e tudo o que diz respeito à salvação, depende de Deus. Pode ser resumida em cinco pontos:

(1) Total depravação. "O homem natural não tem condição de entender as coisas de Deus; Jamais poderá salvar-se, a menos que Deus lhe infunda a fé. Sua depravação faz parte de sua natureza (Jr 13.23; Rm 3.10-12; 1 Co 2.14; Ef 1.3)."

Segundo essa doutrina, nem a fé para a salvação pode o homem ter; é necessário que Deus lhe conceda.

(2) Eleição incondicional. Ensina que "Deus elegeu somente alguns para serem salvos; Cristo morreu apenas pelos eleitos" (Jo 6.65; At 13.48; Rm 8.29; Ef 1.4,5; 1 Pe 2.8,9).

Esse é um ponto fundamental da doutrina esposada por Calvino. Aceitá-la é concordar que Deus faz discriminação, ou acepção de pessoas; mais crucial ainda é aceitar que Deus elege pessoas para serem salvas, desde o ventre; enquanto predestina a maior parte, irremediavelmente, para a condenação eterna; tais assertivas, não obstante arrimarem-se em referências bíblicas, contrariam o sentido geral da Palavra de Deus, bem como contradizem de forma contundente o caráter de Deus revelado nas Escrituras.

(3) Expiação limitada (ou particular). "A salvação, ainda que para todos só é alcançada pelos eleitos" (Jo 17.6,9,10; At 20.28; Ef 5.25; Tt 3.5).

Se a eleição condicional colide com a idéia de um Deus justo, que não faz acepção de pessoas, a idéia da expiação limitada faz do sacrifício de Cristo uma encenação terrível. Se alguns já nascem, de antemão eleitos, certamente, a Bíblia deveria afirmar que Jesus viera ao mundo para salvar apenas os eleitos.

(4) Graça irresistível. "Para os eleitos, a graça é irresistível. Mesmo que pequem, serão salvos; para os não-eleitos, a graça não lhes alcança; mas agem livremente".

Um pouco de leitura da Bíblia, confrontando passagens de seu conteúdo nos mostram que a graça de Deus se manifestou a todos os homens e não apenas a um seleto grupo de eleitos, ou predestinados.

(5) Perseverança dos salvos. Segundo Calvino, "o Espírito Santo faz com que os eleitos perseverem. Não são eles que têm a decisão de perseverar. Eles não podem perder a salvação. É impossível um eleito se perder".

Essas são as alegações usadas pelos calvinistas para fundamentar a doutrina da predestinação absoluta.

Strong afirma que os "decretos de Deus podem ser divididos em: relativos à natureza, e aos seres morais. A estes chamamos preordenação, ou predestinação; e destes decretos sobre os seres morais há dois tipos: o decreto da eleição e o da reprovação [...]"[9]

A visão de Strong é calvinista. Admite que Deus predestina uns para serem salvos, queiram ou não; e outros, para a perdição eterna, queiram ou não. Parece-nos que essa doutrina contraria diversos atributos naturais de Deus, tais como o da justiça, do amor, e da bondade divinos. A Bíblia diz: "Pois o Senhor, vosso Deus, é o Deus dos deuses e o Senhor dos senhores, o Deus grande, poderoso e terrível, que não faz acepção de pessoas, nem aceita recompensas" (Dt 10.17). "E, abrindo Pedro a boca, disse: Reconheço, por verdade, que Deus não faz acepção de pessoas" (At 10.34). "Porque, para com Deus, não há acepção de pessoas" (Rm 2.11).

O Deus que não faz acepção de pessoas também reprova quem o faz: "Meus irmãos, não tenhais a fé de nosso Senhor Jesus Cristo, Senhor da glória, em acepção de pessoas" (Tg 2.1). "Mas, se fazeis acepção de pessoas, cometeis pecado e sois redargüidos pela lei como transgressores" (Tg 2.9). "E vós, senhores, fazei o mesmo para com eles, deixando as ameaças, sabendo também que o Senhor deles e vosso está no céu e que para com ele não há acepção de pessoas" (Ef 6.9). Assim, se Deus não faz acepção de pessoas, não podemos aceitar que alguns já nasçam predestinados para a salvação, e outros, eleitos, já nasçam predestinados para a perdição.

Strong, mesmo defendendo a predestinação, diz que "Nenhum decreto de Deus reza: "Pecarás". Porque 1) nenhum decreto é dirigido a *você*; 2) nenhum decreto sobre você diz: "*você fará*"; 3) **Deus não pode fazer pecar,** ou decretar fazê-lo. Ele somente decreta criar, e Ele mesmo age, *de tal modo que você queira, de sua livre escolha*, cometer pecado. Deus determina sobre os seus atos prever qual será o resultado dos atos livres das suas criaturas e, deste modo, determina os resultados" (grifos meus).

Ora, se Deus "não pode fazer pecar", mas condena pessoas desde o ventre à condenação, elas terão que pecar, para que se cumpra o decreto condenatório. Do contrário, se não pecarem, como serão condenadas? Por outro lado, se as pessoas "de sua livre escolha", podem cometer ou não, o pecado, não vemos como harmonizar o livre-arbítrio com a doutrina da predestinação. De fato, os que defendem a predestinação absoluta negam que Deus tenha dado livre-arbítrio ao homem. Simplesmente, os homens se comportariam como se fossem marionetes do destino traçado por Deus. Nos parece que a predestinação absoluta equivale ao fatalismo dos árabes, que dizem "*maktub*", "está escrito". Sua aceitação entra em conflito com

---

[9] STRONG, Augustus H. *Teologia Sistemática*, p. 525.

os atributos morais de Deus, de bondade, amor e justiça. Por mais que os teólogos defensores dessa doutrina argumentem, buscando embasamento bíblico, jamais poderão convencer que Deus discrimina uns em detrimento de outros, com base no caráter de Deus, revelado nas Escrituras Sagradas.

2.2. ARMINIANISMO – PREDESTINAÇÃO RELATIVA

Doutrina pregada por Jacobus Arminius (1560-1609). Foi sucessor de Calvino, e concluiu que o teólogo francês se equivocara. Sua doutrina também pode ser resumida em cinco pontos:

(1) A predestinação de Deus é condicional (e não absoluta). "Deus escolheu baseado em sua presciência. Qualquer pessoa que crê pode ser salva" (Dt 30.19; Jo 5.40; Tg 1.14; 1 Pe 1.2; Ap 3.20).

Em todos os livros da Bíblia, percebe-se que o relacionamento de Deus com o homem exige condições; se o homem as cumpre, é abençoado; se não as cumpre, é penalizado. Se uns nascessem predestinados para a vida eterna, não adiantaria pregar o evangelho, conforme a Grande Comissão (Mc 16.15,16);

(2) A expiação é universal. "O sacrifício de Jesus foi a benefício de todos os pecadores. Mas só os que crêem nEle serão salvos" (cf. Jo 3.16; 12.32; 17.21; 1 Tm 2.3,4; 1 Jo 2.2);

Os textos bíblicos referenciados são de uma clareza cristalina, quando se referem à expiação; esta é tão profunda que tem efeito presente e até retroativo (Hb 9.15). Diz Paulo sobre Jesus: "Ao qual Deus propôs para propiciação pela fé no seu sangue, para demonstrar a sua justiça pela remissão dos *pecados dantes cometidos, sob a paciência de Deus*" (Rm 3.25; grifos meus).

(3) Livre-arbítrio. "O pecado passou a todos os homens, mas as pessoas podem crer, arrepender-se e a aceitar a Cristo como Salvador" (Is 55.7; Mt 25.41,46; Mc 9.47,48; Rm 14.10,12; 2 Co 5.10).

Como já foi exposto neste capítulo, o livre-arbítrio é condição indispensável para que seja real o fato de o homem ter sido criado conforme a imagem e a semelhança de Deus, pois um ser teleguiado, manipulado por cordões espirituais, não passaria de uma marionete do Criador.

(4) O pecador pode eficazmente rejeitar a graça de Deus. "Deus deseja salvar o pecador, e tudo provê para que ele alcance a salvação. Mas,

sendo ele livre, pode rejeitar os apelos da graça" (Lc 18.23; 19.41,42; Ef 4.30; 1 Ts 5.19).

Se não houver essa condição, não existe livre-arbítrio, característica fundamental do ser criado por Deus, conforme comentário no item (3).

(5) Os crentes em Jesus podem cair da graça. Se o crente, uma vez salvo, não vigiar e orar (Mt 26.41), e não buscar a santificação (Hb 12.14; 1 Pe 1.15), poderá cair da graça e perder-se eternamente, se não tiver oportunidade de reconciliar-se com Deus. Por isso, Jesus disse que quem "perseverar até ao fim será salvo" (Mt 10.22; ver também Lc 21.36; Gl 5.4; Hb 6.6; 10.26,27; 2 Pe 2.20-22).

A doutrina arminiana nos parece coerente com o plano de Deus para os homens, como seres livres. Podem aceitar, ou podem rejeitar a graça de Deus. Só sendo livres, é que se justifica a semelhança moral do homem com seu Criador. É também, a única interpretação que se coaduna com o Ser de Deus, e seu caráter, revelado na Bíblia Sagrada. Deus dá liberdade ao homem, dentro dos limites estabelecidos em seu plano divino para toda a humanidade. A soberania de Deus impõe os limites. O livre-arbítrio concedido por Deus implica em responsabilidade do homem perante o Criador. Do contrário, Deus seria um tirano. E o homem seria seu títere.[10]

3. Eleição e Predestinação – Uma abordagem compreensiva

Eleição significa "Ato de eleger; escolha, opção, preferência, predileção".[11] A doutrina calvinista entende que Deus elegeu somente um grupo de pessoas, e predestinou-as para serem salvas. É a visão da eleição e da predestinação absolutas. Os arminianos entendem que existe eleição e predestinação, sim, mas no sentido relativo. Esta visão parece-nos mais consentânea com a maneira pela qual Deus exerce sua soberania, ao mesmo tempo em que assegura a liberdade do homem.

A predestinação absoluta esbarra em sério conflito doutrinário e moral. Deus não faz acepção de pessoas, e o Deus que não faz acepção de pessoas também reprova quem o faz: "Meus irmãos, *não tenhais a fé* de

---

[10] "Boneco articulado, de madeira, pano ou outro material, suspenso por fios fixados em uma trave e presos na cabeça, mãos, joelhos e pés, pelos quais o operador o movimenta; fantoche, marionete" *(Dicionário Aurélio Séc. XXI).*

[11] *Dicionário Aurélio Século XXI.*

nosso Senhor Jesus Cristo, Senhor da glória, *em acepção de pessoas*" (Tg 2.1; grifos meus). "Mas, *se fazeis acepção de pessoas, cometeis pecado* e sois redargüidos pela lei como transgressores" (Tg 2.9; grifos meus); "E vós, senhores, fazei o mesmo para com eles, deixando as ameaças, sabendo também que o Senhor deles e vosso está no céu e que para *com ele não há acepção de pessoas*" (Ef 6.9; grifos meus). Assim, se Deus não faz acepção de pessoas, não podemos aceitar que alguns já nasçam predestinados para a perdição, e outros, eleitos, já nasçam predestinados para a salvação. Tal idéia contradiz o caráter de Deus, revelado nas Escrituras.

3.1. O SIGNIFICADO DA ELEIÇÃO (GR. EKLEGOE)

Há diversos e variados pontos de vista sobre o tema da eleição. No entanto, evitando as abordagens que levam às contradições entre a soberania de Deus e a liberdade do homem, entendemos que eleição é a "escolha por Deus daqueles que crêem em Cristo". Diz a Bíblia: "Porque os que dantes conheceu, também os predestinou para serem conformes à imagem de seu Filho, a fim de que ele seja o primogênito entre muitos irmãos. E aos que predestinou, a esses também chamou; e aos que chamou, a esses também justificou; e aos que justificou, a esses também glorificou" (Rm 8.29,30; 9.6-27; 11.5,7,28; Cl 3.12).

Isso nos leva às seguintes conclusões:

(1) Os eleitos, segundo a presciência de Deus, o são na união com Cristo. Deus "nos elegeu nele" (Ef 1.4). Antes de alguém aceitar a Cristo, a eleição não tem qualquer sentido, ou efeito.

(2) Deus nos predestinou para sermos "à imagem de seu Filho", conhecendo-nos, como eleitos, "dantes", isto é "antes da fundação do mundo" (Ef 1.4). Essa eleição tem sentido "profético", só se tornando real, a partir da união com Cristo.

(3) Cristo é o Primeiro (Mt 12.18; 1 Pe 2.4). "Porque os que dantes conheceu, também os predestinou para serem conformes à imagem de seu Filho, a fim de que ele seja o primogênito entre muitos irmãos" (Rm 8.29). Jesus foi o primogênito em tudo. Foi o "primogênito de toda a criação" (Cl 1.15). "E ele é a cabeça do corpo da igreja; é o princípio e o primogênito dentre os mortos, para que em tudo tenha a preeminência" (Cl 1.18); "o primogênito dos mortos" (Ap 1.5).

(4) "A eleição em Cristo é em primeiro lugar coletiva, i.e., a eleição de um povo (Ef 1.4,5,7,9; 1 Pe 1.1; 2.9). Os eleitos são chamados 'o seu [Cristo] corpo' (Ef 1.23; 4.12), 'minha igreja' (Mt 16.18), 'povo adquirido"[12] — *eleito* – por Deus (1 Pe 2.9; grifo meu). Logo, a eleição é coletiva e abrange o ser humano como indivíduo, somente à medida que este se identifica e se une ao Corpo de Cristo, a Igreja verdadeira (Ef 1.22,23).

(5) O eleito pode perder a salvação. Pode cair da graça, no dizer de Armínio. Precisa perseverar até o fim (Mt 10.22); precisa vigiar e orar (Mt 26.41); precisa buscar a santificação (Hb 12.14; 1 Pe 1.15); ver também Lc 21.36; Gl 5.4; Hb 6.6; 10.26,27; 2 Pe 2.20-22). A salvação só é eterna, se o crente permanecer debaixo da graça de Deus, em comunhão com Jesus.

3.2. O SIGNIFICADO DA PREDESTINAÇÃO (GR. PROORIZO; LAT. PRAEDESTINATIONE)

Predestinação tem o significado de "decidir de antemão". Em termos bíblicos e teológicos, a predestinação está relacionada à eleição. "A eleição é a escolha feita por Deus, 'em Cristo', de um povo para si mesmo (a Igreja verdadeira). A predestinação abrange o que acontecerá ao povo de Deus (todos os crentes) genuínos em Cristo". Com base na Palavra de Deus, podemos discriminar dez característica dos eleitos em Cristo.

(1) Deus predestina os eleitos a serem:

(a) chamados (Rm 8.30);
(b) justificados (Rm 3.24); 8.30);
(c) glorificados (Rm 8.30);
(d) conformes à imagem do Filho (Rm 8.29);
(e) santos e irrepreensíveis (Ef 1.4);
(f) adotados como filhos (Ef 1.5);
(g) redimidos (Ef 1.7);
(h) participantes da herança, redenção, e louvor de sua glória (Ef 1.14);
(i) participantes do Espírito Santo (Ef 1.13; Gl 3.14);
(j) criados em Cristo Jesus para as boas obras (Ef 2.10).

---

[12] STAMPS, Donald. *Bíblia de Estudo Pentecostal* (CPAD), p. 1808.

(2) A predestinação, assim como a eleição, refere-se ao corpo coletivo de Cristo (i.e. a verdadeira igreja), e abrange indivíduos somente quanto inclusos neste corpo mediante a fé viva em Jesus Cristo (Ef 1.5,7,13; cf. At 2.38-41; 16.31)".[13]

Ninguém, à luz da Bíblia, pode arrogar-se eleito, ou assim se considerar sem, antes, ter aceitado a Cristo como Salvador, livre e conscientemente. Deus não admitiria alguém fazer parte do Corpo de Cristo sem uma decisão pessoal. Diz a Bíblia: "Jesus dizia, pois, aos judeus que criam nele: *Se vós permanecerdes na minha palavra*, verdadeiramente, sereis meus discípulos" (Jo 8.31; grifo meu). O Mestre se referia aos judeus que criam nele. Para se tornarem discípulos de Jesus, isto é, salvos, teriam de "permanecer" na sua Palavra. Vê-se claramente que a salvação, que implica em eleição, não é um direito adquirido com o nascimento. É um "poder" outorgado (Jo 1.12), a quem aceita as condições exigidas na Palavra de Deus.

3.3. PRESCIÊNCIA E PREDESTINAÇÃO

Deus já sabe quem vai ser salvo e quem vai ser perdido. Mas Ele fez os homens à sua imagem e semelhança, o que inclui, certamente, a faculdade de fazer ou deixar de fazer, ou seja, o livre-arbítrio. Chafer (note-se que ele é um teólogo calvinista), afirma que

Com relação à onisciência de Deus e as ações livres dos homens (ações contingentes, não ordenadas), vê-se que Deus os torna responsáveis pelos seus atos, e tais ações são pré-conhecidas por Ele. Se Deus for ignorante das ações futuras dos livres-agentes, não poderá haver um controle divino seguro do destino humano como garantido em cada pacto incondicional que Deus fez, e como garantido em cada profecia das Escrituras [...] *A presciência divina não compele; ela meramente sabe qual será a escolha humana*[14] (grifo meu).

Com base nesse entendimento, poder-se-ia dizer que não é necessário Deus prever nada, pois todas as coisas acontecem diante dEle como num momento, num "eterno agora". Diz ainda Strong que a "presciência não é em si mesmo causativa. Não dever ser confundida com a vontade pré-determinante de Deus. *As ações livres não ocorrem porque são

---

[13] Ibid. p. 1809 (com adaptações).

[14] CHAFER, Lewis Sperry. *Teologia Sistemática*, p. 221.

previstas, mas são previstas porque ocorrem"[15] (grifo meu). Esta última citação nos dá uma idéia de como melhor podemos entender o conflito entre a presciência de Deus e a liberdade do homem em agir.

Strong afirma que

> O fato de que nada há na condição presente das coisas a partir das quais as ações futuras das criaturas livres necessariamente se-guem por lei natural, não impede Deus de prever tais ações porque seu conhecimento não é mediato, mas imediato. Ele não só conhece antecipadamente os motivos que ocasionarão os atos dos homens, mas diretamente conhece os próprios atos.[16]

Num confronto entre as duas posições doutrinárias, a arminiana e a calvinista, ressalta-se o problema da eleição:

> Ela tem sido apresentada de maneira tão extremista que faz parecer que os eleitos serão inevitavelmente salvos, sem levar em conta sua resposta ao evangelho e seu estilo de vida. Por outro lado, os escolhi-dos para se perderem padecerão eternamente, não obstante qualquer empenho em aproximar-se de Deus mediante a fé em Cristo.[17]

Em resposta à pergunta "O que é eleição?", Thiessen diz que, no seu sentido redentivo, eleição é "o ato soberano de Deus, pela graça, através da qual Ele escolheu em Cristo Jesus, para salvação, todos aqueles que previu que o aceitariam".[18] Sobre presciência, acentua:

> Devemos distinguir claramente entre a presciência de Deus e a sua predestinação. Não é certo dizer que Deus previu todas as coisas porque arbitrariamente decidiu fazer com que elas ocorressem. Deus, em sua presciência, vê os eventos futuros praticamente como vemos os passados [...] Os que foram escolhidos são aqueles que estavam em Cristo, pela sua presciência, Deus já os viu ali quando fez a escolha [...] Ele não determinou quem deveria achar-se ali, mas simplesmente os viu ali em Cristo ao elegê-los [...] Em ponto algum a Bíblia ensina que

---

[15] STRONG, Augustus H. *Teologia Sistemática*, p. 426.

[16] Ibid, p. 424.

[17] Guy P. DUFFIELD & Natanael M. Van Cleave, *Fundamentos da teologia*, p. 281.

[18] Ibid. p. 281.

alguns são predestinados à condenação. Isto seria desnecessário, desde que todos são pecadores e estão a caminho da condenação eterna (cf. Ef 2.1-3; 12).[19]

Diante da controvérsia, Myer Pearlman propõe um equilíbrio na análise do assunto. Ele afirma que:

> As respectivas posições fundamentais, tanto do calvinismo, como do arminianismo, são ensinadas nas escrituras. O calvinismo exalta a graça de Deus como a única fonte de salvação – e assim faz a Bíblia; o arminianismo acentua a livre vontade e responsabilidade do homem – e assim o faz a Bíblia. A solução prática consiste em evitar os extremos anti-bíblicos de um e de outro ponto de vista, e em evitar colocar uma idéia em aberto antagonismo com a outra [...] dar ênfase demasiada à soberania da graça de Deus na salvação pode conduzir a uma vida descuidada, porque se a pessoa é ensinada a crer que conduta e atitude nada têm a ver com sua salvação, pode tornar-se negligente. Por outra parte, ênfase demasiada sobre a livre vontade e responsabilidade do homem, como reação ao calvinismo, pode trazer as pessoas sob o jugo do legalismo e despojá-las de toda a confiança de sua salvação.[20]

De fato, o crente fiel não cai da graça de Deus, como dizem os calvinistas, mas "se" perseverar em obediência e santidade (Hb 3.12-14-;12.14); o homem é depravado, mas, se aceitar a Cristo, é nova criatura (2 Co 5.17). A "eleição incondicional" só pode ser uma interpretação equivocada, mesmo baseando-se em textos bíblico, pois Deus não faz acepção de pessoas. O problema é que os calvinistas não admitem o livre arbítrio. Mas, sem essa condição, o homem não poderia ser imagem e semelhança de Deus.

Quanto ao arminianos, seus pontos fundamentais são aceitáveis, mas não podem ser levados ao extremo. Não é somente pelo livre-arbítrio ou pela responsabilidade pessoal que alguém pode ser salvo. Entendemos que as duas interpretações podem servir de subsídio para a doutrina da salvação, mas sem as afirmações dogmáticas, levadas ao extremo. Na salvação, tem-se a mão de Deus, por intermédio de Cristo, vindo ao encontro do homem pecador, por seu amor e sua misericórdia. Quando o homem perdido reconhece seus pecados, e sua condição de miserável

---

[19] Ibid. p. 282.

[20] PEARLMAN, Myer. *Conhecendo as Doutrinas da Bíblia* (CPAD), p. 271.

espiritual, e aceita a mão de Deus em seu favor, é salvo. No entanto, quando o perdido prefere rejeitar a mão de Deus, e opta pela mão do Diabo, está perdido, e assim ficará até à morte.

Corroborando esse entendimento, vemos o que diz o Senhor, por meio do profeta Ezequiel: "Quando eu também disser ao ímpio: Certamente morrerás; se ele se converter do seu pecado e fizer juízo e justiça, restituindo esse ímpio o penhor, pagando o furtadotandando nos estatutos da vida e não praticando iniqüidade, certamente viverá, não morrerá. De todos os seus pecados com que pecou não se fará memória contra ele; juízo e justiça fez, certamente viverá" (Ez 33.14-16; grifos meus). Aí, nesse texto tão incisivo, vê-se que "o ímpio", ou seja, o perdido, o depravado, o miserável pecador, quando ouve a advertência de Deus, por meio de sua Palavra, do evangelho de Cristo, na Nova Aliança, e se arrepende, ("e se converter", passando a andar "nos estatutos da vida", que é a Palavra de Deus), diz o Senhor: "Certamente viverá", isto é, será salvo. Não se pode inferir do texto qualquer conotação de que esse "ímpio" seria um "eleito", ou "predestinado". É ímpio mesmo! Note-se também que não é Deus quem o converte, por sua "graça irresistível", mas é ele próprio quem, advertido por Deus, deve "se converter do seu pecado", e passar a andar "nos estatutos da vida". Fazendo ele isso "certamente viverá".

Segundo Horton se a graça de Deus é irresistível, como enfatizou Calvino,

> os incrédulos pereceriam, não por não quererem corresponder, *mas por não poderem*. A graça de Deus não seria eficaz para eles. Nesse caso, Deus pareceria mais um soberano caprichoso que brinca com seus súditos que um Deus de amor e graça. Sua promessa: "todo aquele que quer" seria uma brincadeira de inigualável crueldade, pois Ele é quem estaria brincando. Mas o Deus e Pai de Nosso Senhor Jesus Cristo não brinca conosco[21] (grifos meus).

"Entendemos que a interpretação arminiana é a mais consentânea com o caráter de Deus, que é ao mesmo tempo justo, soberano, bom, e que não faz acepção de pessoas".[22]

É indiscutível, à luz da Bíblia, a soberania de Deus. Por outro lado, também é indiscutível à luz das Escrituras, que o homem recebeu

---

[21] HORTON, Stanley M. *Teologia Sistemática* (CPAD), p. 366, 367.

[22] LIMA, Elinaldo Renovato de. *Apostila sobre Doutrina de Deus*, p. 43.

de Deus o livre-arbítrio, para que seja responsabilizado por seus atos. Ao longo da História, observa-se que a maioria das pessoas não querem encurvar-se ante a soberania de Deus. Muitos vêem Deus como um ser distante, que criou todas as coisas, mas não se importa com suas criaturas. São os deístas. Outros, guiados pela cegueira espiritual, desacreditam na existência de Deus. São os ateístas. Por fim, há os que, em minoria, aceitam as verdades emanadas da Palavra de Deus, e não somente crêem nEle, como o adoram, e o servem "em espírito e em verdade" (Jo 4.24). São os teístas. A crença em Deus, pelos méritos de Jesus Cristo, é o único meio para que o ser humano chegue à eternidade, com a bênção da salvação. Os que o aceitam, são salvos. Os que o rejeitam, estão condenados (Jo 3.18,19). Deus não faz acepção de pessoas. Sua salvação é oferecida a todos (Jo 3.16), mas só é alcançada pelos que crêem em Jesus Cristo e o aceitam como salvador.

6
O DEUS QUE COMANDA O FUTURO

Aqueles, pois, que se haviam reunido perguntaram-lhe, dizendo: Senhor, restaurarás tu neste tempo o reino a Israel? E disse-lhes: Não vos pertence saber os tempos ou as estações que o Pai estabeleceu pelo seu próprio poder (At 1.6, 7).

O Deus da Bíblia tem o tempo em suas mãos. O passado, o presente e o futuro, para Ele, são um "eterno agora". E Ele tem o comando do passado, do presente e do futuro. Em todos os tempos, sempre houve preocupação, por parte dos habitantes da Terra, com o futuro. O fascinante estudo sobre a escatologia abre apenas uma brecha na cortina do que está oculto, com base na Palavra de Deus. A procura pelo que vai acontecer, no futuro, tem preocupado inúmeras pessoas, inclusive no meio chamado pentecostal. No estudo da escatologia, inclui-se um resumo dos últimos acontecimentos da História da humanidade, dentro do plano de Deus para o planeta Terra, conforme a predição dos profetas e de Cristo Jesus. O estudo das últimas coisas ou da escatologia, nos dá a condição de conhecer mais e mais, sobre os acontecimentos do fim dos tempos. E, certamente, haverá muitas surpresas.

Ao indagar – "[...] que sinal haverá da tua vinda e do fim do mundo?" (Mt 24.3) – , os discípulos de Jesus demonstraram interesse em saber o que aconteceria no futuro. A idéia do "fim do mundo" já era bem questionada pelos primeiros cristãos. Pedro fala sobre os "escarnecedores", que dizem: "Onde está a promessa da sua vinda?", achando que a Palavra de Deus não haveria de se cumprir, por causa da demora em chegar o fim dos tempos (2 Pe 3.3,4).

A busca pelo conhecimento do futuro tem levado muitos à presunção de dominarem os elementos ou as forças que definiriam o futuro. Guilherme Miller, fundador do Adventismo, marcou a Vinda de Jesus para 21 de março de 1843, 21 de março de 1844 e 22 de outubro de 1844, e nada aconteceu. Seus seguidores marcaram a Volta de Jesus para os anos de 1847, 1850, 1852, 1854, 1855, 1863, 1866, 1868, 1877 e outros anos, e tudo não passou de "falsas profecias".

Os seguidores de Carlos Taze Russel (1852-1916), conhecidos como "Testemunhas de Jeová", previram, em 1888, que todos os governos acabariam em 1909; que em 1914, todas as igrejas cristãs seriam destruídas; que todos os governos, escolas e bancos desapareceriam; que a Batalha do Armagedon ocorreria em 1915, e mais recentemente, marcaram a volta de Jesus para 1984; mas tais previsões falharam. O futuro não segue as orientações dessas pessoas que não têm a revelação de Deus.

No século passado, diversos falsos profetas proclamaram que o fim dos tempos estava prestes a acontecer. Bang-Ik Há, líder de uma tal "Missão Taberah", marcou a data do Arrebatamento da Igreja para outubro de 1992. Nada aconteceu, mas muita gente ficou apavorada.

Certo pastor evangélico, fazendo cálculos errôneos, marcou o arrebatamento para 1993, e início da Grande Tribulação (sete anos) considerando que o ano 2.000 seria o fim do 6° milênio; nada aconteceu. Outro "profeta", enganado, e baseado em cálculos matemáticos, somando ou subtraindo referências bíblicas, e utilizando a contagem bíblica dos tempos (Uma semana igual a sete anos), escreveu em uma apostila, que "Certamente a segunda besta [...], (O anticristo [...]) será revelado em 13 de novembro de 1986, devidamente às 17.00 horas, lá, em Jerusalém! [...]".[1] Ele ainda marcou o "fim do mundo" para março de 1987. Tais "profetadas" não estavam de acordo com a Palavra de Deus.

Todos falharam, por uma razão extraordinariamente clara: Só Deus tem o controle dos tempos, das eras, e dos períodos ou dispensações estabelecidos por sua soberana vontade. Jesus, em seu sermão esca-

---

[1] Apostila sobre *A última semana do tempo dos gentios*.

tológico, ensinou: "Então, se alguém vos disser: Eis que o Cristo está aqui ou ali, não lhe deis crédito". "Porque, assim como o relâmpago sai do oriente e se mostra até ao ocidente, assim será também a vinda do Filho do Homem" (Mt 24.23,27).

Os cientistas procuram fazer exercícios de futurologia (ciência que estuda o futuro), imaginando cenários, utilizando métodos probabilísticos, a fim de demonstrarem previsões plausíveis para o que poderá acontecer com o mundo, em suas diversas áreas, na economia, na administração, no comportamento humano, no desenvolvimento tecnológico e científico, na geopolítica, na área da informática, na telemática, e em todos os aspectos da realidade humana. Algumas previsões têm-se confirmado. Outras têm falhado completamente. É natural, pois o homem não sabe "o dia de amanhã". Diz a Bíblia: "Não presumas do dia de amanhã, porque não sabes o que produzirá o dia" (Pv 27.1; Mt 6.34). "Aqueles, pois, que se haviam reunido perguntaram-lhe, dizendo: Senhor, restaurarás tu neste tempo o reino a Israel? E disse-lhes: Não vos pertence saber os tempos ou as estações que o Pai estabeleceu pelo seu próprio poder" (At 1.6,7).

Os adivinhos, os tarólogos, os bruxos, videntes, ou feiticeiros dizem, com absoluta presunção, que têm poderes para prever o que acontecerá no futuro. E muitas pessoas têm-se deixado enganar pelos falsos presságios, por falsas visões. A cada ano, previsões são feitas. Quando algumas se cumprem, a fé nos falsos profetas aumenta. Quando a maioria das previsões não se cumpre, nada acontece, pois as pessoas esquecem com facilidade aquilo que lhes foi prometido, em termos de futuro. Horóscopos, tarôs, búzios, pirâmides, pedras e outros objetos, são usados como meios para predição do futuro, tanto em termos pessoais, como sobre acontecimentos mundiais.

O falso profeta Nostradamus fez predições que jamais se cumpriram. Exemplos: Devastação da Itália; 1987: fome e miséria na Europa, com o início da 3ª Guerra Mundial; 1988: Grande terremoto, com um eclipse de três dias sobre a Terra; 1989: Revolução na Itália, terminando com uma ditadura, e proibição do cristianismo; 1998: terra sairia do seu eixo (cambaleando), surgindo um "novo céu" diante dos habitantes da Terra. Nada disso aconteceu. Diz a Bíblia: "Eis que eu sou contra os profetas, diz o Senhor, que usam de sua língua e dizem: Ele disse. Eis que eu sou contra os que profetizam sonhos mentirosos, diz o Senhor, e os contam, e fazem errar o meu povo com as suas mentiras e com as suas leviandades; pois eu não os enviei, nem lhes dei ordem e não trouxeram proveito nenhum a este povo, diz o Senhor" (Jr 23.31,32).

Há falsos profetas, e falsos Cristos por toda a parte. Na América Central, surgiu um homem, fundador de certa igreja, que se diz ser o Cristo em pessoa. Diz que Jesus incorporou-se nele, em 1973. Ele ensina que o pecado não existe; que não é necessário orar; que os evangelhos não têm valor; que só as epístolas de Paulo é que constituem o verdadeiro evangelho. E há muitas pessoas, que aceitam todos os ensinos heréticos. Acreditam que Jesus está na Terra, incorporado no falso Cristo. Para esses, o futuro glorioso já chegou. Certamente, mas o futuro a que Jesus se referiu: "Disse, então, ele: Vede que não vos enganem, porque virão muitos em meu nome, dizendo: Sou eu, e o tempo está próximo; não vades, portanto, após eles" (Lc 21.8).

Neste capítulo, estudaremos alguns aspectos, com base bíblica, sobre o controle que Deus tem do futuro, da Igreja, da humanidade, do mundo, e de todas as coisas.

I – O FUTURO GLORIOSO PARA A IGREJA

Desde os seus primórdios, a Igreja do Senhor Jesus tem experimentado momentos diversos em sua história. Na maior parte do tempo tem vivenciado lutas, dificuldades, provações, oposições, e até o martírio. Em todos os reveses, no entanto, Ela tem sido vitoriosa. No presente, a Igreja passa por uma fase de expansão, e ao mesmo tempo, de inquietação. A proximidade da volta de Jesus faz com que o adversário se mobilize, e se movimente freneticamente contra o povo de Deus.

Já não existem os leões, nas arenas de Roma, nem os fuzilamentos dos crentes, nos países comunistas ateístas. Mas outros tipos de "leões" se levantam. Nas câmaras de vereadores, nas assembléias legislativas, na Câmara dos Deputados, ou no Senado Federal. Ali, os "leões" do ateísmo, do materialismo, e do liberalismo, rugem ferozes, contra o cristianismo, propondo leis que possam tolher a liberdade de culto, de crença, e até de opinião contra o pecado.

Podem até obter êxito, com apoio dos governos e presidentes. Mas, uma coisa é certa: "Pois também eu te digo que tu és Pedro e sobre esta pedra edificarei a minha igreja, e as portas do inferno não prevalecerão contra ela" (Mt 16.18).

Qual será o futuro da Igreja? Ao longo dos séculos, a Igreja de Jesus Cristo tem seguido a sua marcha, firme, serena, e segura, em direção ao seu destino, que é o encontro com o Noivo, na eternidade, na consumação dos séculos (Mt 13.49). Numa síntese escatológica, poderemos estudar sobre os acontecimentos mais importantes para o futuro glorioso da Igreja de Jesus, previsto e controlado por Deus.

1. O ARREBATAMENTO

O Arrebatamento da Igreja equivale *à primeira fase da Vinda de Jesus* ou sua vinda para os salvos. A Bíblia mostra que acontecimentos extraordinários, nunca vistos pelos homens, hão de ocorrer nos céus e na Terra. "O arrebatamento consiste na elevação do povo de Deus à reunião nos ares. A revelação é o retorno de Cristo à terra acompanhado pelo cortejo de santos e anjos".[2]

1) O que Ocorrerá nos Céus

(1) Jesus descerá com sinais, com alarido e trombeta de Deus (1 Ts 4.16). "Jesus voltará pessoalmente. Está escrito que Jesus, tendo-se oferecido uma vez pelos pecados de muitos, 'aparecerá segunda vez, sem pecado, aos que o esperam para salvação' (Hb 9.28)".[3] Mesmo com o grande alarido, essa fase da volta de Jesus só será percebida pelos salvos.

(2) Jesus virá até às nuvens (1 Ts. 4.17); não tocará na terra, nesse primeiro momento;

(3) Num abrir e fechar de olhos (1 Co 15.52); numa hora que ninguém sabe (Mt 24.42); de surpresa, como um ladrão de noite (Mt 24.43,44).

(4) O arcanjo tocará a trombeta. Só a Igreja ouvirá (1 Ts 4.16; 1 Co 15.52).

2) O que Ocorrerá na Terra

(1) A ressurreição dos salvos em Jesus. Quando o arcanjo tocar a trombeta, Deus vai ressuscitar os mortos (1 Co 6.14; 15.51; 1 Ts 4.14); será a "ressurreição dentre os mortos" (Lc 20.35; ARA);

a) Os mortos ressuscitarão primeiro (1 Ts 4.14-16); pelo poder do Senhor (1 Co 6.14);

b) Este evento faz parte da primeira ressurreição (Jo 5.28,29; Ap 20.5; Dn 12.2). A segunda ressurreição será a dos ímpios, para o Juízo Final (Ap 20.5 e seguintes; Jo 5.28,29; Dn 12.2b);

(2) A transformação dos vivos salvos em Jesus. Ocorrerá *ato contínuo à ressurreição* dos mortos.

---

[2] H. Horton WILEY & Paul T. CULBERTSON. *Introdução à Teologia Cristã* (CPAD), p. 478.

[3] BERGSTÉN, Eurico. *Teologia Sistemática – a Doutrina das Últimas Coisas* (CPAD), p. 46,47.

a) Os vivos salvos ouvirão o toque da trombeta, e serão arrebatados "a encontrar o Senhor nos ares" (1 Ts 4.17);

b) Nem todos morrerão; mas todos serão transformados (1 Co 15.51);

c) O corpo transformado será espiritual, semelhante ao de Jesus (Fp 3.21; 1 Jo 3.2).

2. O ARREBATAMENTO SERÁ REPENTINO

(1) Como foi nos dias de Noé (Mt 24.37) – primeira fase da Vinda;
(2) Como foi nos dias de Ló (Lc 17.28,29);
(3) Como o ladrão de noite (1 Ts 5.2);
(4) Jesus virá *para* os seus (Jo 14.3). Note-se que, depois, virá *com* os seus (Zc 14.5b; Jd 14; 1 Ts 3.13), na vinda em glória.
(5) Os salvos subirão ao encontro do Senhor (1 Ts 4.17). No arrebatamento, todos os crentes, de todas as partes do mundo, serão reunidos em uma só Igreja.

II – A GLÓRIA DA IGREJA NO CÉU

A chegada da Igreja no céu será revestida de glória inigualável. Jamais ter-se-á visto ambiente semelhante em qualquer lugar do universo. A recepção angelical, com trombetas celestiais será algo inimaginável em sua grandeza e deslumbramento. Os salvos, antes de sentar-se à mesa da ceia das Bodas do Cordeiro, comparecerão perante o Tribunal de Cristo para receberem os galardões concedidos pelo Senhor Jesus.

1. O TRIBUNAL DE CRISTO

(1) Logo após o arrebatamento da Igreja, os salvos comparecerão perante o Tribunal de Cristo, conforme diz a Bíblia: "Porque todos devemos comparecer ante o tribunal de Cristo, para que cada um receba segundo o que tiver feito por meio do corpo, ou bem ou mal" (2 Co 5.10; ver 1 Co 1.8).

(2) Naquele tribunal celeste, os crentes terão o julgamento das obras, praticadas na Terra, para receberem, ou não, o galardão correspondente.

(3) Não se tratará de julgamento de pecados, pois já são salvos. Os ímpios é que passarão pelo julgamento de suas obras e pecados, no juízo do Trono Branco, após o Milênio (cf. Ap 20.11-15).

2. As bodas do Cordeiro

(1) O que será? Será o encontro glorioso, já nos céus, entre Cristo e sua Igreja amada: "Regozijemo-nos, e alegremo-nos, e demos-lhe glória, porque vindas são as bodas do Cordeiro, e já a sua esposa se aprontou" (Ap 19.7). Há uma tradução que diz: "A sua noiva se aprontou".[4]

(2) Milhões e milhões de salvos entrarão nas Bodas do Cordeiro (Ap 5.11).

(3) A Noiva do Cordeiro (A Igreja) será constituída dos cristãos verdadeiros, e os crentes de todas as épocas, incluindo os que morreram fiéis a Deus, no Antigo Testamento, sobre quem o sacrifício de Cristo teve efeito retroativo.

(4) Jesus apresentará sua Noiva ao Pai: "O que vencer será vestido de vestes brancas, e de maneira nenhuma riscarei o seu nome do livro da vida; e confessarei o seu nome diante de meu Pai e diante dos seus anjos" (Ap 3.5); Jesus apresentará sua Noiva, "sem mácula, nem ruga, nem coisa semelhante" (Ef 5.27).

(5) Características da Noiva do Cordeiro. Ela ama o Noivo (1 Jo 4.19); é fiel (2 Co 11.2,3); só pertence a Ele, e não dá lugar ao mundo (1 Jo 2.15; Mt 6.24); é fiel até à morte (Ap 2.10); espera pelo seu Noivo (2 Tm 4.8).[5]

(6) Haverá uma grande ceia nos céus. Será algo nunca visto. Jesus é quem vai servir a mesa, com os salvos sentados, ao lado de Abraão, Isaque e Jacó (Lc 12.37; 22.30; 13.28,29). Ele prometeu cear outra vez no Reino de seu Pai (Mt 26.29; Mc 14.25).

III – O FUTURO TENEBROSO PARA A TERRA

Na subida da Igreja às regiões celestiais, a Terra experimentará a mais terrível aflição de sua História. Tremendos acontecimentos desabarão sobre o planeta, e sobre os homens que não querem aceitar o amor de Deus, e a salvação em Cristo Jesus.

1. A Grande Tribulação

1) O que é a Grande Tribulação? Um tempo de tribulação para os que ficarem sobre a terra (Lc 21.35; Ap 7.14; Dn 12.1); o tempo da ira

---

[4] Ibid. p. 73.

[5] Ibid. p. 74.

futura (Rm 5.9; Ap 6.1-17); dia da vingança (Is 63.1-4). A igreja não passará pela Grande Tribulação (1 Ts 1.10; 5.9,10; Is 57.1).

2) Quando ocorrerá a Grande Tribulação? Durante a *Septuagésima Semana de Daniel* (Dn 9.24-27). Um período de sete anos[6], entre o arrebatamento da Igreja e a vinda de Jesus em Glória (segunda fase, para reinar). Atualmente, a Igreja já está experimentando "o princípio das dores" (Mt 24.8), ou seja, os acontecimentos que antecedem à Grande Tribulação.

3) O que acontecerá? O Anticristo se manifestará (Dn 9.27). Já pode estar no mundo. Satanás, o Anticristo e o Falso Profeta dominarão o mundo. *A trindade satânica* terá o controle de tudo e de todos. A Terra será dominada por demônios (Ap 9.1,3; 12.9,12).

O Anticristo será um "super-homem", nascido de mulher (Ap 13.1, a Besta que subiu do mar, de povos); seu espírito já está no mundo (1 Jo 2.18;4.3). Será o *líder político-espiritual*. Fará grandes coisas (Dn 7.8, 20,25); enganará a Terra, que clama por soluções (1 Ts 2.9,10). A maioria não quer saber de Jesus, mas aceitará o Anticristo. Ele é chamado de "a Besta" (Ap 13.1); "o homem do pecado", "o filho da perdição" (2 Ts 2.3); o "Anticristo" (1 Jo 4.3); "o assolador" (Dn 9.27); é "a ponta que tinha olhos" (Dn 7.8,20,25). Será uma pessoa superinteligente, com alto poder de oratória e demagogia (Ap 13.2,5), que impressionará o mundo como o fez Hitler na Alemanha nazista.

A situação caótica do mundo fará com que o povo busque "um salvador" potente, e o Anticristo se apresentará como tal. Terá "a eficácia de Satanás" (2 Ts 2.9,10). *Será por excelência um líder político.* Haverá uma "confederação de nações", sob a liderança do Anticristo. Em 1957, em Roma, foram criados "Os Estados Unidos da Europa", hoje no âmbito da Comunidade Européia, com cerca de 25 nações (em 2004); pela profecia, o Anticristo sairá da área geográfica do Antigo Império Romano (ver Dn 2.33, 41-44; 7.7,8, 24, 25; Ap 13.2,3,7; 17.12,13). Em 1968, foi fundado o Clube de Roma, que concluiu ser necessário que haja um governo único na Terra. Isso é significativo em termos proféticos.

O número 666. É o número da Besta (Ap 13.17,18). Na tipologia bíblica, o número 6 é o número do homem. Em seis dias, Deus fez o homem (ser humano). A repetição do número 6 equivale a uma dízima

---

[6] Uma semana profética corresponde a sete anos : "Também contarás sete semanas de anos, sete vezes sete anos, de maneira que os dias das sete semanas de anos te serão quarenta e nove anos" (Lv 25.8).

periódica, que pode repetir-se indefinidamente, sem nunca chegar a 7, que é o número da perfeição, o número de Deus. Isso quer dizer que o Anticristo será um homem, exaltado ao extremo, com pretensões de ser igual a Deus, como o fez Lúcifer. Esse número, *ou código,* certamente, será o meio pelo qual o governo do Anticristo controlará todas as pessoas, desde o seu nascimento até à morte.

4) A tecnologia a serviço do Anticristo. Ao que tudo indica, a tecnologia do código controlador de pessoas já está em andamento. Segundo informações, divulgadas pela internet, um novo sistema de cartão de crédito – "o mondex" –, já está sendo utilizado. A empresa detentora da tecnologia já teria vendido franquias para 20 nações. A Mastercard já teria comprado 51% das ações. Esse sistema foi criado em 1993, na Inglaterra. Funciona com a implantação de um "chip" ("VeriChip", ou "bio-chip"), no corpo humano. Pesquisas constataram que os lugares mais apropriados para o implante é na testa ou sob a pele da mão direita.

A Motorola já teria desenvolvido uma seringa que implanta o chip sob a pele de seres humanos. Executivos de multinacionais já estão usando o chip "inteligente", do tamanho de um grão de arroz, pois permite que sejam localizados imediatamente, em caso de seqüestros. Em alguns países, pais já estão implantando o dispositivo eletrônico em seus filhos, para que sejam localizados em caso de seqüestros ou por outras razões. Vejamos o que diz a Bíblia:

> E vi subir da terra outra besta [...]. E faz que a todos, pequenos e grandes, ricos e pobres, livres e servos, lhes seja posto um sinal na mão direita ou na testa, para que ninguém possa comprar ou vender, senão aquele que tiver o sinal, ou o nome da besta, ou o número do seu nome. Aqui há sabedoria. Aquele que tem entendimento calcule o número da besta, porque é número de homem; e o seu número é seiscentos e sessenta e seis (Ap 13.11, 16-18).

O texto refere-se ao "sinal", ao "nome" e ao "número" da Besta. Só o número é revelado: 666! Quanto às outras identificações, só o saberemos depois.

O *Falso Profeta* será um homem (a Besta que veio da terra de entre os homens Ap 13.11,18). *Será o líder religioso.* Fará grandes milagres. Imporá que todos tenham o sinal da besta, o número 666 (Ap 13.16,17). Procurará imitar o Espírito Santo, e será o líder religioso que cooperará com o Anticristo.

Juntamente com o Diabo, eles constituirão a trindade satânica, que dominará o mundo, após o arrebatamento da Igreja do Senhor Jesus Cristo. Como os homens, ao longo da História, em sua maioria, preferiram servir ao Diabo, Deus dará liberdade para que esse tenha total poder sobre suas vidas. Ele atuará com seus demônios (Ef 6.12; Ap 9.1,3; 12.9,12), e fará que os homens passem por sofrimentos inimagináveis, e assim eles saberão o quanto perderam por terem rejeitado a Cristo.

5) Haverá uma ditadura cruel e implacável. Sua base serão dez nações, historicamente oriundas do Antigo Império Romano. No sonho de Nabucodonosor, essas nações eram representadas pelos dez dedos da estátua, ou na visão da Besta com dez chifres, que representam dez reis que se levantarão contra Deus, e serão vencidos (Dn 7.7,8,19,27; Ver Ap 13.1,2; 17. 11,13). Haverá um caos e anarquia total, pois o mal terá pleno curso no coração das pessoas.

6) Aliança com Israel. O Anticristo fará uma *falsa aliança com Israel*, durante sete anos (Dn 9.27). Certamente, nesse período, o Templo será reconstruído. Sem dúvida, esse será o maior equívoco da nação israelita: Ao rejeitar, Cristo, como o Messias e fazer aliança com o Anticristo, pagará um preço elevadíssimo! Após três anos e meio, a aliança será rompida (Dn 9.27), Jerusalém será atacada, o Templo ocupado e profanado (Dn 8.13; Mt 24.15,24; 2 Ts 2.3,4), e os judeus não mais poderão realizar o culto a Jeová. Haverá tremenda perseguição religiosa (Dn 8.13); os judeus são aconselhados por Jesus a fugir para as montanhas (Mt 24.16).

7) Serão abertos sete selos (Ap 6; 8). Sete *eventos catastróficos* sobre o mundo. Juízos de Deus para purificar o planeta de seus horrendos pecados e corrupções.

1º Selo: A falsa paz, tipificada no cavalo branco (Ap 6.1,2). O Anticristo enganará as nações, sedentas de paz. Se assentará no Templo em Jerusalém, dizendo-se Deus (2 Ts 2.4); receberá adoração (Ap 13.12); fará aliança com Israel por sete anos (Dn 9.27); fará guerra a Deus (Dn 7.25; Ap 13.6).

2º Selo: Guerra mundial. Após três anos e meio, romperá a aliança com Israel (Dn 9.27); atacará Jerusalém, e profanará o Templo (Dn 8.13; 2 Ts 3.3,4), os judeus são aconselhados a fugir para as montanhas (Mt 24.16); Seguir-se-á uma tremenda guerra, simbolizada pelo cavalo vermelho (Ap 6.4). Já há futurólogos que prevêem uma guerra mundial, quando muitos países não tiverem mais água para seus habitantes.

3º Selo: Depois, uma fome mundial, figurada pelo cavalo preto (Ap 6.5); quem não tiver o sinal da besta, não poderá comprar nem vender (Ap 13.17,18). Ver o item 1, tópico 4, que se refere à moeda mundial (Mondex).

4º Selo: Segue-se um cavalo amarelo, simbolizando a morte em grande escala, em decorrência dos flagelos anteriores (Ap 6.7,8); morre 25% dos habitantes do planeta.

5º Selo: Vê-se um os mártires da Grande Tribulação (Ap 6.9-11). Este texto nos mostra que haverá salvação, em meio à Grande Tribulação; será pela graça de Deus, mas não será de graça. Os que não aceitarem o sinal da besta serão mortos por confessarem a Cristo como salvador. Pagarão com a vida.

6º Selo: Vê-se um grande tremor de Terra; eclipse total do sol; a lua fica vermelha; estrelas caem; o espaço sideral se muda; os montes e ilhas são arrasados; os governantes da Terra, os poderosos e os povos se escondem, clamando que os montes caiam sobre elas, por causa da "ira do cordeiro" (Ap 6.12-17). Nenhum futurólogo poderá imaginar os cenários apocalípticos que desabarão sobre a Terra, quando os juízos de Deus se fizerem sentir.

7º Selo: Quando o sétimo selo é aberto, sete anjos tocam sete trombetas. São mais sete acontecimentos terríveis sobre a Terra, em resumo (Ap 8–11):

1º) a terça parte da Terra, e da vegetação é queimada;
2º) a terça parte das criaturas do mar é queimada , quando um grande meteoro é lançado sobre o mar;
3º) Um grande meteoro cai sobre a Terra, destruindo as fontes de água dos rios e dos lagos; muita gente morre;
4º) A terça parte dos astros é atingida, e o sol escurece a Terra;
5º) Demônios e anjos terríveis são soltos e atormentam os que não têm o sinal de Deus. Os adoradores da besta são torturados. Buscam a morte e ela não vem;
6º) São soltos quatro anjos que estavam presos junto ao Eufrates. Matam a terça parte dos homens; os ocultistas, esoteristas,

invocadores de mortos e de demônios são mortos, além dos que vivem da prostituição;

7º) Ao toque da sétima trombeta, há *um evento celestial*. Seres celestiais proclamam o domínio universal do Senhor Deus e do seu Cristo.

8) Serão derramadas 7 (sete) taças da ira de Deus sobre a Terra (Ap 15.1), com *mais sete eventos catastróficos,* cuja introdução se dá no capítulo 8.

9) 144.000 judeus salvos em Israel. Através da pregação das Duas Testemunhas, um remanescente em Israel aceitará a mensagem (Ap 11.3-12); elas pregarão o evangelho e profetizarão acerca do futuro; haverá uma multidão de salvos na Grande Tribulação (Ap 6.9-11; 7.9); mais adiante, vêm-se eles triunfantes, no monte de Sião (Ap 14.1-5); não são os únicos a ir aos céus, como ensinam os russelitas.

10) A Grande Babilônia – a religião mundial. "E veio um dos sete anjos que tinham as sete taças e falou comigo, dizendo-me: Vem, mostrar-te-ei a condenação da *grande prostituta* que está *assentada sobre muitas águas*, com a qual *se prostituíram* os *reis da terra*; e os que *habitam na terra* se embebedaram com o vinho da sua prostituição. E levou-me em espírito a um deserto, e vi uma *mulher assentada sobre uma besta* de cor escarlate, que estava cheia de nomes de blasfêmia e tinha *sete cabeças e dez chifres*. E a mulher estava vestida de púrpura e de escarlata, adornada com ouro, e pedras preciosas, e pérolas, e tinha *na mão um cálice de ouro cheio das abominações e da imundícia da sua prostituição*. E, na sua testa, estava escrito o nome: MISTÉRIO, A GRANDE BABILÔNIA, A MÃE DAS PROSTITUIÇÕES E ABOMINAÇÕES DA TERRA" (Ap 17. 1-5; grifos meus).

Nesse texto, vemos, em linguagem simbólica, a falsa religião mundial, que será uma mistura de todas as falsas religiões e seitas que existem no mundo. Será "a grande prostituta", de caráter espiritual. Em 1948, foi fundado o Concílio Mundial de Igrejas (CMI), em Amsterdam, na Holanda. "E, num esforço para formar uma *super-igreja*, muitas denominações e milhões de cristãos ingressaram nessa nova organização" (grifo meu).[7] O CMI, sob a pretensão de promover o ecumenismo, re-

---

[7] John F. WALVOORD & John E. WALVOORD. *Armagedom*, p. 111.

úne católicos, protestantes, judeus, hindus, budistas, esoteristas, numa mistura religiosa, que em vez de fortalecer a Igreja, contribui para a confusão (Babilônia) da fé.

O movimento filosófico-religioso, chamado Nova Era, encaixa-se perfeitamente na descrição da "Babilônia", "a grande prostituta". Sem dúvida será a religião do Anticristo e do Falso Profeta; os grandes da Terra não querem saber do cristianismo, mas aceitam o esoterismo, a bruxaria, com "o vinho da sua prostituição"; a mulher assentada sobre a besta, é a religião falsa que terá o apoio do Anticristo; "sete cabeças", fala de uma inteligência prodigiosa para fazer o mal; "dez chifres" falam de dez reinos, ou governos, que terão a liderança política mundial; "o cálice" das abominações e da prostituição significa a mistura religiosa, que já está se desenvolvendo a passos largos no mundo atual. O cenário espiritual do mundo já está preparado para o reinado do Anticristo, com apoio do Falso Profeta, e o poder emanado do Diabo. Felizes são os que conseguem escapar da confusão religiosa ("Babilônia") que assola o mundo.

11) O Anticristo reunirá os exércitos para o Armagedon (Ap 16.13,14). Terá lugar em Israel, no Vale do Megido (Zc 12.11). Uma Terça parte da população de Israel vai perecer.

Que o Senhor nos ajude a sermos fiéis até o fim, para o encontrarmos no arrebatamento da Igreja. Quem ficar para a Grande Tribulação sofrerá de tal forma que pedirá até a morte.

IV – A INTERVENÇÃO DE DEUS NO PLANETA TERRA

1. A VINDA DE JESUS COM OS SALVOS

Após os acontecimentos gloriosos, envolvendo a Igreja, nos céus, chegará o momento, em que Jesus voltará com os salvos, para a continuação do cronograma de Deus para o futuro glorioso da Igreja.

Na primeira fase da sua Vinda, Jesus terá vindo *para* os seus. Após o período da Grande Tribulação, *na Terra*, e as Bodas do Cordeiro, *no Céu*, Jesus voltará *com os santos*, para dar fim às catástrofes mundiais, e implantar o seu Reino Milenial. A Vinda de Jesus em glória é o que alguns estudiosos chamam de "revelação", ou "parousia". Estes acontecimentos serão o cumprimento do plano de Deus para o planeta Terra. Vale a pena refletir sobre o que Deus tem preparado para os fins dos tempos, tanto para a Igreja, como para o mundo em geral.

1) Jesus voltará, conforme diz a Bíblia (Jo 14.3; At 1.11)

(1) Virá com poder e grande glória (Mt 24.30; 2 Ts 1.8; Ap 19.11-18);
(2) Será visto por *todas* as pessoas no mundo (Ap 1.7; Zc 14.4; Ap 19.11-18);
(3) Virá *com* seus santos, e com os anjos (Jd vv. 14-16; 2 Ts 1.7; Ap 19.14);
(4) Descerá sobre o Monte das Oliveiras, e este se fenderá em duas partes (Zc 14.3,4);

2. A BATALHA DO ARMAGEDOM

Quando Jesus voltar, os judeus estarão no auge de sua maior tribulação, em meio a uma guerra de proporções terríveis. Armagedom vem de duas palavras hebraicas: "arm" (monte) e Megido, um amplo vale, perto do Mediterrâneo; também é chamado vale de Megido (Zc 12.11); ou, ainda "vale de Josafá", "vale da decisão" (Jl 3.2,9-14).[8] Os exércitos do Anticristo se reunirão para destruir Israel. Um terço dos judeus morrerão (Zc 13.8); mulheres serão violentadas (Zc 14.2); a situação de Israel será muito crítica. Diz a Bíblia que o derramamento de sangue será inimaginável (Ap 14.20).

Naquele momento, em meio à maior aflição, no Armagedom (Zc 14.1,2), Jesus os socorrerá (Zc 14.3-5), mesmo sabendo que não creram nEle. Os exércitos inimigos serão derrotados pelo poder de Jesus, e vão ser tantos os mortos, que serão sepultados durante sete meses (Ez 39.12-16). Os israelitas reconhecerão que Jesus é o Messias esperado, e que fora rejeitado por eles; haverá o renascimento espiritual de Israel, cumprindo-se Ezequiel 37.

1) O Anticristo se voltará contra Jesus (Ap 19.19). Mas o Senhor, à frente do exército celestial, em cavalos brancos, vencerá o Anticristo e o Falso Profeta, e os lançará no lago de fogo (2 Ts 2.8; Ap 19.20); os exércitos inimigos serão destruídos (Zc 14.12); Jesus vencerá o Anticristo. Isaías diz que Ele virá com fogo, e os carros do céu será como uma tempestade (Is 66.15,16); destruirá todos os sistemas mundiais. Assim, "a Pedra" esmiuçará tudo o que restou dos reinos mundiais (Dn 2.44,45; Mt 21.44b).

---

[8] ALMEIDA, Abraão de. *Deus Revela o Futuro* (CPAD), p. 62, 63.

2) Jesus prenderá o Anticristo e o Falso Profeta, os julgará, e os lançará imediatamente no Lago de Fogo, preparado para o Diabo e seus anjos (Ap 19.20; Mt 25.41).

3) Satanás será preso por mil anos (Ap 20.1-3). Um anjo poderoso, com a chave do abismo (Ap 1.18; 9.1), e uma cadeia em sua mão (Ap 20.1,2). O Diabo será lançado no abismo, e ali ficará durante mil anos (Ap 20.3).

4) O fim da batalha do Armagedom. Após a prisão de Satanás, do Anticristo e do Falso Profeta, a liderança satânica estará destruída. Os pecadores, apavorados, com a presença de Jesus, clamarão pela morte (Ap 6.15-17); Serão tantos os mortos da grande batalha, que os judeus levarão sete meses para sepultar tanta gente (Ez 39.12-16); as armas serão destruídas (Is 2.4; Mq 4.3).

5) Os mártires da Grande Tribulação ressuscitarão, se reunirão à Igreja e reinarão com Jesus (Ap 20.6); Segundo o pastor Eurico Bergstén, haverá salvação na Grande Tribulação. Muitos milhões que não adorarão a Besta, crerão em Jesus e em sua Palavra, e serão todas assassinadas pelo exército do Anticristo. Por isso, serão vencedores (Ap 15.2). E ressuscitarão à voz de Jesus (Jo 5.28), com corpos glorificados.[9]

6) Israel será salvo e assumirá suas funções no Milênio (Zc 12.10,11); na verdade, só *o remanescente fiel* será salvo (Rm 9.27).

7) Jesus julgará as nações (Mt 25.31-46). Isso ocorrerá depois que o Anticristo for vencido; Jesus vai assentar-se no seu trono de glória, no lugar chamado "Vale de Josafá" (Jl 3.12,14), e então serão julgadas todas as nações (Mt 25.32). As pessoas, individualmente, só serão julgadas no Juízo Final (1 Co 4.5); porém, as nações serão julgadas coletivamente. Diz Bergstén que "possivelmente virão à presença de Jesus as autoridades constituídas de cada nação" [...], pois "no julgamento das nações não se tratará de pecados individuais, mas do modo de tratar os menores irmãos de Jesus (Mt 25. 40,45). Isto se refere, certamente, aos judeus, que são os irmãos de Jesus segundo a carne (Rm 9.5; Jo 1.11)".[10] Não há detalhes na Bíblia sobre a sentença que será dada sobre as nações.

---

[9] BERGSTÉN, Eurico. *Teologia Sistemática – Doutrina das Últimas Coisas* (CPAD), p. 103.

[10] Ibid. p. 100.

Segundo Bergstén, "Parece que decretará bênção ou maldição sobre as nações".[11]

8) Jesus estabelecerá seu reino milenial (Ap 20.4-6). Os governos liderados pela ONU há muito tentam modificar a "ordem mundial", visando alcançar melhores dias para a humanidade. Isso jamais ocorrerá promovido pelo homem que é dominado pelo pecado e afastado de Deus. Mas no momento certo, o Senhor, por intermédio de Jesus Cristo, implantará uma "nova ordem mundial" estabelecida pelo seu poder durante o Milênio.

V – O FUTURO GLORIOSO DO PLANETA TERRA

1. MIL ANOS DE PAZ SOBRE A TERRA (AP 20.4-6)

No calendário de Deus, está previsto o Milênio, quando o planeta experimentará um período especial, jamais vivido em toda a sua história, desde a fundação do mundo.

1) Definição. É um período de mil anos, em que Jesus, juntamente com sua Igreja glorificada governará a Terra;

2) Quando terá início. Após o término da Grande Tribulação. O Anticristo e o Falso Profeta e o Diabo estarão derrotados e presos. As nações já terão sido julgadas. Todos os reinos do mundo não existirão mais.

3) Jesus governará a Terra. As profecias asseguram isso (Lc 1.32,33; Jr 30.9,11; Zc 14.9; Dn 2.44,45; Ez 34.24; Is 2.2,4; Mq 4.7; 1 Co 15.25).

4) Jerusalém será a capital do mundo (Mq 4.8,13; Is 2.3,5; 60.1,3; Zc 14.16,19).

5) A Igreja reinará com Cristo. Seremos reis e sacerdotes (Ap 1.6; 5.10;11.15); reinaremos sobre as nações (Ap 2.26,27); reinaremos com Cristo (2 Tm 2.12; 1 Co 6.2,4).

6) Como será o governo de Cristo. Jesus governará por meio de seus servos (Ver item 5 da seção anterior), e julgará os povos (Mq 4.1-3; Sl 72.1-12; Is 11.3,9).

---

[11] Ibid. p. 101.

7) O papel da Igreja no Milênio. Morará na Nova Jerusalém (Ap 21.1-26); trata-se de uma cidade celestial. (Ver item III, ponto 5). A cidade virá descida do céu, pairará nos ares, sobre a Jerusalém terrestre (Ap 21.2). Reinará com Cristo (Ap 1.6).

2. CARACTERÍSTICAS ESPECIAIS DO MILÊNIO (NA TERRA)

Tendo em vista a ausência do Diabo, o mal não terá lugar na mente das pessoas, nem na natureza, e nas relações entre as nações. Haverá a regeneração da Terra quando Jesus se assentará "no trono da sua glória", ladeado pelos seus servos fiéis, "em doze tronos para julgar as doze tribos de Israel" (Mt 19.28).

1) Haverá um conhecimento universal de Deus (Is 11.9);
2) A justiça e a verdade serão plenas (Is 11.5);
3) A natureza animal será mudada. Animais perderão sua ferocidade (Is 11.6-8);
4) A vegetação será liberta da maldição de Gênesis 3.17,19; a criação será liberta (Rm 8.18,22);
5) A agricultura será abundante (Is 65.21);
6) Os lugares secos serão transformados em jardins frutíferos (Sl 67.6; Jl 2.19,24; 3.18; Is 30.23,25);
7) A maldade deixará de dominar os corações (Is 11.9);
8) Um rio sairá de Jerusalém e fertilizará as terras (Zc 14.8; Ez 47.1,12);
9) Não haverá guerras, nem armas, nem serviço militar (Is 32.18; Zc 9.10; Mq 4.3);
10) Haverá completa harmonia entre as nações (Is 11.3);
11) O ser humano terá valor, mais que bens materiais (Is 13.12);
12) Os povos irão a Jerusalém, para tomar conhecimento da lei (Is 2.3);
13) O pecado, a rebelião e a incredulidade não serão tolerados (Sl 2.10-12);
14) Haverá um derramamento pleno do Espírito Santo (Is 32.15);
15) Haverá saúde para todos (Is 33.24; 35.5,6);
16) Haverá abundância de alimentos (Jr 31.12; Is 30.23);
17) Todos terão casas para morar sem pagar aluguel (Is 65.21,22);
18) As pessoas viverão muitos anos (Is 65.20);
19) Os filhos terão plena harmonia com os pais (Is 65.23);
20) A lua brilhará mais, e a luz do sol será mais forte, e não fará mal (Is 30.26).

3. Características da Nova Jerusalém (Ap 21—22)

Haverá duas cidades de Jerusalém: uma terrestre, e a outra, celeste. "Os remidos terão nela sua morada, com os movimentos semelhantes aos de Jesus após sua ressurreição (Fp 3.21; 1 Co 15.40; Jo 20.19-26; Lc 24.15,31)".[12]

1) Nome : "Santa Cidade, a nova Jerusalém" (21.2);
2) Edificação: do céu, construída por Deus (21.2b);
3) Será a habitação dos salvos (21.3); descerá dos céus (21.10);
4) Ali, não haverá morte, nem lágrimas, nem pranto, nem clamor (21.4);
5) Terá uma luz semelhante e uma pedra preciosíssima, como o cristal resplandecente (21.11);
6) Terá um alto muro, com doze portas; em cada porta um anjo; nas portas, estarão gravados os nomes das doze tribos de Israel (21.12); são três portas de cada lado (21.13);
7) Os fundamentos do muro têm escritos os nomes dos 12 apóstolos de Jesus (21.14);
8) É uma cidade em forma de cubo: com cerca de 2.500 km cada medida (21.16);
9) O muro é de jaspe; a cidade é de ouro puro, semelhante a vidro puro (21.18);
10) Os fundamentos do muro são de pedras preciosas (21.19,20);
11) As portas são doze pérolas; cada porta uma pérola maciça (21.21);
12) A praça da cidade é de ouro puro, como vidro transparente (material celeste, não é da terra; 21.21b);
13) Não existe templo lá, pois Deus é o seu próprio templo (21.22);
14) Não precisa de sol nem de lua, pois é iluminada pela glória do Cordeiro (21.23), que é a sua lâmpada;
15) As nações andarão à sua luz (21.24);
16) A glória das nações será levada à santa cidade (21.26);
17) As portas da cidade estarão sempre abertas, dia e noite (21.25);
18) Nela não entrará nenhuma abominação ou mentira (21.27);
19) Só os inscritos no livro da vida terão acesso à cidade (21.27b);
20) O rio puro da água da vida, claro como cristal, procede do trono de Deus (22.1);
21) No meio da praça, de um lado e do outro do rio da vida, está a árvore da vida, cujas folhas servirão para a saúde das nações (22.2);

---

[12] Ibid. pp. 111,112.

22) Não haverá maldição ali, pois lá está o trono de Deus e de Jesus (22.3);
23) Os servos de Deus o servirão ali, indicando que haverá atividade celestial (22.3b);
24) Os salvos verão o rosto de Deus, na santa cidade (22.4);
25) Os salvos, habitando na santa cidade, reinarão como Senhor Deus para todo o sempre (22.5).

Enquanto estamos aqui, neste mundo, devemos viver de tal forma que um dia possamos vivenciar toda essa realidade, revelada nas Escrituras, que espera pela Igreja de Jesus Cristo. Assim, todo o nosso espírito, alma e corpo devem estar irrepreensíveis para a Vinda do Senhor (1 Ts 5.23). Após o Milênio, ocorrerão os seguintes eventos escatológicos: Satanás é solto e engana as nações (para provar os que nascerem no Milênio); o Juízo Final, e, por fim, o Perfeito Estado Eterno, quando haverá novos céus e nova terra.

4. SATANÁS É SOLTO POR UM POUCO DE TEMPO

Após mil anos (Ap 20.2,3), Satanás será solto de sua prisão. Ele não se converterá, como dizem os universalistas. Parece estranho que isso venha a ocorrer. Por que o Diabo será solto? Durante o Milênio, haverá muitos milhões de pessoas que não terão tido oportunidade de serem provadas. Deus dará essa oportunidade para exercerem o seu livre-arbítrio. Todos os homens têm sido provados, desde o Éden (Gn 3.1-6; Mt 4.1-7; Tg 1.13-16).

As pessoas, mesmo vendo as bênçãos de Deus no Milênio, não terão mudada sua natureza. Uma grande multidão, comparada à areia do mar, seguirá a Satanás, em sua última batalha contra os santos, em Jerusalém (Ap 20.8,9). Mas o juízo de Deus será implacável; os que se levantarem contra Ele serão todos mortos, e lançados no Hades, onde aguardarão a ressurreição e o Juízo Final. Satanás será preso definitivamente e lançado no Inferno, para fazer companhia ao Anticristo e ao Falso Profeta, os quais serão atormentados eternamente (Ap 19.20).

O Milênio se encerrará com a vitória de Cristo sobre todos os poderes do mal. Glória a Deus nas alturas! Glória a Jesus!

VI – O JUÍZO FINAL

Em todos os tempos, os ímpios sempre fizeram suas maldades, seus crimes, e praticaram a corrupção e a ignomínia. E até existe quem pense que Deus não está vendo, ou que não queira fazer nada diante de tantos pecados e injustiças, violência, crueldade, e todos os tipos de crimes. Aqueles que praticam abominação estão sendo valorizados, e amparados pelas leis dos países, cujos governos, legisladores e políticos, bem como o judiciário, não respeitam a Lei do Senhor. O homossexualismo está tendo apoio total (Ver Lv 18.22; 20.13; Rm 1.27; 1 Co 6.9; 1 Tm 1.10). Mas, de acordo com a Bíblia, haverá um ajuste de contas de todos os ímpios diante de Deus. Será diante do "Trono Branco" (Ap 20.11). A Bíblia é muito explícita a esse respeito. Deus tem reservado os injustos para o dia do juízo (2 Pe 2.4,9; Sl 9.17).

1. QUEM SERÁ O JUIZ

No Juízo Final, "Deus, na pessoa de Jesus Cristo, será o Juiz. Apesar de Deus ser o Juiz de todos (Hb 12.23), tal atividade judicial é exercida por Cristo no último dia, assim como é no presente (Jo 5.22,27)".[13] Paulo afirma que Deus "há de julgar o mundo, por meio do varão que destinou; e disso deu certeza a todos, ressuscitando-o dos mortos" (At 17.31). Jesus será o supremo Juiz, assentado no Trono Branco.

2. QUANDO SERÁ O JUÍZO FINAL

De acordo com a Bíblia, o Juízo Final (do Trono Branco) ocorrerá logo após a prisão de Satanás, nos eventos finais após o Milênio (Ap 20.7,10). "E vi um grande trono branco e o que estava assentado sobre ele, de cuja presença fugiu a terra e o céu, e não se achou lugar para eles" (Ap 20.11). Será, sem dúvida, um espetáculo de dimensões cósmicas. Todo o universo, terra e céu, presenciarão o juízo sobre todos os ímpios, desde que existe o ser humano sobre a Terra. Será a resposta de Deus a todas as graves questões que tanto atormentam os povos: Até quando o mal prevalece? Até quando os ímpios têm permissão para agir, muitas vezes impunemente? No juízo do Trono Branco, será dada a resposta final, cabal e convincente pelo Supremo Juiz do universo.

3. QUEM COMPARECERÁ DIANTE DO JUÍZO FINAL

Responde a Bíblia: "E vi um grande trono branco e o que estava assentado sobre ele, de cuja presença fugiu a terra e o céu, e não se achou

---

[13] STRONG, Augustos H. *Teologia Sistemática*, p. 836.

lugar para eles. E vi os mortos, *grandes e pequenos*, que estavam diante do trono" (Ap 20.11,12a; grifo meu). Não importa o status social; sejam "grandes" (ricos, magnatas, poderosos) ou "pequenos" (pobres, miseráveis, desvalidos), todos os que não houverem tomado parte na primeira ressurreição (Ap 20.4), terão que ressuscitar (na segunda ressurreição) para comparecerem diante do Trono Branco, para serem julgados.

De acordo com Horton,

> Diante do trono, acham-se todos os mortos; os perdidos de todas as épocas da história, inclusive "os outros mortos" que não haviam tomado parte na primeira ressurreição. Presentes, ainda, os que morreram durante o Milênio. Os mortos são integrados por grandes e pequenos sem quaisquer distinções. Os servos de Deus do Antigo Testamento, a Igreja, bem como os mártires da Grande Tribulação, não se encontram aí incluídos, pois estão ao lado de Cristo. Eles estarão vivos para sempre, com corpos novos e imortais (1 Co 15.52-54). Os ímpios também receberão algum tipo de corpo na segunda ressurreição para o julgamento, vergonha e desprezo eterno (Dn 12.2; Jo 5.29). [...] Deus fará com que todos os ímpios tenham uma ressurreição corpórea, e apareçam diante do trono para receber a sua sentença.[14]

Todos os ímpios, de todos os tempos terão que comparecer perante o Trono Branco. Os mortos de todas as épocas ressuscitarão para encararem o juízo. Os que estiverem vivos, após o Milênio, e se aliaram a Satanás, terão que comparecer para o juízo. Diz a Bíblia: "E deu o mar os mortos que nele havia; e a morte e o inferno deram os mortos que neles havia; e foram julgados cada um segundo as suas obras" (Ap 20.13; Jo 5.29). Certamente, ressuscitarão num

> corpo imperecível, mas carregado de pecado. Ali, estarão Caim, Judas Iscariotes, Pôncio Pilatos, Herodes, e todos os pecadores que morreram sem salvação desde o princípio do mundo. Também aqueles que durante a Grande Tribulação tomaram sobre si o sinal da Besta, e ainda os que acompanharam Satanás na última revolta, no fim do Milênio; todos esses ressuscitarão e comparecerão diante do Tribunal.[15]

---

[14] HORTON, Stanley M. *A Vitória Final* (CPAD), pp. 299, 300.

[15] BERGSTÉN, Eurico. *Teologia Sistemática – Doutrina das Últimas Coisas* (CPAD), pp.119,120.

Ainda, segundo Bergstén, "Os anjos caídos serão convocados para receber o seu julgamento. Uns estiveram presos (Jd 6; 2 Pe 2.4), outros soltos, servindo ao Diabo, mas todos serão julgados".[16]

4. CADA UM SERÁ JULGADO POR SUAS OBRAS

Diz a Bíblia: "E vi os mortos, grandes e pequenos, que estavam diante do trono, e abriram-se *os livros*. E abriu-se *outro livro, que é o da vida*. E os mortos foram julgados pelas *coisas que estavam escritas nos livros, segundo as suas obras*. E deu o mar os mortos que nele havia; e a morte e o inferno deram os mortos que neles havia; e *foram julgados cada um segundo as suas obras*" (Ap 20.12,13; grifos meu). Todas as obras dos homens, bons ou maus, estão sendo registradas nos *"livros"*, ou seja, nos registros divinos. A expressão "livros" é metafórica. Deus não precisa de elementos materiais para se lembrar dos atos dos seres humanos. Por ocasião do julgamento, sem dúvida, cada pessoa comparecerá diante de Jesus (o Juiz) e tomará conhecimento de sua sentença, e será notificado dos motivos pelos quais estará sendo condenado.

As obras, atos, atitudes, idéias, pensamentos e ações, em outras palavras, tudo está gravado diante de Deus, em seus "livros". Até o que está oculto, e nunca foi revelado, os crimes sem solução, os atos hediondos, feitos às escondidas; os maus atos, acobertados pelos poderosos da Terra, tudo está registrado; até as palavras impróprias estão gravadas nos "livros" divinos: "Mas eu vos digo que de toda palavra ociosa que os homens disserem hão de dar conta no Dia do Juízo" (Mt 12.36); as coisas mais escondidas serão reveladas no "dia em que Deus há de julgar os segredos dos homens, por Jesus Cristo" (Rm 2.6); "Mas nada há encoberto que não haja de ser descoberto; nem oculto, que não haja de ser sabido" (Lc 12.2); todos os atos de impiedade serão lembrados e julgados: "Eis que é vindo o Senhor com milhares de seus santos, para fazer juízo contra todos e condenar dentre eles todos os ímpios, por todas as suas obras de impiedade que impiamente cometeram e por todas as duras palavras que ímpios pecadores disseram contra ele" (Jd 14b,15); os maus atos praticados durante a juventude também serão julgados (Ec 11.9).

No Juízo Final, além dos "livros", será também aberto o "Livro da Vida". Neste livro, estão escritos apenas os nomes dos salvos. Nos "livros" das obras, estão inscritos todos os ímpios. O Livro da Vida será aberto, segundo se pode entender, apenas para que o condenado saiba

---

[16] Ibid. p. 120.

que seu nome não está ali. Não será um julgamento semelhante ao que ocorre nos tribunais terrenos. Neste, há o promotor, que acusa o réu, há o advogado de defesa, os jurados, e o Juiz que dá a sentença. No Juízo Final, não há advogado de defesa; a acusação já terá sido realizada na Terra (ver Jo 12.48); Somente o Juiz: Jesus! O problema é que já houve um julgamento, e a condenação já estava definida na Terra.

Diz a Bíblia: "Quem crê nele não é condenado; mas *quem não crê já está condenado,* porquanto não crê no nome do unigênito Filho de Deus. *E a condenação é esta:* Que a luz veio ao mundo, e *os homens amaram mais as trevas do que a luz,* porque as suas obras eram más" (Jo 3.18,19; grifos meu). Esse texto nos mostra que os homens são condenados, não propriamente pelo fato de cometerem suas más obras, mas por não crerem em Jesus. Podemos dizer que, no Juízo Final, não serão julgados os ímpios, mas suas obras de perdidos, de pessoas que além de pecarem, rejeitam a graça de Deus; e será confirmada a sentença já dada na Terra.

Poderá Deus condenar alguém sem lhe dar direito de defesa? Certamente, não. O Advogado de defesa está à disposição de todos os que nEle crêem: "Meus filhinhos, estas coisas vos escrevo para que *não pequeis; e, se alguém pecar, temos um Advogado para com o Pai, Jesus Cristo, o Justo"* (1 Jo 2.1; grifo meu). Assim se a acusação é aqui na Terra; a defesa, também. Aqui, Jesus é o Advogado. Lá, no céu, será apenas o Juiz! Diante de Deus, o homem é quem escolhe o julgamento e a sentença; é quem escolhe o seu destino eterno; "E aquele que não foi achado escrito no livro da vida foi lançado no lago de fogo" (Ap 20.15).

Após o Juízo Final, "a morte e o inferno" serão "lançados no lago de fogo. Esta é a segunda morte" (Ap 20.14). Segundo René Pache, a morte física e o "lugar dos mortos" (sheol ou hades) são provisórios. Após o Juízo Final, não serão mais necessários.[17]

É por isso que o crente em Jesus deve fazer tudo para permanecer fiel ao Senhor. Jesus disse: "alegrai-vos, antes, por estar o vosso nome escrito nos céus" (Lc 10.20). O crente em Jesus tem sua salvação garantida, e jamais passará pelo Juízo Final: "Portanto, agora, nenhuma condenação há para os que estão em Cristo Jesus, que não andam segundo a carne, mas segundo o espírito" (Rm 8.1). Vale a pena fazer parte da "Igreja que vai subir".

Horton ressalta que os salvos durante o Milênio não deverão passar pelo Juízo Final. Ele entende que "parece provável que eles receberão a plenitude

---

[17] PACHE, René. *L'au dela,* p. 217.

da salvação, incluindo novos corpos, e se ajuntarão ao restante dos santos glorificados assim que forem salvos e se comprometerem com Jesus".[18]

5. As bases do Juízo Final

De acordo com a Bíblia, o Juízo Final tomará como base:

1) A própria Palavra, ou lei de Deus: "Quem me rejeitar a mim e não receber as minhas palavras já tem quem o julgue; a palavra que tenho pregado, *essa o há de julgar no último Dia"* (Jo 12.48; grifo meu). Num certo sentido, a "palavra" será o promotor, que acusará os réus do Juízo Final.

2) O que estiver escrito "nos livros": "E vi os mortos, grandes e pequenos, que estavam diante do trono, e abriram-se os livros. E abriu-se outro livro, que é o da vida. *E os mortos foram julgados pelas coisas que estavam escritas nos livros,* segundo as suas obras. E deu o mar os mortos que nele havia; e a morte e o inferno deram os mortos que neles havia; e foram julgados cada um segundo as suas obras" (Ap 20.12,13; grifo meu).

3) Os resultados do Juízo Final. Deus dará "a vida eterna aos que, perseverando em fazer o bem, procuram glória, honra e incorruptibilidade; mas ira e indignação aos facciosos que desobedecem à verdade, e obedecem à injustiça. Tribulação e angústia virão sobre a alma de qualquer homem que faz o mal, do judeu primeiro, e também ao grego; glória, porém, e honra e paz a todo aquele que pratica o bem; ao judeu primeiro e também ao grego. Porque para com Deus não há acepção de pessoas" (Rm 2.7-11; ARA). Aqui, é necessário fazer uma observação. Os resultados benéficos serão dados aos justos no Tribunal de Cristo. No Juízo Final, serão dadas aos ímpios as recompensas pelos seus males.

Sem dúvida alguma, nunca houve nem haverá, na terra, um Tribunal de tamanha majestade e imponência. Segundo Bergstén, "o trono não poderá ser construído na terra (Ap 20.11)", e que será provavelmente instalado "nalgum lugar do espaço celestial [...] Que seriedade: O Supremo Juiz, assentado sobre o trono, a sua Igreja glorificada e vestida de branco, pronta para atender às suas ordens; e, perante ao trono, bilhões e bilhões de homens e de anjos, para serem julgados!"[19]

---

[18] HORTON, Stanley M. *Nosso destino* (CPAD), p. 204.

[19] Eurico Bergstén. *Teologia sistemática – doutrina das últimas coisas* (CPAD), p. 121.

X – O PERFEITO ESTADO ETERNO

Após o Juízo Final, Deus dará início a um período indefinido, que os estudiosos chamam de "O Perfeito Estado Eterno". Jesus fez alusão a esse período, chamando-o de "mundo vindouro" (Lc 20.35). O Apocalipse traduz esse estado: "E vi *um novo céu e uma nova terra*. Porque já o primeiro céu e a primeira terra passaram, e o mar já não existe" (Ap 21.1; grifo meu). Isaías viu esse Estado Eterno: "Porque, como os céus novos e a terra nova que hei de fazer estarão diante da minha face, diz o Senhor, assim há de estar a vossa posteridade e o vosso nome" (Is 66.22). O perfeito Estado Eterno será a consumação de tudo o que consta do Apocalipse 21 e 22.

1) Haverá a restauração de todas as coisas. Pedro, falando de Jesus, disse: "O qual convém que o céu contenha até aos tempos da restauração de tudo, dos quais Deus falou pela boca de todos os seus santos profetas, desde o princípio" (At 3.21). Certamente, haveremos de ver as "coisas que o olho não viu, e o ouvido não ouviu, e não subiram ao coração do homem são as que Deus preparou para os que o amam" (1 Co 2.9).

2) A Igreja terá lugar preeminente. "Mas os santos do Altíssimo receberão o reino e possuirão o reino para todo o sempre e de eternidade em eternidade [...] E o reino, e o domínio, e a majestade dos reinos debaixo de todo o céu serão dados ao povo dos santos do Altíssimo; o seu reino será um reino eterno, e todos os domínios o servirão e lhe obedecerão" (Dn 7.18,27).

3) Jesus reinará eternamente com poder e glória. "Este edificará uma casa ao meu nome, e confirmarei o trono do seu reino para sempre" (2 Sm 7.13). Disse o anjo a Maria: "Este será grande e será chamado Filho do Altíssimo; e o Senhor Deus lhe dará o trono de Davi, seu pai, e reinará eternamente na casa de Jacó, e o seu Reino não terá fim" (Lc 1.32,33); e, numa declaração majestosa, diz o Apocalipse: "E tocou o sétimo anjo a trombeta, e houve no céu grandes vozes, que diziam: Os reinos do mundo vieram a ser de nosso Senhor e do seu Cristo, e ele reinará para todo o sempre" (Ap 11.15).

4) Características do perfeito Estado Eterno. O pastor Antônio Gilberto fez um resumo dessas características[20], o qual reproduzi com algumas adaptações:

---

[20] GILBERTO, Antônio. *O Calendário da Profecia* (CPAD), p. 101,102.

a) Santidade perfeita. Nos novos céus, e na nova terra, haverá plena santidade: "E ali nunca mais haverá maldição contra alguém" (Ap 22.3; ver 21.26; Is 57.15; 6.3; Sl 65.5);

b) Governo perfeito. Cristo será o Governante Universal. A Ordem mundial e universal estará subordinada à sua Lei. E "nela estará o trono de Deus e do Cordeiro" (Ap 22.3b);

c) Serviço perfeito. E "os seus servos o servirão [a Cristo]" (Ap 22.3 c); a idéia de que, no céu, as pessoas ficarão andando de um lado para outro, sem fazer nada, não tem fundamento bíblico. Haverá um trabalho perfeito;

d) Visão perfeita. "E verão o seu rosto" (Ap 22.4a). Os redimidos verão o rosto de Jesus como Ele é, e terão uma visão magnífica das regiões celestiais, sem o auxílio de qualquer equipamento ótico ou telescópico;

e) Identificação perfeita. E "na sua testa estará o seu nome" (Ap 22.4). "A quem vencer, eu o farei coluna no templo do meu Deus, e dele nunca sairá; e escreverei sobre ele o nome do meu Deus e o nome da cidade do meu Deus, a nova Jerusalém, que desce do céu, do meu Deus, e também o meu novo nome" (Ap 3.12);

f) Iluminação perfeita. "E ali não haverá mais noite, e não necessitarão de lâmpada nem de luz do sol, porque o Senhor Deus os alumia" (Ap 22.5);

g) Interação perfeita. E "reinarão para todo o sempre" (Ap 22.5); os salvos, formando a Igreja do Senhor, terão a oportunidade de reinar com Ele por toda a eternidade.

Segundo o pastor Antônio Gilberto

> A Bíblia menciona ainda uma sucessão de eras futuras, sobre as quais nada nos é dito no presente, "para mostrar nos séculos vindouros, a suprema riqueza da sua graça, em bondade para conosco, em Cristo Jesus" (Ef 2.7). Certamente, nessas eras bíblicas futuras, o imenso universo, com seus milhões e milhões de planetas será ocupado, pois Deus criou todas as coisas para determinados fins, segundo o seu eterno plano e propósito.

CONCLUSÃO

O estudo da Escatologia bíblica é sem dúvida um dos mais edificantes para a Igreja em todos os tempos, principalmente no presente século XXI, quando muitos sinais dão a entender que a Vinda de Jesus poderá alcançar de surpresa as gerações dos dias atuais. Que os leitores, e estudantes de Teologia, possam conhecer melhor o que a Bíblia diz sobre o tema, e preparem-se para o maior acontecimento escatológico, que será o arrebatamento da Igreja do Senhor Jesus.

7
A REBELIÃO CONTRA O DEUS DA BÍBLIA

Para fazer juízo contra todos e condenar dentre eles todos os ímpios, por todas as suas obras de impiedade que impiamente cometeram e por todas as duras palavras que ímpios pecadores disseram contra ele (Jd 15).

Há uma rebelião contra Deus. Envolve o homem, a ciência, a cultura, a educação, a tecnologia, religiões, e todas as áreas da vida. Mas o fim da rebelião tem seus dias contados, conforme a Palavra do Senhor. Num momento, nas regiões celestiais, diante do que indica algumas referências bíblicas, um "querubim ungido", fazendo uso de sua liberdade, investiu contra o Criador, imaginando poder destronar o Senhor do universo. Seu plano foi frustrado. Expulso dos céus, Satanás investiu contra o primeiro casal no Jardim do Éden, sugerindo uma atitude de rebelião contra Deus. E foi bem-sucedido ao arquitetar um plano terrível, visando levar os primeiros habitantes do planeta a desobedecer à voz de Deus. O tentador obteve êxito em seu intento, levando o homem a pecar, rebelando-se contra o seu Criador. O homem, Adão, poderia ter recusado a sugestão do Diabo, por intermédio de sua esposa. Mas não o fez. Foi cúmplice na transgressão à voz do Criador.

Diz a Bíblia: "E, vendo a mulher que aquela árvore era boa para se comer, e agradável aos olhos, e árvore desejável para dar entendimento, tomou do seu fruto, e comeu, e deu também a seu marido, e ele comeu com ela" (Gn 3.6). Se Eva tivesse refletido um pouco e chamado seu esposo para juntos avaliarem a proposta da "serpente", certamente, o rumo da história teria sido outro. Se Adão tivesse na condição de líder, pensado um pouco, e advertido sua esposa, teria evitado a desgraça do pecado. Mas não resistiu à tentação que já dominara sua mulher. Deus sabia que o primeiro homem pecaria? Claro que sim. E por que deixou a tragédia da Queda ser levada a efeito? Porque não a impediu? Por que não enviou um anjo resplandecente para postar-se diante de Eva, dando sinal para que não tocasse na "árvore da ciência do bem e do mal"?

Deus, em sua soberania e onipotência, poderia ter evitado o Diabo, o pecado, e a Queda. Mas não o fez, porque, ao criar o homem, disse: "Façamos o homem à nossa imagem, conforme a nossa semelhança" (Gn 1.26a). Para ser "semelhante" a Deus, seria condição *sine qua non* ter o livre-arbítrio para fazer ou deixar de fazer. Era preciso ter liberdade para decidir sobre seus pensamentos e ações, bem como para assumir a responsabilidade por seus atos, isso, mesmo que a desobediência tenha resultado em tragédia espiritual para toda a raça humana.

A rebelião contra Deus é fato evidente, ao longo da história do homem sobre a Terra. Ela passou ao homem, no primeiro lar – o Éden – onde Deus deu início ao seu plano maravilhoso para o pequeno planeta azul. O pecado, que é a idéia ou prática, de tudo que contraria os princípios de Deus para o homem, passou a todos os homens, como um "gérmen" de caráter espiritual, enraizado na natureza, ou na psique humana. Diz Paulo, o apóstolo dos gentios: "Pelo que, como por um homem entrou o pecado no mundo, e pelo pecado, a morte, assim também a morte passou a todos os homens, por isso que todos pecaram" (Rm 5.12).

Podemos dizer, em outras palavras que "por um homem" entrou a rebelião contra Deus no mundo. E, por ela, a morte física e espiritual. Interessante é notar que essa rebelião, não se deu pela força das armas, ou mesmo da violência das palavras; não. Deu-se por meio de uma mensagem sutil, que atingiu o sentimento de soberba do homem, numa verdadeira "massagem no ego": "Então, a serpente disse à mulher: Certamente não morrereis. Porque Deus sabe que, no dia em que dele comerdes, se abrirão os vossos olhos, e sereis como Deus, sabendo o bem e o mal" (Gn 3.4,5).

Quem não gostaria de receber uma mensagem insinuante e agradável, ciente de que não morreria, mesmo sabendo que Deus dissera o contrário? Valeria a pena experimentar? Seria verdade que, ao desobedecerem, os olhos se abririam e passariam a ter uma percepção extraordinária, e eles seriam "como Deus, sabendo o bem e o mal"? Essa história acontece milhões de vezes, todos os dias, em todos os lugares; na Internet; nas revistas e na TV; na política ou na economia; nas administrações ou nas religiões; e até nas igrejas. Quem cai no pecado sabe que está desobedecendo a Deus. Mas vai em frente. Jesus ou Barrabás. A maioria prefere Barrabás. Santidade ou pecaminosidade? A maioria prefere a vida no pecado. A Palavra de Deus ou a palavra do homem? A maioria prefere a lisonja humana.

Mas a rebelião contra Deus tanto pode ser sutil, silenciosa, como agressiva ou violenta. No Éden, ela foi perpetrada na base do diálogo. No Antigo Testamento, os hebreus desobedeciam a Deus, voltando-se para os falsos deuses, como Baal, Astarote e outros. No Novo Testamento, vemos o povo que dizia Hosana a Jesus, ficando ao lado de um homicida, e rejeitando o Salvador do mundo. Na era apostólica, a rebelião se manifestou por meio das perseguições violentas contra a Igreja, levando os crentes à forca, à espada, aos leões, à fogueira, ao apedrejamento, e a outras formas de crimes; na "Santa Inquisição" (sic), os cristãos foram levados à fogueira e à forca, após serem esquartejados, e arrastados pelas ruas, puxados por animais, pela Igreja Católica, "em nome do Pai, do Filho, e do Espírito santo". Diz o Apocalipse: "E nela se achou o sangue dos profetas, e dos santos, e de todos os que foram mortos na terra" (Ap 18.24).

No presente século, acentua-se, de modo soberbo, e até agressivo, a rebelião contra Deus. A Teoria da Evolução, do naturalista Charles Darwin, continua sendo o "livro sagrado" do ateísmo. Filósofos, biólogos, geneticistas e outros modernos expoentes da ciência, têm-se aproveitado dos conhecimentos adquiridos nas academias, para brandir as armas do materialismo ateu contra a Igreja do Senhor Jesus Cristo. Nos dias atuais, essa rebelião assume um caráter exacerbado, ultrajante e blasfemo.

Richard Dawkins, talvez o maior representante dessa cultura anti-Deus, escreve no seu livro blasfemo "Deus, um Delírio":

> O Deus do antigo Testamento é talvez o personagem mais desagradável da ficção: ciumento, e com orgulho; controlador mesquinho, injusto e intransigente; genocida étnico e vingativo, sedento de sangue; perseguidor misógino, homofóbico, racista, infanticida, filicida, pestilento, megalomaníaco, sadomasoquista, malévolo [...]. Estou atacando Deus, todos os deuses, toda e qualquer coisa que seja sobrenatural, que já foi e que ainda será inventada.

Não sabe ele que um dia vai encontrar-se com Deus, como Supremo Juiz do universo, que declarará, se não se arrepender, sua sentença condenatória, a uma eternidade nas trevas. Diz a Bíblia: "Os ímpios serão lançados no inferno e todas as nações que se esquecem de Deus" (Sl 9.17). A cultura, a educação, a política, a legislação, e outros meios, têm sido manipulados contra o cristianismo, além dos ensinos das religiões e seitas heréticas, desde há muito utilizadas contra a verdade cristã. Nas universidades, pode haver simpósios, seminários, congressos em torno de temas da Nova Era, do budismo, do hinduísmo, mas em hipótese alguma, as portas são abertas para eventos de caráter evangelístico, salvo em raríssimas exceções, quando dirigentes são cristãos. Tudo isso faz parte da rebelião contra o Deus da Bíblia.

I – A REBELIÃO CONTRA DEUS

1. A origem da rebelião

Deus, O Ser Supremo, em sua eternidade e soberania, resolveu criar todas as coisas. Primeiro, criou seres espirituais para estarem ao seu redor: Anjos, arcanjo, querubins, serafins. Ao que tudo indica, na revelação, Ele os fez com a faculdade, ou o livre-arbítrio, para atuarem nas esferas de suas ações, junto ao Criador. Porém, num momento, na eternidade, um "querubim ungido" (Ez 28.14), – ou Lúcifer – encheu-se de orgulho (o primeiro pecado), e quis suplantar Deus. Disse ele: "Subirei acima das mais altas nuvens e serei semelhante ao Altíssimo" (ver Is 14.12-14).

Porém, Deus decretou sua queda e condenação eterna (Is 14.15-20). Ao apóstolo João foi revelado o seu destino, que é o "lago de fogo e enxofre" (Ap 20.10). É o mesmo destino dos materialistas, ateus, agnósticos, e de "todas as nações que se esquecem de Deus" (Sl 9.17; 50.22).

Esse entendimento, sobre a queda de Satanás, e os anjos que o seguiram, não é unânime entre os exegetas da Bíblia. No entanto, cremos que, não sendo o Diabo eterno, deve ter sido criado por Deus, originariamente como espírito de luz (Ez 28.13). Porém, deu lugar à iniqüidade, ou ao pecado da rebelião contra o Criador: "Perfeito eras nos teus caminhos, desde o dia em que foste criado, até que se achou iniqüidade em ti" (Ez 28.15). Para outros o texto de Ezequiel tem por epígrafe uma "Lamentação sobre o Rei de Tiro". Mas uma análise cuidadosa faz-nos perceber que há expressões que não podem ser atribuídas a um ser humano, e, sim, ao querubim rebelado contra Deus.

É razoável a opinião de que o Diabo não caiu só. Outros anjos caíram com ele, envolvidos na conspiração (cf. 2 Pe 2.4). Na visão apocalíptica, o adversário de Deus ainda terá ação mais terrível sobre a Terra, quando for precipitado sobre o planeta, no período da Grande Tribulação: "E foi precipitado o grande dragão, a antiga serpente, chamada o diabo e Satanás, que engana todo o mundo; ele foi precipitado na terra, e os seus anjos foram lançados com ele" (Ap 12.9). Naquele tempo, a Igreja de Jesus não estará mais na terra (1 Ts 1.10).

2. A REBELIÃO DO HOMEM

Saindo da esfera celestial, Deus quis executar outro projeto divino: Primeiro, criou o universo, *o macrocosmo,* com bilhões de corpos celestes, planetas e estrelas. Dentre esses, escolheu o minúsculo planeta Terra, e, nele, resolveu criar um ser, à sua imagem, conforme a sua semelhança, para adorá-lo e servi-lo (Gn 1.1,26,27 e seguintes). Criado o ser humano, homem e mulher, o fez, dotando-o de livre-arbítrio. Condição indispensável para ser semelhante ao Criador. Do contrário, seria um autômato, um teleguiado, irresponsável por suas ações. Desprezando a voz do Criador, o homem preferiu ouvir a voz de Lúcifer. Assim, por Adão, entrou o pecado no mundo, e o pecado passou a todos os homens (Rm 5.12). O pecado é a expressão prática da rebelião contra Deus.

Como conseqüência da rebelião, iniciada nas regiões celestiais, ao que tudo indica, o autor desse conflito procurou atingir o ser, criado à imagem de Deus. No Éden, o primeiro casal foi alcançado pelo germe da rebelião, que se materializou, através da Queda. Aproveitando-se da sensibilidade feminina, Satanás questionou a ordem de Deus numa lisonjeira conversa com a primeira mulher:

> Ora, a serpente era mais astuta que todas as alimárias do campo que o Senhor Deus tinha feito. E esta disse à mulher: É assim que Deus disse: Não comereis de toda árvore do jardim? E disse a mulher à serpente: Do fruto das árvores do jardim comeremos, mas, do fruto da árvore que está no meio do jardim, disse Deus: Não comereis dele, nem nele tocareis, para que não morrais. Então, a serpente disse à mulher: Certametnte não morrereis. Porque Deus sabe que, no dia em que dele comerdes, se abrirão os vossos olhos, e sereis como Deus, sabendo o bem e o mal (Gn 3.1-5).

Aí, temos o primeiro diálogo entre um ser humano e o tentador. Lamentavelmente, o resultado não foi favorável ao ser criado. Dele, resultou a maior tragédia que poderia ter acontecido ao homem e ao planeta Terra. Em vez de guardar no coração a voz de Deus, o ser humano preferiu ouvir a voz do Diabo. A mulher, sensível à curiosidade, resolveu experimentar o fruto proibido. Usando seu poder de influência sobre o marido, dividiu com ele a desobediência a Deus, que foi o primeiro pecado cometido na Terra. E teve início a mais terrível rebelião contra o Ser Supremo. As repercussões, e o alcance desse fato, de natureza espiritual, têm tido reflexos ao longo da História: violência, mortes, guerras, fomes, pestes, injustiças, idolatria, feitiçaria, tragédias naturais, doenças, e outros males sem conta.

a) A contenda contra Deus

O ser humano, em sua condição pecaminosa, desde o Éden, está em constante contenda contra Deus. Mas a Bíblia reverbera: "Ai daquele que contende com o seu Criador, caco entre outros cacos de barro! Porventura, dirá o barro ao que o formou: Que fazes? Ou a tua obra: Não tens mãos?" (Is 45.9) Há uma tendência no ser humano, em sua insensatez, de negar a existência de Deus pelo fato de haver tragédias naturais. É prova da completa ignorância sobre seu Ser e sobre sua forma de relacionar-se com os homens. É desconhecer que o homem tem o livre-arbítrio para fazer, ou deixar de fazer o que lhe vier à mente. Mas tem responsabilidades, que lhe são conferidas pelo Criador (Lm 3.39).

b) A origem dos males

O sofrimento, as injustiças, e outros males não têm origem no Deus da Bíblia, pois Deus é Amor (1 Jo 4.16). A Bíblia diz, indagando: "De que se queixa, pois, o homem vivente? Queixe-se cada um dos seus pecados" (Lm 3.39). As tragédias são conseqüências naturais do que o homem praticou, desprezando o Criador. Quem, ao longo dos séculos, causou os desequilíbrios ecológicos, incluindo o temível "efeito estufa", que provoca aumento da temperatura no planeta, e pode fazer subir o nível dos mares? Quem tem agredido a natureza, destruindo as florestas, poluindo o ar atmosférico? Quem, na ânsia de ter mais, tem poluído o solo, e os rios? Todos sabem: O próprio homem, contrariando os princípios de Deus para uma vida feliz. As tragédias têm origem na rebelião do homem contra Deus. Elas cessarão, um dia, quando Deus intervier no planeta, de modo definitivo e eterno.

Diz o Apocalipse: "E iraram-se as nações, e veio a tua ira, e o tempo dos mortos, para que sejam julgados, e o tempo de dares o galardão aos profetas, teus servos, e aos santos, e aos que temem o teu nome, a pequenos e a grandes, *e o tempo de destruíres os que destroem a terra*" (Ap 11.18; grifo meu). Jesus previu que até os salvos, escolhidos por Deus, por causa de sua fé em Cristo, como Salvador, podem ser vítimas do perigoso engano do pecado (Mt 24.24). "Sede sóbrios, vigiai, porque o diabo, vosso adversário, anda em derredor, bramando como leão, buscando a quem possa tragar" (1 Pe 5.8).

II – POR QUE O HOMEM NÃO ACEITA O DEUS DA BÍBLIA?

1. O DEUS DA BÍBLIA EXIGE ODEDIÊNCIA E SANTIDADE

Nos itens anteriores, já temos as pistas para a resposta a essa questão. O Deus da Bíblia é o Deus pessoal. É o Deus que não apenas criou o homem, mas exige que este obedeça as suas leis e exige santidade (1 Pe 1.14,15). Ele é o Senhor, Soberano sobre todas as coisas. E a natureza humana corrompida pelo pecado faz com que o homem rebelado não queira submeter-se à soberania de Deus. Desde a infância, "a imaginação do coração do homem é má" (Gn 8.21). O Deus da Bíblia é o Deus de Justiça (Jeová-Tsidkenu). Em sua condição pecaminosa (natural), o homem não entende as coisas do Deus da Bíblia (1 Co 2.14); além disso, o Diabo cegou o entendimento para que não percebam a luz do evangelho (2 Co 4.4). O Adversário usa as religiões, as heresias, as seitas, a educação, a cultura, o lazer, a tecnologia, a ciência, e todas as estruturas econômicas, sociais, políticas, e de toda a ordem, para afastar as pessoas do Deus da Bíblia.

A Nova Era, que é mistura de filosofia, religião, cultura, outras manifestações espirituais, defende a idéia de um "deus impessoal", uma "força cósmica", uma "inteligência superior", que libera o homem de restrições ou prescrições éticas ou morais, perante o Ser Supremo. O ocidente está impregnado da filosofia do budismo, do hinduísmo, e de outras religiões, originárias do Oriente, porque essas não difundem a idéia do pecado pessoal contra um Deus Pessoal. A Bíblia diz: "Porque todos pecaram e destituídos estão da glória de Deus" (Rm 3.23); "Pelo que, como por um homem entrou o pecado no mundo, e pelo pecado, a morte, assim também a morte passou a todos os homens, por isso que todos pecaram" (Rm 5.12). Não aceitando a existência de Deus, os materialistas rejeitam a sua Palavra, não permitindo serem alcançados pela graça salvadora, por meio de Cristo Jesus (Ef 2.8,9).

2. A AÇÃO DO ESPÍRITO DO ANTICRISTO

O Anticristo ainda não está no mundo, mas muitos de seus seguidores já se encontram em plena atividade, realizando sua obra satânica de oposição a Cristo, como revela a sua designação. Por isso mesmo é que a Bíblia, em sua mensagem profética e denunciadora das ações do mal, já faz referência, há muitos séculos, da presença dos agentes do futuro governante mundial, durante a Grande Tribulação. Diz o apóstolo João: "Filhinhos, é já a última hora; e, como ouvistes que vem o anticristo, também agora muitos se têm feito anticristos; por onde conhecemos que é já a última hora" (1 Jo 2.18).

A obra do anticristo, através dos "anticristos", é destruir ou desconstruir todo o arcabouço do edifício do cristianismo, edificado pela Igreja do Senhor Jesus Cristo. Nessa desconstrução, ele usa as armas solertes do engano, da perfídia, e da mistificação, principalmente por meio da falsa ciência.

No Século XX, o espírito do anticristo usou uma das mais terríveis perseguições contra Deus, que foi o comunismo. Mas este foi varrido desde a pátria onde nasceu, e lançado na lata do lixo da História. Mais ainda, de forma mais agressiva e virulenta, no Século XXI, a rebelião contra Deus, assume outra forma, insidiosa, através do liberalismo e do relativismo moral, em que os absolutos de Deus são rejeitados. Em nome de um falso pluralismo, e do "respeito às diferenças", o Diabo está usando políticos, ou legisladores, para, por meio de "leis injustas" (Is 10.1), impedirem a livre manifestação da fé e da crença na Palavra de Deus. É uma das mais solertes perseguições. Não usa a espada, a forca, ou o fuzilamento, mas usa a espada da "deusa da Justiça", para sufocar a propagação do evangelho de Cristo Jesus, atendendo aos clamores dos que se rebelam contra Deus.

Há países, na Europa, em que um pastor não pode mais pregar, usando textos bíblicos que consideram o homossexualismo abominação a Deus (Lv 18.22; 20.13; Rm 1.27; 1 Tm 1.10). Pior ainda: há países em que não se pode sequer *ler* os textos bíblicos que condenam a prática homossexual. Pode-se perceber a astúcia da "antiga serpente". Defende o "pluralismo", mas não admite opinião contrária a suas idéias; defende o "respeito às diferenças", desde que não se discorde de suas práticas pecaminosas. Na verdade, não quer respeito a quem é diferente por discordar de seus pecados. Só quer diferentes que concordem, aceitem, ou silenciem, diante de suas abominações, à luz da Bíblia. É a rebelião contra Deus. É o espírito do anticristo preparando-se para o bote maior da antiga serpente contra o cristianismo. Graças a Deus que toda essa ação maligna já tem a devida resposta prevista pelo Rei dos reis e Senhor dos senhores. "As portas do inferno não prevalecerão" (Mt 16.18).

No Brasil, tramita um "Projeto de Lei", que concede aos homossexuais direitos superiores a quaisquer pessoas, ameaçando com a prisão a quem discordar de seu estilo pecaminoso de vida, contrária à lei de Deus. Um dos alvos mais visados é a Igreja de Jesus. Se for aprovado o famigerado projeto, de origem satânica, certamente pastores serão presos, se tentarem exercer o direito de crença e de opinião, assegurado pela Carta Magna do Brasil. Pretende-se implantar uma verdadeira ditadura, que institui o famigerado *crime de opinião,* a exemplo do que fizeram os piores ditadores, como Stalin, Pol Pot, ou Mao-Tsé-Tung, que lançaram na prisão milhões de pessoas, só por discordarem de suas doutrinas abomináveis. É a rebelião contra Deus, que, a cada dia, assume feições mais insidiosas e perniciosas.

3. O FUNDAMENTO ATEÍSTA

Terrível, desesperada, desrespeitosa, afrontosa, e soberba, é a perseguição do fundamentalismo ateu, sobretudo nos dias atuais. É a expressão intelectual, com base na ciência materialista, da rebelião contra Deus, contra o Deus da Bíblia. Como filhos do Iluminismo, do Século XVIII, Voltaire, Montesquieu, Diderot, e outros, épocas após, como Karl Marx, Sigmund Freud, Heidegger, Jean Paul Sartre, Bertrand Russel e outros, todos se uniram, em suas idéias e seus escritos, para destruir os postulados da fé em Deus. A filosofia tornou-se o martelo, usado pelo Diabo, para esmigalhar as religiões, com propósito especial contra o cristianismo.

Cientistas modernos, materialistas, adeptos e devotos de Charles Darwin, o formulador da Teoria da Evolução, pretendem destruir todo o ensino doutrinário sobre Deus, a Criação, a origem da vida, do homem, e da fé, com base na Palavra de Deus. O biólogo Richard Dawkins, em seu livro *Deus, Um Delírio,* trata a Bíblia como um livro espúrio e perigoso, e procura (em vão) demonstrar que Deus é um mito. Não é novidade. O Diabo já usou, antes dele, muitos cientistas soberbos para divulgar o ateísmo. O que há de novo, na exposição verborrágica desse estudioso de animais, é que se lança como o cruzado, ou sumo-sacerdote do fundamentalismo ateu. Ele propõe o fim da idéia de Deus, e de todas as religiões. Inspirado nos motivos que levaram terroristas islâmicos destruírem as "torres gêmeas", em 11 de setembro de 2001, afirma que as religiões promovem guerras, e motivou-se a escrever contra tudo o que diz respeito a Deus. Tornou-se um terrorista contra a fé. Ele é o "Osama Bin Laden" do ateísmo no Século XXI.

Michel Onfray é um filósofo francês, de 48 anos, discípulo de Darwin, e admirador de Friedrich Nietzsche, que se considerava um anticristo (morreu louco). Criou uma "universidade popular", em Caen, com o objetivo maior de defender a destruição de todas as religiões. Ele diz que "só o homem ateu pode ser livre, porque Deus é incompatível com a liberdade humana [...] se Deus existe, eu não sou livre; por outro lado, se Deus não existe, posso me libertar".[1] Sua influência na França e na Europa tem aumentado. Na França, quase ninguém mais vai às igrejas. Apenas 7% dos ingleses freqüentam algum tipo de culto. A Inglaterra, berço de avivamentos cristãos, é considerada, hoje, uma nação pós-cristã.

A rebelião contra Deus terá sucesso? Só por um pouco de tempo. Diz o Apocalipse: "Pelo que alegrai-vos, ó céus, e vós que neles habitais. Ai dos que habitam na terra e no mar! Porque o diabo desceu a vós e tem grande ira, *sabendo que já tem pouco tempo*" (Ap 12.12; grifo meu). Disse Jesus: "edificarei a minha igreja, e as portas do inferno não prevalecerão contra ela" (Mt 16.18). A Bíblia já previu esse tipo de atitude contra Deus. "Quem é o mentiroso, senão aquele que nega que Jesus é o Cristo? É o anticristo esse mesmo que nega o Pai e o Filho" (1 Jo 2.22); " Amados, não creiais em todo espírito, mas provai se os espíritos são de Deus, porque já muitos falsos profetas se têm levantado no mundo. Nisto conhecereis o Espírito de Deus: todo espírito que confessa que Jesus Cristo veio em carne é de Deus; e todo espírito que não confessa que Jesus Cristo veio em carne não é de Deus; mas este é o espírito do anticristo, do qual já ouvistes que há de vir, *e eis que está já no mundo*" (1 Jo 4.1-3; grifo meu).

III – O FIM DA REBELIÃO CONTRA DEUS

1. A VITÓRIA DE CRISTO NA CRUZ

A rebelião contra Deus tem dia e hora marcados para terminar. Satanás é um Inimigo vencido. E sua derrota, prevista no Éden (Gn 3.15), já foi impingida na cruz, quando Jesus deu o brado "está consumado" (Jo 19.30), e ratificada, confirmada e consumada, com a gloriosa res-

---

[1] ONFRAY, Michel. *Deus está nu*. Revista Veja, 25 de maio de 2005, pp. 13-15.

surreição de Cristo de entre os mortos. Jesus venceu o seu arquiinimigo com a sua morte. Diz a Bíblia: "E, visto como os filhos participam da carne e do sangue, também ele participou das mesmas coisas, para que, pela morte, aniquilasse o que tinha o império da morte, isto é, o diabo" (Hb 2.14).

Como um general, guerreiro e vitorioso, Jesus Cristo, o Deus Filho, já proclamou sua vitória final sobre os inimigos da Igreja: "E, despojando os principados e potestades, os expôs publicamente e deles triunfou em si mesmo" (Cl 2.15; Ef 6.12).

2. A VITÓRIA DA IGREJA

Conforme escrevi no livro *Perigos da Pós-modernidade*, a "Igreja do Senhor Jesus Cristo, ao longo de sua história, sempre foi alvo das 'portas do inferno'".[2] Com sua presença, aqui, na Terra, a ação do Diabo foi violenta, no sentido de frustrar o plano de Deus para a salvação do homem, atingido pelo pecado. A promessa de redenção, feita no Éden, foi de todas as formas obstaculizada a fim de que a humanidade não tivesse mais saída para o grave transtorno da desobediência a Deus.

O Comunismo, regime político e econômico, de inspiração materialista, resolveu acabar com a Igreja, dizendo que a religião (cristã) seria "o ópio do povo". Mas "as portas do inferno", através de Marx, Engels, Lenine, Mao Tse-Tung, Fidel Castro, e outros, títeres do Diabo, não prevaleceram contra a Igreja. O Comunismo só se mantém de pé, cambaleante, em poucos países, onde seus ditadores têm o apoio do Ocidente. Mas, mesmo ali, a Igreja do Senhor prossegue, viva, atuante, rumo a seu destino, que é chegar ao céu, na eternidade, vitoriosa pelo poder do Nome e do Sangue de Jesus![3]

A luta da Igreja é combater a rebelião contra Deus. É a luta pela fé, concedida aos santos. Diz Judas: "Amados, procurando eu escrever-vos com toda a diligência acerca da comum salvação, tive por necessidade escrever-vos e exortar-vos a batalhar pela fé que uma vez foi dada aos santos" (Jd 3). Essa batalha, de caráter espiritual, exige a participação de todos, e de cada cristão, usando as armas espirituais à sua disposição, mesmo "porque não temos que lutar contra carne e sangue, mas,

---

[2] LIMA, Elinaldo Renovato de. *Perigos da Pós-modernidade* (CPAD), p. 114.

[3] Ibid. p. 118.

sim, contra os principados, contra as potestades, contra os príncipes das trevas deste século, contra as hostes espirituais da maldade, nos lugares celestiais" (Ef 6.12).

A Igreja tem vitória garantida, com absoluta certeza, sobre os inimigos de Cristo. Ele disse: "[...] edificarei a minha igreja, e as portas do inferno não prevalecerão contra ela" (Mt 16.18). As armas usadas pela Igreja podem parecer ineficientes, ante o sofisticado arsenal do adversário, com apoio de intelectuais, juristas, professores, universitários, governantes, e forças da sociedade organizada, sob influência do Diabo. Diz a Palavra de Deus: "Na verdade, que já os fundamentos se transtornam; que pode fazer o justo?" (Sl 11.3) Parece que não há solução. O mal parece prevalecer. Os ímpios parecem estar levando vantagem contra a Igreja. Na Europa, como citamos antes, não se podem ler certos trechos da Bíblia, que condenam a prática homossexual. Já há casos de pastores que foram presos por ministrarem a Palavra de Deus.

Os fundamentos morais estão transtornados. Mas a Bíblia diz: "Quem é esta que aparece como a alva do dia, formosa como a lua, brilhante como o sol, formidável como um exército com bandeiras?" (Ct 6.10) O texto se refere à esposa do Rei Salomão, em sua versão original. No entanto, é uma antevisão profética da beleza da Igreja de Jesus, vitoriosa contra seus inimigos. João viu, no Apocalipse, a Noiva do Cordeiro, triunfante, contra os inimigos de Deus:

> E, depois destas coisas, ouvi no céu como que uma grande voz de uma grande multidão, que dizia: Aleluia! Salvação, e glória, e honra, e poder pertencem ao Senhor, nosso Deus, porque verdadeiros e justos são os seus juízos, pois julgou a grande prostituta, que havia corrompido a terra com a sua prostituição, e das mãos dela vingou o sangue dos seus servos (Ap 19.1,2).

3. A VITÓRIA FINAL

Não obstante, a vitória de Cristo, na cruz, sobre o Adversário, ele continua a agir, sob permissibilidade de Deus. Sem dúvida alguma, para que os homens sejam provados (tentados) em suas atitudes e ações, em relação ao seu posicionamento quanto à aceitação, ou não, da soberania de Cristo. Jesus ou Barrabás? Os judeus escolheram Barrabás, ladrão e homicida (Mt 27.17-21)! Deus ou o Diabo? A maioria dos habitantes do planeta, no tempo presente, está escolhendo ficar do lado da rebelião contra Deus. Do lado de Satanás! Nada ocorre sem a permissão de Deus.

Mas os homens são responsáveis por suas ações, no âmbito do livre-arbítrio que lhes foi concedido pelo Criador (Rm 14.12; Mt 16.17).

Os materialistas estão crescendo em número e poder humano. Os ateístas estão cada vez mais virulentos contra Deus. E, nas escolas, nas faculdades, nas universidades, nas academias, nos "templos do saber", a rebelião contra Deus encontra mais adeptos. Os filósofos modernos não são apenas pessoas descrentes acerca de Deus, em suas "filosofias vãs e sutilezas" (Cl 2.8). Eles estão arregimentados em guerra total "contra tudo que se chama Deus" (2 Ts 2.4). Mas Deus não precisa do apoio dos homens para vencer a rebelião universal. Ele já é vencedor eternamente!

Contudo, mesmo sendo vencedor eternamente, Deus tem dado permissão à rebelião. Até o momento certo, na História, quando Ele intervirá, de modo avassalador e final. A Bíblia nos mostra essa vitória do Soberano do universo de modo claríssimo e incontestável: "E destes profetizou também Enoque, o sétimo depois de Adão, dizendo: Eis que é vindo o Senhor com milhares de seus santos, para fazer juízo contra todos e condenar dentre eles todos os ímpios, *por todas as suas obras de impiedade que impiamente cometeram e por todas as duras palavras que ímpios pecadores disseram contra ele*" (Jd 14,15; grifo meu).

Diz Horton: "Por que a derrota final das forças satânicas precisa ser adiada até que o senhorio de Deus o vença mediante o triunfo de Cristo e de uma Igreja revestida pelo poder do Espírito Santo?"[4] A vitória final parece tardar. Mas, no *kairós* (tempo) de Deus, todas as forças da rebelião contra Ele serão esmagadas. Diz Paulo: "E o Deus de paz esmagará em breve Satanás debaixo dos vossos pés. A graça de nosso Senhor Jesus Cristo seja convosco. Amém!" (Rm 16.20) A vitória de Cristo será tão grande, que Deus zombará dos rebeldes: "Aquele que habita nos céus se rirá; o Senhor zombará deles" (Sl 2.4). João teve a revelação de modo mais abrangente e glorioso:

> E o diabo, que os enganava, foi lançado no lago de fogo e enxofre, onde está a besta e o falso profeta; e de dia e de noite serão atormentados para todo o sempre. E vi um anjo que estava no sol, e clamou com grande voz, dizendo a todas as aves que voavam pelo meio do céu: Vinde e ajuntai-vos à ceia do grande Deus, para que comais a carne dos reis, e a carne dos tribunos, e a carne dos fortes, e a carne dos cavalos e dos que sobre eles se assentam, e a carne de todos os homens, livres e servos,

---

[4] HORTON, Stanley M. *Teologia Sistemática* (CPAD), p. 208.

pequenos e grandes. E vi a besta, e os reis da terra, e os seus exércitos reunidos, para fazerem guerra àquele que estava assentado sobre o cavalo e ao seu exército. E a besta foi presa e, com ela, o falso profeta, que, diante dela, fizera os sinais com que enganou os que receberam o sinal da besta e adoraram a sua imagem. Estes dois foram lançados vivos no ardente lago de fogo e de enxofre. E os demais foram mortos com a espada que saía da boca do que estava assentado sobre o cavalo, e todas as aves se fartaram das suas carnes (Ap 20.10; 19.17-21).

Não há uma rebelião contra os deuses do budismo, ou contra os mais de trezentos milhões de deuses do hinduísmo. Não há uma rebelião contra os deuses do ocultismo, que tem encontrado grande aceitação, no Brasil, e nos demais países do mundo. Mas há uma rebelião, e uma guerra declarada contra Deus, o Criador dos Céus e da Terra; contra Jesus Cristo, o Salvador do Mundo, e contra a Sua Igreja, "A Noiva do Cordeiro".

A razão é percebida com clareza. Os falsos deuses das religiões, da Nova Era, da "Grande Babilônia", do ocultismo, da idolatria, não combatem o pecado, o Diabo, o mundo e a carne. O Deus da Bíblia é o Deus da santidade, que diz: "Como filhos obedientes, não vos conformando com as concupiscências que antes havia em vossa ignorância; mas, como é santo aquele que vos chamou, sede vós também santos em toda a vossa maneira de viver, porquanto escrito está: Sede santos, porque eu sou santo" (1 Pe 1.14,15). O Exército de Deus, na Terra, para fazer frente à rebelião do Diabo e dos homens materialistas é a Igreja de nosso Senhor Jesus Cristo. Vigiemos e oremos, pois o Adversário brama como um leão, buscando a quem tragar (1 Pe 5.8).

8
A BÍBLIA É A PALAVRA DE DEUS

Seca-se a erva, e caem as flores, mas a palavra de nosso Deus subsiste eternamente (Is 40.8).

A Bíblia não apenas a contém, mas Ela é a Palavra de Deus, que comunica ao homem sua vontade, seu amor e salvação. Desde o início da Criação, no Éden, o Diabo tem procurado desqualificar a Palavra de Deus, fazendo com que os homens creiam que Ela não passa de mensagem de origem humana, ou sem o valor com que Ela mesma se apresenta. Na tentação, o Adversário levou a mulher a crer que o que Deus dissera não deveria ser levado a sério. Deus ordenou que o homem deveria obedecer a sua Palavra, não tocando na árvore da ciência do bem e do mal, que se constituía num meio de prova de fidelidade do homem ao seu Criador, considerando que lhe fora concedido o livre-arbítrio, a fim de que o mesmo pudesse justificar ser imagem, conforme a semelhança de Deus.

Ali, houve o primeiro teste de Deus para com o ser humano. "Então, a serpente disse à mulher: Certamente não morrereis" (Gn 3.4). Mas a mulher caiu na tentação, enganada pelo adversário (1 Tm 2.14); certamente, usando sua influência sobre o esposo, levou-o a participar da Queda. O Diabo conseguiu fazer com que o ser criado não aceitasse a Palavra de Deus.

Ao longo dos séculos, Deus sempre quis – e quer –, comunicar-se com o homem. A princípio, falando diretamente com o ser criado. Depois da Queda, embora à distância, Deus sempre quis falar ao homem, transmitindo sua vontade, divina e soberana. De três formas, Deus sempre comunicou-se com o homem.

Primeiro, através de si mesmo, do próprio homem. Podemos dizer que Deus se revela através da constituição do ser humano, "porquanto o que de Deus se pode conhecer *neles se manifesta*, porque Deus lho manifestou" (Rm 1.19). Sem querer forçar a interpretação, podemos entender que a expressão "neles" significa no seu interior, quando o homem expressa um olhar introspectivo, e, através da sua consciência, percebe os vislumbres do Criador dentro de si. Paulo diz, referindo-se aos ímpios, ou aos que não ouviram o evangelho: "Os quais mostram a obra da lei escrita no seu coração, testificando *juntamente a sua consciência e os seus pensamentos*, quer acusando-os, quer defendendo-os" (Rm 2.15; grifo meu).

Em segundo lugar, através da natureza: "Porque as suas coisas invisíveis, desde a criação do mundo, tanto o seu eterno poder como a sua divindade, se entendem e claramente se vêem pelas coisas que estão criadas, para que eles fiquem inescusáveis" (Rm 1.20). É a revelação natural, já vista em capítulo anterior. Deus sempre falou pela natureza. Diz o salmista: "Os céus manifestam a glória de Deus e o firmamento *anuncia* a obra das suas mãos. Um dia *faz declaração* a outro dia, e uma noite *mostra sabedoria* a outra noite. *Sem linguagem, sem fala, ouvem-se as suas vozes* em toda a extensão da terra, *e as suas palavras*, até ao fim do mundo" (Sl 19.1-4; grifos meus).

Antes de haver a palavra escrita, Deus transmitiu sua palavra ao homem de forma visual (pela natureza) e de forma oral. Começou com Adão, com Eva, e com sua descendência. Depois, falou aos patriarcas, a Noé e seus descendentes; a Abraão, Isaque e Jacó, e suas descendências. Na grande jornada, no Egito, Deus falou aos filhos de Jacó. No cativeiro, clamaram a Deus, e Ele enviou Moisés para libertá-los, e conduzi-los pelo terrível deserto à terra de Canaã.

Em terceiro lugar, foi com Moisés que Deus começou a comunicar-se com o homem através da mensagem escrita, mostrando-lhe a sua vontade e, principalmente, o plano de salvação para o homem caído.

O adversário de Deus procura desacreditar a sua Palavra, proclamando a mensagem contrária à verdade, espalhando a idéia de que a Bíblia apenas *contém* a Palavra de Deus, mas não *é* a Palavra de Deus. Neste estudo, temos um breve resumo de bibliologia, e uma análise consistente quanto ao valor da Bíblia, como a inerrante, inspirada e revelada Palavra de Deus.

I – A TRANSMISSÃO DA BÍBLIA

Como a Bíblia chegou até nós, na forma que a conhecemos? Em qualquer lugar do mundo, é possível alguém ter acesso à Bíblia, na forma de livro. Nos países totalitários, é mais difícil ter em mãos o Livro Sagrado, mas há sempre alguém, usado por Deus, que consegue infiltrar "esse material perigoso", que pode destruir as fortalezas do mal. Graças a Deus, na maioria dos países, o livro divino tem livre curso, em livrarias, bibliotecas, através de colportores, de publicadoras e editoras, sendo, de longe, o livro mais publicado, e mais lido, em todo o mundo. A Bíblia já foi escrita em mais de 1600 línguas e dialetos. Porém há mais de 4.000 línguas em que a mesma ainda não foi traduzida. Esse é um enorme desafio para a Igreja do Senhor Jesus.

1. A TRANSMISSÃO ORAL

Um milagre de Deus! Nos tempos mais antigos, conforme os registros do Antigo Testamento, Deus comunicou-se com o ser humano de forma oral e visual. Depois de reunir os seres celestiais para criar o homem, à sua imagem e semelhança, executou o ato criador, formando o ser masculino das substâncias químicas que há no pó da Terra, ou na argila; e a mulher, de uma parte do homem, a costela (Gn 1.27; 2.21-23). Algo que pareceu ridículo, durante muitos séculos. Mas, hoje, com o avanço da ciência, sabe-se que, através da clonagem, é possível replicar animais, e os homens já teriam condições de clonar um ser humano. Deus não fez clonagem, nem criou a mulher, fazendo uma cópia do homem. Mas fez um novo ser, semelhante ao primeiro, porém com diferenças marcantes em sua estrutura emocional e física.

A primeira comunicação oral do criador com o homem:

> E Deus os abençoou e Deus lhes disse: Frutificai, e multiplicai-vos, e enchei a terra, e sujeitai-a; e dominai sobre os peixes do mar, e sobre as aves dos céus, e sobre todo o animal que se move sobre a terra. E

disse Deus: Eis que vos tenho dado toda erva que dá semente e que está sobre a face de toda a terra e toda árvore em que há fruto de árvore que dá semente; ser-vos-ão para mantimento. E a todo animal da terra, e a toda ave dos céus, e a todo réptil da terra, em que há alma vivente, toda a erva verde lhes será para mantimento (Gn 1.28-30).

Na seqüência dos fatos bíblicos, narrados no Gênesis, vemos Deus comunicando-se oralmente com o homem. O Criador adverte o homem, mostrando-lhe um meio de prova, que foi a "árvore da ciência do bem e do mal", e ordenando-lhe que dela não comesse (Gn 2.17), enquanto desfrutasse de toda a abundância do Éden (Gn 2.16). Mas o homem preferiu ouvir a voz da serpente – o Diabo; e esqueceu a voz de Deus. Com a Queda, Deus voltou a comunicar-se com o homem, levando a mensagem do juízo sobre o pecado (Gn 3.9-19).

1) Período antediluviano (4004-2348 a.C.)

É interessante salientar que a transmissão oral, no período antediluviano, abrangendo 1656 anos, envolve o que foi escrito nos capítulos 1 a 5 do Gênesis, de Adão até o dilúvio. Período em que Deus revelou ao escritor sagrado os fatos envolvendo a origem de todas as coisas; a criação do homem e dos demais seres vivos; o crescimento e o desenvolvimento do homem em seus primórdios; a evolução do pecado e a corrupção geral do gênero humano, que culminou com o juízo de Deus sobre a humanidade.

A comunicação oral e direta com o homem foi interrompida. Mas Deus continuou a falar com os primeiros habitantes do planeta. Durante cerca de 930 anos, Adão transmitiu a Palavra de Deus a Lameque, pai de Noé; e conviveu com o patriarca do Dilúvio por cerca de 56 anos; o primeiro homem conviveu com o filho de Noé por cerca de 90 anos; "Noé foi contemporâneo de sete gerações antediluvianas e de onze pós-diluvianas, assim vivendo durante 58 anos da vida curta do patriarca Abraão, e morreu 17 anos antes da saída dele para a terra da promessa".[1]

2) Do dilúvio a Abraão (2348-1921 a.C)

Esse período abrange 427 anos. A comunicação oral de Deus é relatada nos capítulos 6 a 11 do Gênesis. Deus derramou tremendo

---

[1] MEIN, John. *A Bíblia como Chegou até nós*, p. 14.

juízo sobre a humanidade de então, por causa de sua pecaminosidade, e preservou com vida apenas oito pessoas: Noé, sua esposa, os três filhos, Sem, Cão e Jafé, e suas três noras.

Uma leitura paciente da Bíblia mostra-nos que Abraão transmitiu a Palavra de Deus oralmente a Isaque e ao seu neto Jacó, ao menos até quando este tinha 14 anos, quando passou para a eternidade. Jacó transmitiu a Isaque e a seus netos; Coate passou os fatos a Anrão; este a seu filho, Moisés. E Moisés, bem informado e inteirado acerca dos fatos, transmitidos por seus pais, ficou em condições de cumprir a ordem de Deus para que fosse o primeiro escritor humano da Palavra ou da Bíblia Sagrada. "Então disse o Senhor a Moisés: *Escreve isto para memória num livro e relata-o aos ouvidos de Josué*" (Êx 17.14a; grifo meu).

Resumindo, podemos anotar que, desde o dia em que Deus falou a Adão (Gn 1.28), até o tempo em que Deus mandou Moisés escrever a mensagem (Êx 17.14), houve apenas oito homens encarregados dessa transmissão oral ao longo de seus anos de vida! Adão (930 anos) falou a Lameque (777 anos); este, a Noé (950 anos); este, a Abraão (175 anos); este, a Isaque (180 anos); este a Jacó (147 anos); este a Coate (133 anos); este a Anrão (137 anos) e este a Moisés (120 anos). Nesses números, temos o tempo de vida dos personagens. Um estudo cronológico mostra que muitos deles conviveram por longos períodos de suas vidas. Mas, não resta dúvida de que a transmissão oral da Palavra de Deus, ao longo de séculos, foi um verdadeiro milagre. Certamente, os "homens-livros" tinham uma mente prodigiosa, saudável, e capaz de reter as informações recebidas de geração em geração. Contudo, foi a mão de Deus que assegurou a fidelidade da mensagem oral transmitindo sua vontade ao ser humano.

2. A TRANSMISSÃO ESCRITA DA BÍBLIA

Findo o período da transmissão oral, teve início o período da transmissão escrita da Palavra do Senhor. Do milagre da transmissão oral, de modo fidedigno, passou-se ao milagre da transmissão escrita, com fidelidade e segurança. Alguém pode argumentar que escrever não envolve nenhum milagre. De fato, isso é verdadeiro quando se trata de escrever mensagens meramente humanas. Mas, ao longo de 1600 anos, a Palavra de Deus foi reunida na Bíblia, nos chamados "livros canônicos", de uma forma toda especial, com uma impressionante harmonia. Isso nos leva a concluir que a vontade divina predominou sobre a mente dos cerca de 40 autores, que escreveram os livros da Bíblia em lugares diferentes, e em tempos distintos. Deus efetuou a primeira escrita. Poucas palavras. Poucas linhas. Mas, na mensagem escrita pelo dedo de Deus, estava o resumo de toda a sua vontade para o ser humano viver bem sobre a Terra.

1) Deus, o escritor divino

No Monte Sinai, Deus foi o primeiro escritor da sua Palavra. "E deu a Moisés (quando acabou de falar com ele no monte Sinai) as duas tábuas do Testemunho, tábuas de pedra, *escritas pelo dedo de Deus*" (Êx 31.18; 32.16; Dt 4.13; Dt 10.4; grifo meu). Ali, foi dado o Decálogo, no qual toda a ética do Antigo e Novo Testamentos, estava resumida de forma eloqüente e poderosa.

2) Moisés, o primeiro escritor humano

Depois, Deus mandou Moisés escrever num livro orientações a seu sucessor, Josué: "Então disse o Senhor a Moisés: *Escreve isto para memória num livro e relata-o aos ouvidos de Josué*" (Êx 17.14a; grifo meu). Moisés tornou-se, certamente, o primeiro escritor humano da Palavra de Deus. A transmissão verbal, sem dúvida, estava causando problemas, pois a mente humana, antes prodigiosa, passava por constantes desgastes, por causa do pecado. A longevidade diminuía, à proporção que o pecado aumentava, corrompendo a vida, a saúde e o vigor mental do ser humano. "E Moisés *escreveu* todas as palavras do Senhor" (Êx 24.4; grifo meu). O que Moisés escreveu tornou-se o livro da Lei, colocado ao lado da "arca do concerto do Senhor" (Dt 31.26).

Deus, que é sábio, resolveu transmitir sua Palavra por meio da escrita. Assim, começou a chamada "revelação especial" que, tempos depois, foi consubstanciada na Bíblia Sagrada, com a reunião dos livros chamados "canônicos". Deus quis que os salvos cressem nele, "pela palavra de Deus, viva e que permanece para sempre" (1 Pe 1.23a). Certo pensador disse que "Deus fez de homens livros" antes de dar livros aos homens. Sendo Moisés elevado à condição de escritor, findou a transmissão oral da Palavra de Deus. E teve início a transmissão escrita, o que se tornou a maior bênção, para a humanidade, visto que o homem pôde e pode ter acesso às verdades, constantes da Palavra de Deus.

III – COMO OS LIVROS DA BÍBLIA FORAM SELECIONADOS

1. A BIBLIOTECA DIVINA

Hoje, temos a Bíblia, com seus 66 livros, constituindo uma verdadeira biblioteca divina. Desde o Gênesis, o primeiro livro, até o último, o Apocalipse, passaram-se cerca de 1600 anos para serem escritos. Quarenta homens foram usados por Deus para reunir as mensagens recebidas da parte do Senhor. Os incrédulos argumentam que a Bíblia foi escrita por homens, que cometeram muitas falhas, ao escrevê-la. Os críticos da Bíblia dizem que Ela não passa de um livro, cheio de estórias, e até de lendas. Há escritores, evangélicos que atendendo os pressupostos da análise bíblica, através do "método científico", lançam descrédito total sobre a autoria divina da Bíblia.

Guerring, em seu livro *Deus em Um Mundo Novo*, diz:

> A autoria dos livros tornou-se um grande problema. A investigação científica demonstrou que muitas das antigas tradições sobre autoria são falsas, muito provavelmente. [...] Nós não podemos especificar com confiança o autor de qualquer um dos trinta e nove livros do Antigo Testamento [...] Lucas pode ser o único escritor do Evangelho que nós podemos realmente saber o nome.[2]

No entanto, as evidências internas, e externas, em relação ao Livro Sagrado, demonstram que seu conteúdo é autenticado pela revelação e pela inspiração das Escrituras. Diz Pedro: "porque a profecia nunca foi produzida por vontade de homem algum, mas os homens santos de Deus falaram inspirados pelo Espírito Santo" (2 Pe 1.21). Como os escritos da Bíblia foram por inspiração divina, podemos afirmar com toda a convicção que Ela, não apenas *contém* a Palavra de Deus, mas que *é* a Palavra de Deus, divina, inspirada, revelada e inerrante. E que seus escritores humanos foram "homens santos", que falaram "inspirados pelo Espírito Santo".

2. O CÂNON BÍBLICO

Em termos etimológicos, a palavra *cânon* vem do grego, *kanõn*, que tem o significado de "régua, cana". No sentido bíblico, o cânon é o proces-

---

[2] GUERRING, Lloyd. *Deus em um Mundo Novo*, p. 37.

so histórico, através do qual foram selecionados, dentro de certas "regras", os livros que deveriam ser considerados sagrados ou canônicos, e outros, que ficaram de fora do conjunto de livros que compõem a Bíblia.

1) O cânon do Antigo Testamento

De início, a mensagem bíblica foi passando de geração a geração, por transmissão oral. Somente em 1491 a.C., Moisés recebeu de Deus a ordem para escrever o que ouvira do Senhor, o Pentateuco, terminando seu trabalho, como escritor, em 1451 a.C. A partir daí, houve a transmissão escrita da mensagem de Deus aos homens. E o Antigo Testamento foi completado em aproximadamente 1046 anos, até 445 a.C, de Moisés a Esdras.[3]

Com o passar do tempo, os livros que iam sendo reunidos, foram chamados de "Moisés e os Profetas", "a lei, os profetas e os salmos", expressão que foi usada por Jesus (Lc 24.44). Na reunião dos livros do Antigo Testamento, houve alguns questionamentos. Houve quem dissesse que o livro de Cantares não deveria ser considerado canônico, por ter muitas referências recheadas de sensualidade. O Eclesiastes seria um livro que inspirava pouca fé. Ester não falava no nome de Deus. O Antigo Testamento hebraico não corresponde ao Antigo Testamento que temos em mãos. Aquele contém somente 22 livros, mas com o mesmo conteúdo, visto que alguns livros são reunidos em um só (Êxodo 1 e 2 Samuel). O último livro do Antigo Testamento hebraico é Crônicas, e não Malaquias.

2) O cânon do Novo Testamento

O Novo Testamento foi sendo reunido em seus livros durante cerca de 100 anos. No ano 100 d.C, o cânon do Novo Testamento já estava compilado. O Apocalipse foi escrito em 96 d.C. Os livros que conhecemos, hoje, no Novo Testamento, decorrem da tradução chamada "Vulgata", sem observar a ordem cronológica. A Bíblia inteira, incluindo 400 anos do período interbíblico, levou quase 1600 anos para ser completada. Sem esse período, decorreram 1.142 anos para a formação do cânon.

"A palavra *canon* vem do grego, através do latim, e significa, literalmente, uma vara reta, de onde vem o sentido de *norma, ou regra* em sentido figurado. É o sentido em que a usa Paulo em 2 Coríntios 10.13".[4] No século II, depois de Cristo, passou a ter o sentido de "regra de fé".

---

[3] GILBERTO, Antônio. *A Bíblia Através dos Séculos* (CPAD), p. 61.

[4] CAMARGO, Gonzalo Baez. *Breve História del Cânon Bíblico*, p. 6.

Certamente, foi muito mais difícil reunir os livros considerados canônicos do Novo Testamento, do que os do Antigo Testamento. Os judeus tinham uma autoridade central, que era o sacerdote, e uma autoridade política, que era o rei, e um lugar de adoração, que era o Templo. Tais condições facilitavam, sem dúvida, as informações quanto aos Escritos Sagrados. Mas os cristãos, em termos humanos não tinham uma autoridade nacional, nem um lugar específico de congregação. Após a ascensão de Jesus, eles foram dispersos por muitos lugares, sob fortes perseguições. Com efeito, somente a mão de Deus poderia guiar as mentes dos homens por Ele usados para selecionar, entre tantos, os verdadeiros livros canônicos do Novo Testamento.

No século IV, a literatura patrística passou a usar a expressão "livros canônicos". No Concílio de Laodicéia (363), essa expressão foi utilizada. Atanásio, um dos Pais da Igreja, referia-se a "livros canonizados". Quem utilizou, pela primeira vez, a palavra "canon", como sinônimo de Bíblia, foi Prisciliano (380). Primeiro, a expressão se referia ao Antigo Testamento, e, depois, incluiu o Novo Testamento.

O conceito de canonicidade é associado ao de *inspiração divina*. Desde os primeiros séculos, existe a questão: Os livros da Bíblia são todos inspirados? Por que outros livros não foram incluídos no cânon? A resposta exige fé. Entendem os estudiosos do cânon bíblico que, em meio a uma literatura farta, relativa aos fatos, envolvendo o Antigo Testamento, bem como ao Novo, houve reunião de líderes judeus, e, depois, cristãos, os quais, analisando os livros que lhe chegavam às mãos, os analisavam, e, mediante certos critérios, consideravam uns *canônicos,* e, outros, *deuterocanônicos* (não inspirados ou autênticos).

Cremos que o conjunto dos 66 livros que formam a Bíblia, como a conhecemos hoje, no meio evangélico, integra o *cânon* sagrado. A Bíblia católica possui mais sete livros, não aceitos pelos evangélicos, pois foram considerados apócrifos ou deuterocanônicos. Na formação do cânon sagrado, cremos que houve a direção e a unção do Espírito Santo para que o mesmo viesse a ser a expressão correta da Bíblia, que é a Palavra de Deus.

3. CAPÍTULOS E VERSÍCULOS

As versões mais antigas da Bíblia não continham capítulos e versículos. Somente em 1227, um professor da Universidade de Paris, chamado Stephen Langton se deu ao trabalho de fazer a divisão da Bíblia em capítulos. Em 1551, Robert Stephanus, um impressor parisiense, teve a idéia e efetuou a divisão dos capítulos em versículos.[5]

4. Versões da Bíblia

Nos tempos atuais, há inúmeras versões, bem como traduções da Bíblia Sagrada. Elas são úteis, quando examinadas comparativamente, fornecendo entendimento para o significado dos textos bíblicos.

IV – REVELAÇÃO E INSPIRAÇÃO DA BÍBLIA

1. A inspiração da Bíblia

Para que a Bíblia seja considerada, como de fato o é, a Palavra de Deus, requer a ação sobrenatural sobre sua origem e conteúdo. Ela é inspirada. Por inspiração, entende-se o processo pelo qual "alguns homens, movidos pelo Espírito Santo, enunciaram e escreveram palavras emanadas da boca do Senhor; e, por isso mesmo, palavras dotadas de autoridade divina. É esse processo que contém os três elementos essenciais: a causalidade divina, a mediação profética e a autoridade escrita".[6] Diz Paulo: "Toda Escritura divinamente inspirada é proveitosa para ensinar, para redargüir, para corrigir, para instruir em justiça" (2 Tm 3.16). No grego, a expressão "divinamente inspirada", ou "inspirada por Deus" é *theopneustos,* ou seja, "foi soprada por Deus". O verbo *inspirar*[7] significa introduzir ar nos pulmões, ou soprar para dentro. Biblicamente, Deus "soprou" a palavra na mente dos homens que escreveram os livros sagrados. A seguir, temos algumas características, indicativas de que os livros da Bíblia são inspirados.

1) Causalidade divina. "Deus é a Fonte Primordial da inspiração da Bíblia. O elemento divino estimulou o elemento humano [...] Deus é a fonte principal e a causa primeira da verdade bíblica."

2) Mediação profética. "Os profetas que escreveram as Escrituras não eram autômatos. Eram algo mais que meros secretários preparados para

---

[5] GEISLER, Norman & NIX, Wiliam. *Introdução Bíblica*, p. 9.

[6] Ibid. p. 10.

[7] O contrário de expirar.

anotar o que se lhes ditava [...]. A Bíblia que eles produziram é a Palavra de Deus, mas também é a palavra do homem. Deus usou personalidades humanas para comunicar proposições divinas. Os profetas foram a causa imediata dos textos escritos, mas Deus foi a causa primeira."[8] Diz Pedro: "Sabendo primeiramente isto: que nenhuma profecia da Escritura é de particular interpretação; porque a profecia nunca foi produzida por vontade de homem algum, mas os homens santos de Deus falaram inspirados pelo Espírito Santo" (2 Pe 1.20,21).

3) Autoridade escrita. "O produto final da autoridade divina em operação por meio dos profetas, como intermediários de Deus, é a autoridade escrita de que se reveste a Bíblia [...] A Bíblia é a última palavra no que concerne a assuntos doutrinários e éticos."[9] Está escrito: "Toda Escritura divinamente inspirada é proveitosa para ensinar, para redargüir, para corrigir, para instruir em justiça, para que o homem de Deus seja perfeito e perfeitamente instruído para toda boa obra" (2 Tm 3.16,17).

Há doutrinas erradas acerca da inspiração da Bíblia. Existe a teoria da *inspiração natural* ou *humana,* segundo a qual a Bíblia foi escrita por homens de talento excepcional. Mas a Bíblia refuta essa teoria, pois os escritores sagrados sempre escrevem, demonstrando que Deus fala por eles (ver 2 Sm 23.2; Jr 1.9; Ez 3.16,17; At 1.16; 28.25).

Há a teoria da *inspiração parcial,* que ensina que algumas partes da Bíblia são inspiradas, e outras, não. Assim, Ela *contém* a Palavra de Deus, mas não é a Palavra de Deus. Essa teoria é falsa, conforme 2 Timóteo 3.16 ; Marcos 7.13; João 16.12; Apocalipse 22.18,19.

Outra teoria falsa é a do *ditado verbal,* que diz terem sido os escritores apenas meros autômatos, que recebiam a mensagem como se estivessem *psicografando*. Deus usou homens, respeitando seus estilos, suas personalidades, de modo que escreveram à sua maneira, mas na inspiração divina (Ver Lc 1.1-4).

4) A teoria correta sobre a inspiração da Bíblia. É a chamada *Inspiração Plenária* ou *Verbal*. Segundo esse entendimento, os homens santos de Deus escreveram, utilizando seu estilo, seu vocabulário, mas pela direção sobrenatural do Espírito Santo. Quando o último livro da Bíblia foi escrito, não houve mais tal inspiração plenária. Por isso, nada pode ser acrescentado, ou

---

[8] Ibid. p. 11.

[9] Ibid. p. 11.

diminuído da Palavra de Deus. Por *inspiração verbal*, entende-se que Deus "soprou" (inspirou) as palavras nas mentes dos escritores. Davi disse: "O Espírito do Senhor falou por mim, e a sua palavra esteve em minha boca" (2 Sm 23.2); Paulo disse: "As quais também falamos, não com palavras de sabedoria humana, mas com as que o Espírito Santo ensina, comparando as coisas espirituais com as espirituais" (1 Co 2.13).

Com relação à *inspiração plenária,* indica que o seu conteúdo, ensino, e doutrina, foram plenamente inspirados por Deus. "Toda escritura é divinamente inspirada [...]" (2 Tm 3.16). Isso não quer dizer que todas as palavras foram inspiradas. Ver o item sobre a revelação das Escrituras.

Vale salientar que as fontes originais dos escritos bíblicos foram os *autógrafos*, ou manuscritos originais. Estes foram inspirados por Deus. No entanto, as inúmeras cópias, deles extraídas, bem como as versões e as traduções, muitas vezes modificadas pelos copistas ou tradutores, não podem ser consideradas inspiradas. Somente os livros, ou as versões bíblicas, fiéis aos originais podem ser considerados de inspiração divina. Ou seja, têm *inspiração derivada.*

5) **A inerrância da Bíblia**. Sendo a Bíblia inspirada por Deus, não contém erros. Sua inerrância deriva de sua inspiração divina. A Palavra de Deus é a verdade (Jo 17.17); Deus não pode mentir (Hb 6.18). Em alguma tradução, ou versão, da Bíblia, pode haver discrepâncias aparentes; pode haver erros cometidos pelos copistas; mas, jamais haverá erros em seus ensinos e propósitos inspirados por Deus.

2. A REVELAÇÃO BÍBLICA

Revelação entende-se como:

> a ação de Deus pela qual Ele dá a conhecer ao escritor coisas desconhecidas, o que o homem, por si só, não podia saber. Exemplos: Daniel 12.8; 1 Pe 1.10,11 [...] a inspiração nem sempre implica em revelação. Toda a Bíblia foi inspirada por Deus, mas nem toda ela foi dada por revelação. Lucas, por exemplo, foi inspirado a examinar trabalhos já conhecidos e escrever o Evangelho que traz o seu nome (cf. Lucas 1.1-14). O mesmo se deu com Moisés, que foi inspirado a registrar o que presenciara, como relata o Pentateuco[10] (ver Sl 103.7).

---

[10] GILBERTO, Antônio. *A Bíblia através dos Séculos* (CPAD), p. 35.

Por exemplo, Faraó ouviu José interpretar os sonhos misteriosos (Gn 40.8; 41.15,16,38,39). O escritor registrou os fatos, por revelação divina. A Bíblia, em sua inspiração plenária, não tem mentiras, mas registra mentiras de alguns personagens. O profeta velho, de que trata 1 Reis 13.18, mentiu ao homem de Deus, que fora enviado a pregar contra o altar. A Bíblia registrou, como revelação, mas não como inspiração ao escritor.

A Bíblia registra, inclusive, declarações ou palavras do Diabo. Tais palavras não foram inspiradas por Deus. Mas Ele as revelou, para que fossem incluídas no texto bíblico, com o propósito de mostrar o conhecimento que o Senhor tinha dos fatos, bem como alertar seus servos para as ações malignas.

V – ATAQUES À CANONICIDADE DA BÍBLIA

1. A AÇÃO NEFASTA DOS TEÓLOGOS LIBERAIS

Os teólogos liberais também não vêem a Bíblia como a suprema autoridade em si. Para eles, a Bíblia não é a Palavra de Deus, mas apenas "contém" a Palavra de Deus. Muitos protestantes liberais, que seguem esse tipo de teologia, já não aceitam o nascimento virginal de Jesus, nem seus milagres, plenamente, e nem mesmo que Ele ressuscitou. A seguir, um resumo do pensamento de alguns mais conhecidos teólogos liberais.

1) Friedrich Scheleiermacher (1768-1834). Teólogo alemão. Ensinou que "não há religiões falsas e verdadeiras. Todas elas, com maior ou menor grau de eficiência, têm por objetivo ligar o homem finito com o Deus infinito, sendo o cristianismo a melhor delas".[11] Aqui, vemos raízes do relativismo e do liberalismo teológico.

2) Karl Barth (1886-1968). Teólogo suíço. Foi considerado um dos maiores teólogos do século XX. Para Barth, a Bíblia não é a palavra de Deus. Apenas a contém. Basta essa afirmação para que se tenha idéia de quanto essa teologia é nefasta para o cristianismo. A resposta a Barth é dada pela Bíblia. Disse Jesus: "Santifica-os na verdade; *a tua palavra é a verdade*" (Jo 17.17; grifo meu; ver ainda 2 Sm 7.28; Sl 119.142,151).

---

[11] ALMEIDA, Abraão de. *Teologia Contemporânea* (CPAD), p. 115.

3) Paul Tillich (1886-1965). Teólogo alemão. Suas idéias também são consideradas um meio-termo entre o liberalismo teológico e o neo-modernismo. Para ele, "Deus não existe [...] Deus não é um ser, mas um poder de ser, o fundamento de todo o ser, porém não objetivo nem sobrenatural".[12] Para ele, Deus não é o Deus do teísmo tradicional. Não é um ser por si mesmo. É a "existência-própria", conceito que destoa do que a Bíblia revela sobre o Deus pessoal. Para ele, a existência do Jesus histórico é dúbia; o Deus da Bíblia é um Deus falso. Mas a Bíblia destrói seus argumentos (Gn 17.1b; 1 Sm 2.2).

4) Rudolf Bultmann (1884-1976). Para ele, a Bíblia está cheia de mitos. Daí, suas idéias serem denominadas "Teologia do Mito". Segundo essa teologia, pode-se crer em Jesus como salvador, sem ter que crer em seu nascimento virginal, em sua ressurreição, ou em sua Segunda Vinda; Deus não se revela milagrosamente no tempo e no espaço. Pois, o "homem moderno pensa de modo científico, em categorias rigorosamente causais". Geisler e Nix, interpretando Bultmann, diz: "[...] a Bíblia em si mesma não é a revelação alguma; é apenas uma expressão primitiva, mitológica, mediante a qual Deus se revela pessoalmente, desde que demitizado de maneira correta".[13] Diz a Bíblia: "Porque a palavra da cruz é loucura para os que perecem; mas para nós, que somos salvos, é o poder de Deus" (1 Co 1.18).

5) Pierre Teilhard de Chardin (1881-1955). Sacerdote jesuíta, francês, doutor em geologia. Foi um defensor do modernismo teológico. Para ele, o evangelho deve modernizar-se, adaptando-se aos conhecimentos científicos. Chardin é o teólogo católico que mais influenciou a aceitação da teoria da evolução teísta, segundo a qual, tudo surgiu de matéria inanimada, e evoluiu, com a direção de Deus. No entanto, a Bíblia afirma solenemente que Deus, o Criador, foi quem fez e criou todas as coisas. "No princípio, criou Deus os céus e a terra" (Gn 1.1).

Os teólogos modernistas agiram, e ainda agem, em nome de uma teologia, que se fundamenta muito mais no método científico, de análise dos fenômenos bíblicos, do que no poder sobrenatural do Autor da Bíblia, que é Deus. Para eles, é mais interessante satisfazer às exigências das mentes materialistas dos filósofos do nosso tempo. No entanto,

---

[12] Ibid. p. 131.

[13] GEISLER, Norman & NIX, William. *Introdução Bíblica*, p. 19.

nosso Senhor Jesus Cristo asseverou: "O céu e a terra passarão, mas as minhas palavras não hão de passar" (Mt 24.35).

2. O MATERIALISMO LEVANTA-SE CONTRA A BÍBLIA

O liberalismo teológico e o materialismo têm encontrado eco em muitos países, principalmente na Europa. Há um verdadeiro fundamentalismo ateu, agressivo e provocativo, em ação, em todo o mundo. Na Inglaterra, apenas 7% das pessoas freqüentam algum tipo de igreja. Em alguns países europeus, que já foram berço de grandes avivamentos evangélicos, já é proibida, até, a leitura de textos bíblicos que combatem os pecados, sob o argumento de serem "politicamente incorretos". Pode ser levado à cadeia um pastor que pregar contra o homossexualismo, ou mesmo ler a Palavra de Deus, em textos que condenam essa prática abominável.

Na Suécia, que já foi um país cristão e celeiro missionário, graças às "portas do inferno" do materialismo, o número dos que crêem em Deus está diminuindo. O censo daquele país, em 1987, indicava que havia 94% de protestantes; em 1995, só havia 80%. E, em 2000, apenas 36% dos suecos disseram crer em Deus e na Bíblia Sagrada. Mas, graças a Deus, em outros continentes, a Igreja de Jesus está crescendo, na África, na América Latina e na Ásia. Enquanto na Escócia, só 10% declaram ir à igreja, nas Filipinas, cerca de 70% dos crentes freqüentam as igrejas locais. As "portas do inferno" não prevalecerão.[14]

Nos últimos anos, há uma verdadeira avalanche de literatura materialista, em que seus autores investem de forma violenta contra a Palavra de Deus. Os principais adversários da Bíblia são os teóricos, ou cientistas, defensores da teoria da evolução, de Charles Darwin. Todos eles partem das falsas premissas do livro "Origem das Espécies", do naturalista inglês, que formulou a teoria que propala a origem, ao acaso, do universo, da vida e dos seres vivos, incluindo o homem.

As premissas de Darwin são todas sem sustentação científica. Em seu livro, podemos sublinhar cerca de 800 expressões de dúvida, tais como: "Os fatos observados [...] permitem-nos talvez considerar como provável [...];[15] "Mas não sabemos porque [...]";[16] "porém, se minha teo-

---

[14] *Mensageiro da Paz*, junho de 2006, pp. 4,5.

[15] DARWIN, Charles. *Origem das Espécies*, p. 237.

[16] Ibid. p. 237.

ria for exata, têm certamente vivido sobre a terra";[17] "há motivos para supor [...] é provável [...]";[18] "Por isso, se a minha teoria for verdadeira, é certo que devem ter ocorrido [...]";[19] Podemos talvez concluir que, [...]"[20] Vejam bem os leitores o que diz o pai da Evolução: "A teoria da seleção natural *baseia-se na opinião* que cada variedade nova, e, em última análise, cada espécie nova, se forma e se mantém por meio de algumas vantagens adquiridas"[21] (grifo meu).

Estas notas, criticando as falsas premissas de Darwin, não são incluídas, aqui, neste capítulo, por "ouvir dizer". Este autor já examinou o livro e constatou essas expressões. Tais conceitos não condizem com a verdadeira ciência. O método científico exige observação, comprovação, experimentação e confirmação. Se as premissas são duvidosas, todas as análises e conclusões em torno de um problema também serão duvidosas, e não podem ser consideradas científicas.

De todos os evolucionistas modernos, o mais ferrenho, exaltado, e arrogante, é o biólogo inglês Richard Dawkins. É um terrorista ideológico contra a Bíblia, e, soberbamente, contra Deus. Ele prega o fim de todas as religiões, mas, principalmente, investe contra o cristianismo. No seu trabalho mais recente ("Deus um Delírio"), de inspiração diabólica, ele diz que se alguém terminar sua leitura, deixará de ser crente em Deus, e tornar-se-á fatalmente ateu! É o cúmulo da presunção materialista. Ele escreve tantas páginas, fundamentado em premissas falsas da teoria da evolução. Certamente, o Soberano está rindo desse tipo de cientista, e dizendo: "Por causa do seu orgulho, o ímpio não investiga; todas as suas cogitações são: Não há Deus" (Sl 10.4).

Pior do que Darwin e seu discípulo fanático Dawkins é o estudioso que conhecendo a Bíblia, admite a hipótese de não ser Ela um livro inspirado. Exemplo desse tipo de pesquisador é o de Bart D. Ehrman, considerado "a maior autoridade em Bíblia do mundo" (sic). Ex-aluno do Instituto Bíblico Moody, ele descrê da autoridade da Bíblia. Em seu livro "O que Jesus disse? O que Jesus não disse?" (Editorial Prestígio, RJ), ele procura demonstrar que o texto bíblico, sobretudo o do Novo Testamento, não teve inspiração divina. Está eivado de erros, cometi-

---

[17] Ibid. p. 291.
[18] Ibid. p. 304.
[19] Ibid. p. 311.
[20] Ibid. p. 313.
[21] Ibid. p. 323.

dos pelos copistas. Mais ainda, que o Jesus do Novo Testamento não tem nada de divino, e, muito menos de Deus. Foi apenas um homem extraordinário, mas muito humano, e somente humano!

Buscando aparentes discrepâncias entre os evangelhos, Bart procura conduzir o leitor a deixar de admitir a inspiração divina das Escrituras.

Diz ele, criticando os que crêem que a Bíblia é a Palavra de Deus:

> De vez em quando, vejo um adesivo no qual se pode ler: 'Deus disse, eu acredito e está resolvido'. Meu comentário sempre é: e se Deus *não* tiver dito? E se o livro que você toma por transmissor das palavras de Deus contiver só palavras humanas? [...] Há razões muito claras para pensar que, de fato, a Bíblia não é o tipo de guia infalível para nossas vidas.[22]

O autor espiritual da Bíblia dá a resposta: "O céu e a terra passarão, mas as minhas palavras não hão de passar" (Mt 24.35); "Seca-se a erva, e caem as flores, mas a palavra de nosso Deus subsiste eternamente" (Is 40.8).

Estudar sobre a Bíblia é penetrar nas páginas do livro mais sagrado e mais importante, já escrito editado e publicado, em todo o mundo. Através dela, o homem toma conhecimento, na fonte, das origens de todas as coisas; da origem dos seres vivos, e do homem, bem como do desenvolvimento da humanidade, a partir da criação, passando pela Queda, pela Redenção, e até o final de todas as coisas, na consumação dos séculos. Conforme o estudo em apreço, a Bíblia é a Palavra de Deus. Ainda que os ateístas, ou materialistas, invistam de forma pesada e grosseira contra o Santo Livro, este permanece inabalável em seu conteúdo, inspirado e revelado por Deus.

Há um grande desafio à Igreja, no século XXI, que é o de pregar a Palavra de Deus com unção e poder, de tal forma que haja operação de sinais e prodígios, pelo poder do Senhor. A pregação puramente teórica ou apenas teológica, não terá influência na mente cauterizada do homem pós-moderno. Somente pregada com o poder de Deus, a Bíblia será, para eles, a Palavra de Deus "viva, e eficaz, e mais penetrante do que qualquer espada de dois gumes, e penetra até à divisão da alma, e do espírito, e das juntas e medulas, e é apta para discernir os pensamentos e intenções do coração" (Hb 4.12).

---

[22] EHRMAN, Bart D. *O que Jesus disse? O que Jesus não Disse?* pp. 23,24.

9
A INERRÂNCIA DA BÍBLIA

E disse-me o Senhor: Viste bem; porque eu velo sobre a minha palavra para a cumprir (Jr 1.12).

A Bíblia, em sua essência, é a Palavra de Deus; não contém erros de qualquer natureza, graças à sua plena inspiração, sob supervisão do Espírito Santo. Essa é uma declaração irrefutável. Não pode ser posta em dúvida. Os descrentes querem, a todo o custo, apontar erros nos textos bíblicos. No entanto, como se trata de um Livro de natureza espiritual, inspirado por Deus, não pode conter erros, em seu conteúdo. Pode haver falhas nas traduções, nas interpretações ou na sua apresentação gramatical, visto que, tendo sido escrita em linguagem antiga, no hebraico e no grego, além de expressões breves no aramaico, é possível observar-se algumas falhas em termos de grafia ou de tradução.

Porém, as possíveis falhas, ou dificuldades de tradução, ou de interpretação, jamais podem ser consideradas como indicativas de erro na mensagem bíblica. Menos de 1% dos "erros" encontrados nos manuscritos, são falhas na transmissão da mensagem, e não afetam a integridade da Palavra de Deus. Deus disse a Jeremias: "Viste bem; porque eu velo sobre a minha palavra para a cumprir" (Jr 1.12b). Nos primórdios da reunião dos livros da Bíblia, houve um processo meticuloso, em termos de seleção das fontes originais, ou dos autógrafos, que deram origem aos textos da Bíblia. Assim, podemos afirmar com toda a segurança que, quando em conformidade com os manuscritos originais, a Bíblia não tem erros em seus textos.

De maneira especial, Deus transmitiu sua vontade aos homens. E o fez através da mensagem escrita, para que ninguém pudesse alegar possíveis falhas, que poderiam ocorrer na transmissão oral, ao longo dos séculos. E, nesse processo de transmissão escrita, de modo inspirado, a Bíblia merece toda confiabilidade e reconhecimento de sua veracidade. Ela é inerrante, ou seja, não contém erros em seu conteúdo, em suas mensagens, em seus propósitos.

Certo escritor, em sua vaidade, resolveu ler a Bíblia, com o objetivo de mostrar que ela estaria eivada de erros e contradições. Seria para ele o ápice de sua sabedoria humana. No entanto, após folhear e ler a Bíblia, acabou verificando que, em vez de descobrir os erros em suas páginas, estas sim, abriram-se qual espelho da alma e mostraram seus erros e pecados. As palavras escritas, mesmo na Bíblia, podem sofrer alguma alteração lingüística, a ponto de apresentar possíveis distorções ou discrepâncias. Mas a Bíblia, enquanto Palavra de Deus, como "espírito e vida" (Jo 6.63), não contém qualquer erro ou falha.

Em lugar de conter erros em sua mensagem fundamental, da parte de Deus para o homem, a Bíblia se constitui num código de fé, ética e prática, indispensáveis ao ordenamento da vida humana, tanto em termos espirituais, pessoais, como sociais, familiares, profissionais, de conduta, e em todos os aspectos. Diz o salmista: "Lâmpada para os meus pés é tua palavra e luz, para o meu caminho" (Sl 119.105).

I – REQUISITO INDISPENSÁVEL DA INERRÂNCIA BÍBLICA

1. CONCEITUAÇÃO

Inerrância é a qualidade de quem é inerrante, ou que não comete erros. "Que não pode errar; infalível".[1] As mensagens dos homens, em toda a História, têm sido criticadas, e até desprezadas, por se constatarem falhas ou erros em seu conteúdo. Tais mensagens não podem

---

[1] *Dicionário Aurélio* Século XXI.

reivindicar inerrância. Até mesmo as ciências, fundamentadas em dados e informações, obtidas a partir de pesquisas, e evidências empíricas, têm suas falhas ou erros. Mas a Palavra de Deus, consubstanciada na Bíblia Sagrada, não pode conter erros, ou seja, ela é inerrante.

2. INERRÂNCIA E INFABILIDADE

O conceito de inerrância bíblica está associado ao conceito de infalibilidade. A Bíblia não contém erros. Como é a Palavra de Deus, Ela é infalível. Diz Pedro: "Secou-se a erva, e caiu a sua flor; mas a palavra do Senhor permanece para sempre" (1 Pe 1.24b,25a). O verbo permanecer, no texto, tem o sentido de não se abalar, não mudar, não sofrer alteração. A Bíblia não é como a falsa teoria da evolução. Esta fundamenta-se nas premissas falsas e equivocadas, do naturalista Darwin.

No livro "Origem das Espécies", do materialista Charles Darwin, como vimos em capítulo anterior, há expressões de dúvida, a ponto de o seu autor dizer "se a minha teoria estiver certa [...]; talvez; pode ter havido [...]" São expressões que revelam dúvida, incerteza, no domínio das hipóteses, que são aceitas, infelizmente, sem questionamento sério. Na – Deus. O Livro Sagrado já começa com a expressão "No princípio, criou Deus os céus e a terra" (Gn 1.1).

A infalibilidade da Bíblia decorre do fato de ser um livro de origem divina, pela inspiração e revelação do Espírito Santo; e por ser um livro cuja mensagem, em termos de história, profecia, e escatologia, têm a supervisão divina. Diz a Palavra: "E disse-me o Senhor: Viste bem; porque eu velo sobre a minha palavra para a cumprir" (Jr 1.12). A Bíblia é infalível porque é Deus quem garante sua veracidade e cumprimento. Deus vela por Ela. Ainda que, por permissão do próprio Deus, há tantos adversários da Bíblia, o Senhor vela para que a mensagem bíblica se cumpra de modo cabal e perfeito. Deus, Soberano do universo, tem o pleno controle dos fatos e dos homens, de tal forma que, queiram ou não, os acontecimentos confirmam as afirmações e previsões, constantes da Bíblia. A inerrância é condição indispensável para que a Bíblia seja infalível.

Para o homem herege, ateu, materialista, tais razões não fazem sentido. E isso é natural. A Bíblia acentua a incapacidade de o homem natural não absorver a mensagem de Deus. Diz Paulo: "Ora, o homem natural não compreende as coisas do Espírito de Deus, porque lhe parecem loucura; e não pode entendê-las, porque elas se discernem espiritualmente" (1 Co 2.14). Para o homem espiritual, no entanto, a

Bíblia é objeto do seu amor e reflexão. "Oh! Quanto amo a tua lei! É a minha meditação em todo o dia!" (Sl 119.97)

II – RAZÕES DE SUA INERRÂNCIA

1. SUA AUTORIA DIVINA

Não se pode avaliar a quantidade de livros, revistas, jornais, artigos e matérias, escritos pelo homem, ao longo da História, desde que surgiu a imprensa, no Século XVI. Milhões de autores e escritores têm expressado seus pensamentos. Diz a Bíblia: "E, de mais disso, filho meu, atenta: não há limite para fazer livros, e o muito estudar enfado é da carne" (Ec 12.12). Mas os autores humanos são sempre falhos.

Porém, o autor espiritual da Bíblia, que é Deus, jamais falhou. Diz a Palavra: "Deus não é homem, para que minta; nem filho de homem, para que se arrependa; porventura, diria ele e não o faria? Ou falaria e não o confirmaria?" (Nm 23.19) No meio dos milhões de textos, escritos pelo homem, há verdades e mentiras; há mistificações, enganos, equívocos e até distorções propositais da verdade, pela manipulação dos fatos e das idéias. No entanto, Deus, o Autor da Bíblia, não mente. Nem se arrepende. Quando encontramos na Bíblia, textos que dão a idéia de que Deus se arrependeu (Gn 6.7; 1 Sm 15.35; Am 7.3), devemos entender que Deus muda de planos, em função de atos ou ações errôneas do próprio homem, e não de sua parte. Deus não fez nem faz nada errado.

Quando Ele diz, faz; quando Ele fala, confirma. Quando Ele faz, ninguém, a não ser com sua permissão, pode mudar o que Ele determinou. Ele é "o que abre, e ninguém fecha, e fecha, e ninguém abre" (Ap 3.7). O autor da Bíblia não muda: "Toda boa dádiva e todo dom perfeito vêm do alto, descendo do Pai das luzes, em quem não há mudança, nem sombra de variação" (Tg 1.17).

A autoria divina da Bíblia, para o cristão verdadeiro, garante sua inerrância e infalibilidade. É objeto de sua fé. Às vezes, essa fé atinge feição radical. Lembro-me de, quando estava lecionando na universidade, fui abordado por um professor e advogado muito conhecido na cátedra e na comunidade. Ele era ateu positivista, adepto das idéias de Augusto Comte; materialista e admirador de Darwin. E me disse: "Professor, eu não entendo vocês, os crentes. Há evangélicos que são tão extremistas, que uma senhora, de sua igreja, que trabalha em minha casa, fez uma afirmação absurda, que nos faz até rir. Eu lhe indaguei se ela cria, realmente, que a baleia havia engolido Jonas. Ela respondeu que sim. Mas eu lhe expliquei que a garganta da baleia é tão estreita que não permite passar um homem. Só podem passar por ela pequenos peixes. Ela parou, me escutou, e respondeu: – 'Professor, se a Bíblia disser que Jonas engoliu a baleia, ainda assim eu creio nela!'" Na sua simplicidade, aquela humilde serva de Deus procedeu de acordo com a Bíblia, que diz: "Responde ao tolo segundo a sua estultícia, para que não seja sábio aos seus olhos" (Pv 26.5).

Mas o cristão consciente e fiel aos ensinos da Bíblia, pode e deve argumentar com toda a segurança sua convicção na inerrância e infalibilidade do Livro Sagrado. Diz Paulo que devemos oferecer a Deus o "culto racional" (Rm 12.1), ou seja, uma crença e uma adoração que tem razão de ser; que tem muitas razões de ser, na verdade. Devemos crer, como Lutero: "Quando as Escrituras falam, Deus fala".[2] É um postulado da fé. Ou a Bíblia é inerrante ou Deus não existe. Pois toda a sua mensagem, do primeiro ao último livro, parte do princípio sagrado da existência do Ser Supremo que criou todas as coisas, a vida, e os seres vivos, incluindo o homem, e resolveu transmitir ao ser criado a sua vontade soberana, através da mensagem escrita, em livros que, durante 1600 anos, foram reunidos na Bíblia. Com fé inabalável (Sl 125.1), cremos que Deus existe e fala conosco, os crentes, e para os homens, através da Bíblia Sagrada.

2. OS ESCRITORES HUMANOS – "HOMENS SANTOS DE DEUS"

A mensagem bíblica tem origem em Deus, o Autor divino. Mas com exceção do Decálogo, escrito pelo próprio dedo de Deus nas tábuas de pedra e entregues a Moisés (Êx 31.18), os demais textos, reunidos em livros no Antigo e no Novo Testamentos, foram escritos por homens. Sendo assim, dizem os críticos da Bíblia: "Os homens escreveram de sua própria mente, e cometeram muitos erros".

Porém, de acordo com a Bíblia, os escritores dos Livros Sagrados não escreveram de sua própria cabeça, o que bem entendessem. Se assim o fosse, não teriam registrados certos fatos, muitas vezes comprometedores e constrangedores para eles. Qual seria o escritor, ou autor, que escreveria que um irmão estuprou a irmã; ou que um rei, que era tão querido por Deus, adulterou com uma Senhora, e mandou

---

[2] ARCHER, Gleason. *Enciclopédia de Dificuldades Bíblicas*, p. 19.

matar seu marido? Um autor humano poderia, sem qualquer problema, omitir tais fatos. No entanto, a Bíblia registra fatos como esses, como foi o caso de Amnon, filho de Davi, que cometeu o crime de estupro contra sua irmã, Tamar; e Davi, homem de Deus, num momento de falta de oração e vigilância, deixou-se levar pelos sentidos, e adulterou com Bate-Seba, esposa do general Urias (ver 2 Sm 11.3-5; 13.1-14). Na verdade, muitos dos que cometeram atos vergonhosos não escreveram nada. Outros, usados por Deus, relataram e escreveram os livros que contém tais fatos.

Os homens que escreveram os livros da Bíblia, considerados autores humanos, na verdade, a rigor, nem poderiam ser chamados de autores, mas sim de escritores sagrados. Moisés, Josué, Samuel, Davi, Neemias, Esdras, Jó, Salomão, Isaías, Jeremias, Daniel, Ezequiel, Oséias, Joel, Amós, Obadias, Jonas, Miquéias, Naum, Habacuque, Sofonias, Ageu, Zacarias e Malaquias, no Antigo Testamento, foram homens, que escreveram sob a inspiração e/ou revelação da parte de Deus, iluminados pelo Espírito Santo. Eles escreveram mensagens inspiradas para o povo de Israel, para muitas nações, e para sua época, bem como para tempos escatológicos.

De igual forma, os escritores-autores dos livros do Novo Testamento, como Mateus, Marcos, Lucas, João, Paulo, o desconhecido autor aos Hebreus, Tiago, Pedro e Judas, também tiveram a gloriosa experiência de receber de Deus a mensagem divina para a humanidade. Eles não erraram na transmissão da mensagem.

Diz a Bíblia: "Porque a profecia nunca foi produzida por vontade de homem algum, mas os homens santos de Deus falaram inspirados pelo Espírito Santo" (2 Pe 1.21). O cristão verdadeiro crê que a Bíblia é a infalível Palavra de Deus. E pode ser confortado com a afirmação bíblica de que os escritores-autores, dos Livros Sagrados, não produziram textos com objetivos comerciais de venda de livros ou de artigos como acontece hoje em todo o mundo. Não. Eles escreveram os textos, quando ainda não havia a imprensa. Os livros, escritos em pergaminhos ou papiros, eram escritos de forma artesanal, à mão. Muitas vezes à luz de lampiões, ou velas. Eram os manuscritos que se tornaram peças de valor inimaginável, ao receber a pena com tinta, transcrevendo a mensagem inspirada por Deus.

Podem os críticos argumentar que as muitas cópias dos manuscritos contém muitos erros ou discrepâncias, e, por isso, a inerrância da Bíblia estaria prejudicada. Mas "A inerrância é atribuída apenas aos ***manuscritos originais*** dos vários livros da Bíblia; não é asseverada a respeito de qualquer cópia específica daqueles livros que sobreviveram até nosso tempo"[3] (grifo nosso).

Kenneth S. Kantszer afirmou:

> É possível sustentar que Deus poderia ter impedido os autores da Bíblia de cometer erros, tirando-lhes a liberdade e a condição de seres humanos; entretanto, os evangélicos jamais afirmaram tal coisa. Antes, a Bíblia é produto totalmente humano, e totalmente divino. Como produto divino, a Bíblia detém autoridade absoluta sobre a mente e o coração dos crentes. Como produto humano, mostra em si mesma todas as características essenciais da composição humana. Sem dúvida, Deus poderia ter-nos dado uma Bíblia escrita na perfeita linguagem do céu; nesse caso, porém, quem a poderia entender? Deus preferiu comunicar-nos sua vontade mediante o canal imperfeito da linguagem humana, com todas as suas possibilidades de má compreensão e má interpretação.[4]

III – OS MANUSCRITOS BÍBLICOS

O termo "manuscritos" vem do latim, de *manus* (mão) e *scriptus* (escrita), ou seja, documento, texto, ou livro, escrito à mão. Antes de haver a imprensa, todos os documentos eram manuscritos. Houve textos, ou livros, escritos à mão em argila, em tabletes, em couro, em metal e em outros materiais. Os manuscritos bíblicos foram escritos em pergaminho ou em papiro. A princípio, os textos foram reunidos em rolos, de difícil manuseio. Depois, foram trabalhados em *códices,* escritos em "folhas" de casca de árvore, recobertas de cera, utilizando-se estiletes. Por volta do século IV d.C., os códices substituíram os rolos; o papiro foi substituído pelo pergaminho, feito de pele de animais; e, pelo século XII, o papel substituiu o pergaminho.

1. OS AUTÓGRAFOS – MANUSCRITOS ORIGINAIS

Os manuscritos originais dos textos bíblicos não existem mais. Por razões não compreendidas, os primeiros pergaminhos ou papiros que compuseram os primeiros rolos, em que constavam os livros do Antigo

---

[3] BOICE, James Montgomery. *O Alicerce da Autoridade Bíblica,* p. 101.

[4] KANTZER, Kenneth S. *Prefácio do Livro Enciclopédia de Dificuldades Bíblicas,* p. 6.

Testamento, não foram preservados. Os estudiosos argumentam que se eles tivessem continuado a existir, talvez fossem objeto de idolatria. É provável. Mas sem sombra de dúvida, os manuscritos originais ou os *autógrafos,* existiram.

E foram eles que deram origem aos manuscritos mais antigos, que chegaram às mãos dos homens que selecionaram os livros da Bíblia, até formarem o cânon sagrado. É importante salientar que *a infalibilidade, ou a inerrância da Bíblia, é reivindicada para os manuscritos originais.* Se há cópias, é porque houve originais. E estes, tendo sido inspirados por Deus, jamais poderiam conter erros. Cremos que o Espírito Santo atuou na mente dos copistas honestos, de tal forma que não cometessem erros no que tange ao conteúdo espiritual dos textos bíblicos.

2. OS MANUSCRITOS MAIS ANTIGOS

De forma resumida, indicamos alguns dos manuscritos (MSS)[5] mais antigos do Antigo Testamento, escritos em hebraico.

1) *Códice dos primeiros e últimos profetas.* Data de 895 d.C., escrito por Moses Ben Asher. Inclui os livros de Josué, Juízes, 1 e 2 Samuel, 1 e 2 Reis; Isaías, Jeremias, Ezequiel, e os Doze.[6]

2) *Códice do Pentateuco.* Foi escrito em 916 d.C. Dele, constam apenas os "últimos profetas". Escrito por Arão, filho de Moses Ben Asher, e está arquivado no Museu Britânico, sob o número 4445.

3) *Códice Aleppo.* "Contém todo o texto do Antigo Testamento. Copiado por Shelomo Ben Bayaa. Está em Israel, na Universidade hebraica.

4) *Rolos do Mar Morto.* Foram descobertos em 1947, nas cavernas de Qumran, por um beduíno. É, sem dúvida, o mais importante achado arqueológico sobre os manuscritos do Antigo Testamento. O MS de Isaías, em hebraico, encontrado na caverna nº 01, tem 95% de concordância com o texto da Bíblia hebraica, como conhecemos. Os 5% de erros, encontrados, não afetam o conteúdo fundamental dos livros da Bíblia".[7]

Existem muitos manuscritos, do Antigo Testamento, e do Novo Testamento, escritos em grego, tais como:

---

[5] MSS: abreviatura de manuscritos; no singular, abrevia-se com MS.

[6] GILBERTO, Antônio. *A Bíblia Através dos Séculos* (CPAD), p. 78.

[7] ARCHER JR, Gleason. *Merece Confiança o Antigo Testamento?* p. 36.

1) *O Códice Vaticano "B"*. Data do ano 325 d.C. Nele, o Antigo Testamento é cópia da versão grega da Septuaginta.
2) *O Código Sinaítico ou Álefe*. Encontra-se arquivado no Museu Britânico. Data de 340 d.C. Foi encontrado no Mosteiro de Santa Catarina, junto ao Monte Sinai. O Governo inglês o adquiriu dos russos, em 1933, por 510.000 dólares.
3) *O Códice Alexandrino*. Encontra-se no Museu Britânico. Data de 425 d.C. Foi escrito em Alexandria, no Egito.
4) *O Códice Efráemi ou "C"*. Encontra-se no Museu de Louvre, na França. Data de 345.d.C.

Há uma enorme quantidade de manuscritos antigos, que podem ser conhecidos em livros de Bibliologia.

IV – FALHAS NA TRANSMISSÃO ESCRITA DA BÍBLIA

1. As falhas nas cópias dos manuscritos

Os textos bíblicos que conhecemos hoje foram escritos, a princípio, nos manuscritos que eram "rolos ou livros, da antiga literatura, escritos à mão. O texto da Bíblia foi preservado e transmitido mediante os seus manuscritos".[8] Segundo estudiosos, há, no mundo, 4000 manuscritos da Bíblia, escritos entre os séculos II e XV.

De acordo com pastor Gilberto[9] não há nenhum manuscrito original, "saído das mãos dos escritores". Os manuscritos, feitos de papiro ou pergaminho, estragaram-se e foram enterrados, como costumavam fazer os judeus, com material que envelhecia. Reis e imperadores, idólatras e inimigos de Deus, faziam questão de destruir tudo o que contivesse a mensagem sagrada. Antíoco Epifânio (175-164 a.C.) não só destruiu Jerusalém, mas deu fim a todas as cópias das Sagradas Escrituras. Certamente, Deus permitiu essa destruição dos autógrafos para que não se tornassem objetos de veneração ou adoração, como ocorreu com relíquias sagradas.

Houve os manuscritos em hebraico, do Antigo Testamento. O mais conhecido é o rolo de Isaías, encontrado em Qumran, próximo ao mar Morto, em 1947, juntamente com diversos outros manuscritos. O rolo

---

[8] GILBERTO, Antônio. *A Bíblia Através dos Séculos* (CPAD), p. 74.

[9] Ibid. p. 77.

de Isaías confirma o conteúdo do livro do profeta, como consta em nossas Bíblias. Há manuscritos em grego, tanto do Antigo como do Novo Testamento.

2. Os cuidados nas cópias dos manuscritos

Os manuscritos conhecidos não são originais, mas cópias, elaboradas pelos copistas. Neles, foram constatadas várias falhas, ou erros, apesar das rigorosas regras que eram impostas a esses escribas.

O pergaminho tinha que ser preparado de peles de animais limpos; preparados por judeus, sendo as folhas unidas por fios de peles de animais limpos. A tinta era especialmente preparada. O escriba não poderia escrever uma só palavra de memória. Tinha de pronunciar bem alto cada palavra, antes de escrevê-la. Tinha que limpar a pena com muita reverência antes de escrever o nome de Deus. As letras e as palavras eram contadas. Um erro numa folha inutilizava-a. Três erros numa folha inutilizavam todo o rolo.[10]

Mesmo assim, os estudiosos, principalmente os críticos, registraram diversos erros na transcrição das cópias das cópias, derivadas dos manuscritos originais. A análise dos manuscritos é objeto dos críticos textuais.

Porém, os erros encontrados nas cópias dos manuscritos, e passados para as traduções, ou versões, dos textos bíblicos, chamados de "variantes textuais", quando analisados à luz do contexto geral da Bíblia, não comprometem o valor da mensagem sagrada, nem se constituem motivos para descrer na inerrância da Bíblia. A troca de uma letra, numa palavra, poderia causar confusão quanto a seu sentido. Há dois tipos de erros: *intencionais* (o copista procurava adaptar o texto a outro, e até forçar algum tipo de acomodação doutrinária; e *não intencionais* (omissão de letras, erros de memória, má iluminação do ambiente, e outros).

Alguns dos erros mais comuns, encontrados nas cópias dos manuscritos, são: *Haplografia,* quando o copista deixava faltar uma letra, em uma palavra; *ditografia,* quando o escriba, já idoso, pedia a alguém para ajudá-lo, ditando as palavras do manuscrito, e o copista repetia letras ou palavras; este erro podia ser cometido, mesmo sem a ajuda de uma segunda pessoa; *metátese,* quando, pelo sono, ou cansaço, o

---

[10] Ibid. p. 76.

copista invertia duas letras ou palavras. Por isso, vêem-se, em traduções diferentes, expressões aparentemente discrepantes. Por exemplo: Em Mateus 19.24, num manuscrito, há a expressão *kamelos*, que significa corda, cabo que prende o navio, passando pelo fundo de uma agulha, como ilustração para a dificuldade dos que amam as riquezas entrarem no céu; em outro manuscrito, a palavra traduzida é *kamêlos*, referindo-se ao animal. Qual o erro? Meramente de grafia. Mas não há erro fundamental no texto. Jesus quis mostrar que é muito difícil um rico, avarento, amante das riquezes, ter condições de ser salvo. Só isso.

Quando isso acontece, o leitor cristão, com humildade, entende que há um erro material, na tradução, mas jamais aceitará que se trate de um erro no conteúdo, na substância, na essência, ou na mensagem que a Bíblia quer nos transmitir. Basta comparar com a finalidade do texto, do livro, ou de toda a Bíblia, e verá que o Deus amoroso para com seus filhos jamais deixaria que algo confuso perturbasse sua fé. Diz a Bíblia: "Porque Deus não é Deus de confusão, senão de paz, como em todas as igrejas dos santos" (1 Co 14.33).

No Novo Testamento, que é a porção do Livro Sagrado mais atacada pelos críticos da autencidade da Bíblia, foram localizadas, nos manuscritos, mais de 200.000 variantes textuais, ou "erros". Nessa gama de falhas, há casos de apenas a troca de uma letra (e há milhares de casos assim), e é considerada como erro. No entanto, a análise cuidadosa de cada uma mostrou que, só em 10.000 trechos (2,5%) há falhas consideradas triviais.

> Não basta afirmar que a Bíblia é o livro mais preservado, que sobreviveu desde os tempos antigos, mas lembremos também que as *variantes de certa importância* representam *menos da metade de 1%* de corrupção textual, e que nenhuma dessas variantes influi em talguma doutrina básica do cristianismo[11] (grifos meus).

Quando a alta crítica textual diz que há milhares de variantes, dá a impressão de que a Bíblia é um livro cheio de erros, e não pode ser inerrante. A análise criteriosa, desses erros ("de certa importância"), no entanto, demonstra sem paixão, que eles constituem apenas menos de 0,5% de todo o conjunto da imensa e maravilhosa biblioteca divina, constituída de 66 livros, em mais de mil capitulos e milhares e milhares de letras! Cumpre-se o que Jesus disse: "Santifica-os na verdade; a tua palavra é a verdade" (Jo 17.17).

---

[11] GEISLER, Norman & NIX, William. *Introdução Bíblica*, p. 180.

Como existem 5000 manuscritos do Novo Testamento, e cerca de 9000 versões e traduções, pode-se afirmar, com segurança, que o texto bíblico não contém erros fundamentais, que comprometam seu conteúdo. Pesquisadores sérios, como "Westcott e Hort, Ezra Abott, Philip Schaff e A.T. Robertson avaliaram com o máximo cuidado as evidências e chegaram à conclusão de que o texto do Novo Testamento tem pureza superior a 99%"![12] Essa avaliação apenas confirma o que a Bíblia diz a respeito de si mesma: "Toda palavra de Deus é pura; escudo é para os que confiam nele" (Pv 30.5).

Essa pureza que permeia os textos da Bíblia é algo extraordinário. Como livro (versão em português), que contém 66 livros, 1.189 capítulos, 31.173 versículos, 773.692 palavras e 3.566.480 letras, serem encontrados menos de 0,5% (meio por cento) de falhas significativas é algo que corrobora a inspiração de Deus, quanto ao conteúdo original da transmissão de sua Palavra, ao homem, e o cuidado do Espírito Santo no trato com os que se encarregaram de compilar os textos, os manuscritos, e suas cópias, para formar o cânon bíblico.

Só o Decálogo não teve erros, porque foi escrito pelo dedo de Deus. A partir de Moisés, outros escritores vieram, mas foram suscetíveis de cometer erros, na transmissão da mensagem, em termos materiais, ou seja, na tradução das palavras ou na forma de escrever.

V - VERSÕES DA BÍBLIA

Como já vimos, o cânon bíblico, incluindo o Antigo Testamento e o Novo Testamento, se completou cerca de 1542 anos, incluindo os 400 anos do período interbíblico. Várias versões da Bíblia já foram escritas. A seguir, as mais comentadas.

1. Versões semíticas. Houve muitas versões da Bíblia hebraica, tais como a do "Pentateuco Samaritano"; "Os Targuns", que continham paráfrases e escritos resumidos em aramaico do Antigo Testamento.

2. Versões gregas. A mais importante foi a Septuaginta. Houve outras, tais como "A versão de Áquila" (130-150 d.C.); a "Revisão de Teodósio" (150-185 d.C.); a "Revisão de Símaco" (185-200 d.C.) e outras de menor valor histórico.

---

[12] Ibid. p. 175.

A Septuaginta. Foi a tradução do hebraico para o grego, do *Antigo Testamento*, solicitada pelo Rei Ptolomeu II Filadelfo. Foi elaborada por 72 eruditos (seis de cada tribo de Israel), em 72 dias, em Alexandria, na ilha de Faros, que é um porto daquela importante cidade. Daí o nome septuaginta, ou versão "dos 70", como é comumente conhecida. Nessa tradução, se dividiu o Antigo Testamento em Lei, História, Poesia e Profecia.

Ela foi escrita entre 250 a.C., a 150 a.C. Houve outras traduções na língua grega, mas não tiveram a importância da septuaginta. Ela é mais antiga que o texto massorético, e difere destes em alguns textos. Seu valor histórico é elevado, pois foi o texto utilizado pela Igreja Primitiva. Os judeus, por terem preconceito contra os cristãos, procuraram fazer outras versões gregas do Antigo Testamento, em 130 d.C. e 170 d.C.

3. Versões Latinas. Sendo o latim língua oficial do Império Romano, de início, houve a tradução da Bíblia, a partir da Septuaginta (em grego), numa versão conhecida como *A Antiga Latina,* chamada de "Antiga Versão Africana do Norte", concluída antes de 200 d.C. , e já incluía o Novo Testamento.[13] Jerônimo revisou esta versão, que deu base para a Vulgata.

4. A Vulgata Latina. Foi elaborada, a partir da iniciativa do bispo de Roma, Dâmaso, que resolveu melhorar a tradução numa linguagem mais ao alcance do povo. Coube a Sofrônio Eusébio Jerônimo (240-420 d.C.) a tarefa de escrever a Vulgata. Converteu-se ao cristianismo na juventude, e teve grande interesse em aprender as Escrituras a partir das línguas originais; tornou-se secretário de Dâmaso, que lhe confiou a missão de traduzir a Bíblia para o latim, o que iniciou em 382, aos 60 anos de idade.

Fixando residência em Belém, dedicou-se com mais afinco à missão que lhe foi confiada. Em 405, terminou a tradução do Antigo Testamento, e começou a tradução do Novo Testamento, a partir do grego, sob forte oposição, por acharem que ele não estaria sendo fiel à LXX. Diante disso, voltou-se para o texto em hebraico.

Durante a Idade Média, a Vulgata foi a Bíblia da Igreja no Ocidente. Jerônimo faleceu em 420, deixando um dos maiores legados literários das Sagradas Escrituras. Somente no Concílio de Trento (1546-1563) a obra de Jerônimo foi oficializada. Outras traduções da Vulgata se

---

[13] Ibid. pp. 210, 211.

sucederam, mas a sua essência foi respeitada. Foi essa versão que se constituiu no primeiro livro impresso, por Gutemberg, na Alemanha, que inventou a imprensa, em 1452.

Ao longo dos anos, surgiram as versões européias, em inglês, francês, espanhol e português, chegando até os dias atuais, quando novas traduções e versões, em muitas línguas, são editadas, fazendo com que a Bíblia seja o maior "best-seller" que já se publicou, jamais superada por qualquer outro livro.

É necessário ter cuidado no uso das versões da Bíblia. Há casos em que as versões atendem a interesses ideológicos e doutrinários de certos grupos religiosos. Este autor já manuseou uma Biblia em que os editores, para agradar aos jovens, usaram palavras chulas e vulgares, jamais condizentes com a reverência que se deve ter ao Livro Sagrado.

Nas versões, em geral, há comentários, notas de rodapé, e de margem, em que se observa a tendência para justificar as doutrinas esposadas por determinados grupos denominacionais. Em princípio, isso é compreensível. Porém, é necessária a observação de tais notas, de modo a se verificar se elas estão de acordo com a hermenêutica bíblica, e a verdadeira exegese, ou estão apenas empregando a *eisegese* (manipulação) dos textos, ao sabor dos ensinos particulares dessa ou daquela denominação, ou seita.

V – A CRÍTICA DOS TEXTOS BÍBLICOS

1. A CRÍTICA TEXTUAL

"A Crítica Textual é a tentativa de averiguar o fraseado primitivo de um texto. Tal crítica é necessária porque não possuímos os originais dos manuscritos; temos apenas muitas cópias dos originais, e essas cópias variam entre si".[14] A crítica textual também é chamada de "Baixa Crítica". Os chamados "críticos textuais" procuram analisar os textos originais, mesmo em suas cópias, visando encontrar um texto que seja o mais aproximado dos escritos originais. Em algumas Bíblias, os textos aparecem com variações, em relação a outras, que confundem o leitor.

Essa análise, dos críticos textuais, também tem a finalidade de descobrir erros nos manuscritos, ou nos textos bíblicos, visando restaurar a exatidão daquilo que o escritor quis transmitir. Esse trabalho contribui para que as traduções de Bíblias, nos dias presentes, possam ter a

---

[14] VIRKLER, Henry A. *Hermenêutica*, p. 10.

melhor aproximação dos textos originais. Os críticos textuais buscam examinar quais os manuscritos a que temos acesso; que erros podem ser identificados em tais manuscritos; e procura determinar quais manuscritos são os mais exatos.

2. A ALTA CRÍTICA

A Crítica Histórica é, também, chamada de "Alta Crítica". Os críticos históricos estudam os textos bíblicos, buscando identificar a autoria dos livros, datas de sua composição, o seu conteúdo, sua autenticidade, bem como sua unidade literária. Exemplos de alta crítica é o que encontramos nas introduções dos livros das Bíblias, em que teólogos, exegetas, ou intérpretes das Escrituras emitem suas opiniões e avaliações de cada Livro Sagrado. Também são levados em conta as circunstâncias, o lugar, a validade interna e externa de cada livro.

A Alta Crítica tem sido utilizada por certos teólogos racionalistas e liberais, os quais têm procurado dessacralizar a Bíblia, indicando, a partir de seus estudos, que ela "contém a palavra de Deus", mas não *é* a palavra de Deus. A Alta Crítica, quando usada de modo coerente, fiel, e com humildade, ante a inspiração e revelação das Escrituras, encarrega-se de responder a questões pertinentes acerca de cada livro, sobre sua autoria, tempo em que foi escrito, circunstâncias, etc.

A crítica dos textos bíblicos, de modo consciente e humilde, tem grande valor para a escolha dos textos que mais se aproximam dos manuscritos mais antigos.

VI – ATAQUES À AUTORIDADE BÍBLICA

1. ATAQUE DO DIABO (NO GÊNESIS)

O Diabo pôs em dúvida a Palavra de Deus. "Ora, a serpente era mais astuta que todas as alimárias do campo que o Senhor Deus tinha feito. E esta disse à mulher: É assim que Deus disse: Não comereis de toda árvore do jardim?" (Gn 3.1) Deus comunicou-se com o casal, no Éden, oralmente. A despeito da prodigiosa capacidade mental dos primeiros habitantes do planeta, sua liberdade de pensar poderia ser questionada. O adversário aproveitou-se de um momento apropriado para questionar a própria Palavra de Deus, com a indagação impertinente. E, ao dialogar com a "antiga serpente", o ser humano caiu, espiritualmente, e passou a sofrer as consequências da morte espiritual (Gn 2.17).

2. ATAQUES DOS MATERIALISTAS

Como filhos espirituais do Diabo, os homens, que optam por não crer em Deus, agem como verdadeiros vândalos contra a autoridade da Bíblia. Alguns ocupam o tempo, procurando erros nas páginas da Bíblia, a fim de desacreditarem sua mensagem. Outros, usando teorias científicas, procuram demonstrar que tudo o que existe, desde a matéria, a vida, e os seres criados, são fruto do acaso, e não de um Ser Supremo, criador dos céus e da terra. Como visto em capítulos anteriores, o mais destacado mensageiro da mensagem materialista foi o naturalista Charles Darwin (1809-1882).

Mas, os materialistas não apenas põem em dúvida a Bíblia. Eles a atacam de modo cruel. Os discípulos modernos de Darwin são muito mais agressivos que seu mestre. Lendo o livro "Origem das Espécies", podemos ver o materialismo do autor, mas, ao mesmo tempo, momentos em que ele demonstrava suas dúvidas. Os ultra-darwinistas, como Carl Sagan (1935-1996) *e* Richard Dawkins, são críticos arrogantes e desrespeitosos da Bíblia.

Certo incrédulo dizia, em um programa radiofônico: "A Bíblia é um livro impróprio para crianças; os pais não devem permitir que a conheçam, pois contém violência e imoralidades". Há sites na internet que contêm expressões blasfemas em um trabalho sério. Em sua vaidade exacerbada, comportam-se como insensatos, ou néscios, como diz a Bíblia: "Por causa do seu orgulho, o ímpio não investiga; todas as suas cogitações são: Não há Deus" (Sl 10.4); "Disse o néscio no seu coração: Não há Deus. Têm-se corrompido e têm cometido abominável iniqüidade; não há ninguém que faça o bem" (Sl 53.1).

3. OS ATAQUES DOS TEÓLOGOS LIBERALISTAS

Os teólogos liberais chegam a afirmar que a Bíblia não é a Palavra de Deus; apenas a contém. Como fruto desse movimento, há instituições que se dizem cristãs, mas negam a autoridade e inerrância da Bíblia. É o caso do Seminário de Jesus, em que seus teólogos dizem que só 18% (dezoito por cento!) do que está escrito no Novo Testamento foi falado por Jesus!

Certo escritor, muçulmano, discordando da Bíblia, disse que não há necessidade de refutar o livro dos cristãos, pois seus próprios teólogos já o fazem muito bem, quando dizem que não se pode acreditar que Jesus nasceu de uma virgem; que ressuscitou ao terceiro dia, ou que ascendeu aos céus. Ou seja: os próprios cristãos, das correntes revisionista e liberalista, dão combustível para que os críticos da Bíblia procurem destruir sua credibilidade. Na verdade, esses teólogos liberais não passam de "ateólogos", termo que bem aplicou a si mesmo o filósofo francês, ateísta, Michel Onfray.

Tanto o materialista, como o teólogo liberalista, contribui para o mesmo fim: desconstruir o valor da inerrância e da infalibilidade da Bíblia. Diz Michel Onfray, indagado sobre o convencimento de que Deus não existe:

> Isso quer dizer que, quando uma pessoa não se contenta apenas em acreditar estupidamente, mas começa a fazer perguntas sobre os textos sagrados, os ensinamento da religião, não há como não chegar às conclusões que eu proponho. Trata-se de não deixar a Razão, com R maiúsculo, em segundo plano, atrás da fé – e sim dar à razão o poder e a nobreza que ela merece.[15]

Os liberalistas, negando a inerrância da Bíblia, situam-se no mesmo barco dos ateístas. Entretanto, para eles, a Bíblia declara, solenemente: "O céu e a terra passarão, mas as minhas palavras não hão de passar" (Mt 24.35).

Com base na fé de que os manuscritos originais, ou os autógrafos, dos livros da Bíblia, foram inspirados por Deus, não há dúvida de que a Bíblia é inerrante e infalível em seu conteúdo doutrinário, devocional e ortodoxo. Existem cópias dos manuscritos que dão lugar a outras cópias e que contém alguns tipos de erros de transmissão, mas de nenhuma maneira afetam a essência da mensagem de Deus ao homem, por meio das Sagradas Escrituras. A Bíblia é, portanto, a inerrante, inspirada e infalível Palavra de Deus.

---

[15] ONFRAY, Michel. *Deus Está Nu*. Revista Veja, p. 14. 25 de maio de 2005.

10
A BÍBLIA – O CÓDIGO DE ÉTICA DIVINO

Lâmpada para os meus pés é tua palavra e luz, para o meu caminho (Sl 119.105).

A Bíblia contém todas as orientações para a conduta do crente, em todas as áreas da vida, em termos espirituais, éticos e morais. A ética da sociedade é extremamente relativista, em termos de moral e costumes; o seu terreno é como um pântano, lodoso e escorregadio, do qual não se sabe onde são os limites a serem observados. Cumpre-se o versículo bíblico em que Deus condena os relativistas do tempo do profeta Isaías, que diziam que o amargo era doce, e que o doce era amargo; que o escuro era claro, e que o claro era escuro (cf. Is 5.20).

O cristão, como sal da terra e luz do mundo, tem dificuldade em se movimentar num mundo em que os valores morais estão invertidos. Entretanto, tem a vantagem de não adotar como referencial ético o comportamento da sociedade sem Deus. Enquanto os referenciais do mundo são movediços, instáveis e mutantes, ao sabor do tempo e do lugar, o guia infalível do crente em Jesus é a Palavra de Deus, que é lâmpada para os pés e luz para o caminho (Sl 119.105). Assim, um crente fiel não só deve fazer diferença, mas seu comportamento deve ser referencial para a sociedade. É grande a responsabilidade, perante Deus, a igreja e o mundo. Para o crente em Jesus a Bíblia, que é a Palavra de Deus, é lâmpada e luz para o seu viver.

I - UM MUNDO SEM ÉTICA

1. O MUNDO JAZ NO MALIGNO

Diz a Bíblia: "Sabemos que somos de Deus e que todo o mundo está no maligno" (1 Jo 5.19). No Novo Testamento, há algumas palavras, no original grego, com significado de "mundo". *Kósmos*, com o sentido de ordem, de mundo organizado, ocorre cerca de 180 vezes (Mt 4.8; At 17.24; Rm 1.20); *Aión*, com o significado figurado, com o sentido de mundo dos homens, dos interesses dos homens, da sociedade; ocorre cerca de cento e quatro vezes (Mt 6.14; Mc 4.19; Lc 16.8; 1Co 1.20). *Oikuoméne,* com o significado de "face da terra", ou dos lugares geográficos, ocupados pelo homem.

Dos três significados da palavra mundo, no Novo Testamento, o segundo, *Aión*, é o objeto da afirmação bíblica de que ele "jaz no maligno". No Antigo Testamento, o termo maligno, geralmente, refere-se ao ímpio, ou ao homem mau. No Novo Testamento, no entanto, é mais aplicado ao Diabo, ou ao demônio, que domina o espaço espiritual, moral e social da humanidade (Mt 13.19,38; At 19.15; Ef 6.16).

Assim, o mundo, integrado pelos homens sem Deus, vive sob o domínio do maligno, e, por conseqüência, sob o domínio do pecado (Rm 5.12). Daí, porque há tantos males nos corações dos pecadores; tantos comportamentos perniciosos, expressados nos vícios, nos crimes, na violência, que é tão comum, entre os homens sem Deus. As pessoas, que não se pautam pela Palavra de Deus, a Bíblia Sagrada, vivem, em geral, sem ética e sem respeito aos valores morais elevados.

Os homens sem Deus vivem nas "obras da carne", que são: "prostituição, impureza, lascívia, idolatria, feitiçarias, inimizades, porfias, emulações, iras, pelejas, dissensões, heresias, invejas, homicídios, bebedices, glutonarias e coisas semelhantes a estas, acerca das quais vos declaro, como já antes vos disse, que os que cometem tais coisas não herdarão o Reino de Deus" (Gl 5.19b-21).

2. A TRAJÉDIA ESPIRITUAL DO MUNDO

Há uma tragédia espiritual e moral, que se abate sobre a sociedade sem Deus. São realizados mais de 40 milhões de abortos por ano, em todo o mundo. Diz Paulo, referindo-se ao estado pecaminoso em que os crentes viviam, antes de sua conversão: "Em que, noutro tempo, andastes, segundo o curso deste mundo, segundo o príncipe das potestades do ar, do espírito que, agora, opera nos filhos da desobediência; entre os quais todos nós também, antes, andávamos nos desejos da nossa carne, fazendo a vontade da carne e dos pensamentos; e éramos por natureza filhos da ira, como os outros também" (Ef 2.2,3). Neste texto, Paulo mostra a situação espiritual do homem perdido, que vive, seguindo as orientações do Diabo; e mostra, também, a libertação do passado dos que, agora, são salvos em Cristo.

No Brasil, há cerca de 50.000 homicídios por ano; 40.000 pessoas, vítimas do trânsito, via de regra, por acidentes em que há pessoas embriagadas; grande parte dos homicídios envolve jovens de 15 a 24 anos; cerca de um milhão de adolescentes engravidam todos os anos, com incentivo da distribuição de preservativos, adquiridos pelo governo, e distribuídos nas escolas públicas, até para crianças; o número de homossexuais, masculinos e femininos, a cada dia aumenta, isto com o apoio do governo e da sociedade em geral.

A violência prossegue em sua marcha destruidora de vidas; os drogados, em sua maioria adolescentes e jovens, estão nas escolas, nas faculdades, e em muitos outros lugares; o número de divórcios é maior, proporcionalmente, que o número de casamentos; milhares de pessoas vivem praticando a pedofilia, abusando sexualmente até de crianças com menos de cinco anos. O que é isso? O "mundo", que "jaz no maligno". A maioria está enganada. Diz a Bíblia: "Mas os homens maus e enganadores irão de mal para pior, enganando e sendo enganados" (2 Tm 3.13).

Os que cometem abominação, no uso do corpo, estão sendo valorizados, a ponto de haver um projeto de Lei, chamado de "Lei contra a homofobia", que pretende conceder aos homossexuais direitos que jamais foram concedidos a quaisquer segmentos da sociedade. O Projeto de Lei (PL) 122/2006, que se encontra no Senado Federal, após ter sido aprovado na Câmara de Deputados, de maneira astuciosa, prevê cadeia para quem ousar divergir dos homossexuais. Os mais visados são os educadores, os pastores, os empregadores, que não poderão sequer emitir opinião contrária à prática do homossexualismo. O "delito de opinião", definido pelas piores ditaduras, está para ser implantado no Brasil.

A Bíblia condena o homossexualismo de forma clara e contundente, sem concessões. Diz o texto sagrado: "Com varão te não deitarás, como se fosse mulher: abominação é" (Lv 18.22); "Quando também um homem se deitar com outro homem como mulher, ambos fizeram abominação; certamente morrerão; o seu sangue é sobre eles" (Lv 20.13). São textos do Antigo Testamento, de uma eloqüência claríssima. Os homossexuais eram passíveis de pena de morte.

No Novo Testamento, a condenação ao homossexualismo é terrível, não dando margem às "interpretações" falsas dos defensores da prática homossexual. Iniciando pela reprovação ao lesbianismo, a Palavra de Deus é enfática com relação ao pecado do homossexualismo.

"Pelo que Deus os abandonou às paixões infames. Porque *até as suas mulheres mudaram o uso natural, no contrário à natureza*" (Rm 1.26; grifo meu).

"E, *semelhantemente, também os varões, deixando o uso natural da mulher, se inflamaram em sua sensualidade uns para com os outros, varão com varão, cometendo torpeza* e recebendo em si mesmos a recompensa que convinha ao seu erro" (Rm 1.27; grifo meu); fazendo a ligação entre o versículo 26 e o 27, percebe-se sem qualquer esforço a veemente reverberação da Bíblia contra os que usam o corpo de modo contrário à natureza.

"Não erreis: nem os devassos, nem os idólatras, nem os adúlteros, **nem os efeminados, nem os sodomitas**, nem os ladrões, nem os avarentos, nem os bêbados, nem os maldizentes, nem os roubadores herdarão o Reino de Deus. E é o que alguns têm sido, mas haveis sido lavados, mas haveis sido santificados, mas haveis sido justificados em nome do Senhor Jesus e pelo Espírito do nosso Deus" (1 Co 6.10,11). A palavra *efeminados*, no grego, é *malakós*, e se aplica ao homossexual *passivo*, que faria o papel de "mulher"; a palavra *sodomitas*, no grego, é *arsenokoitos*, e se aplica ao homossexual *ativo*, que, na linguagem vulgar, se diz fazer o papel de "homem".

"Sabendo isto: que a lei não é feita para o justo, mas [...] para os fornicadores, para os *sodomitas*, para os roubadores de homens, para os mentirosos, para os perjuros e para o que for contrário à sã doutrina" (1 Tm 1.9,10; grifo meu).

Demos mais espaço, em nossa análise, sobre a prática homossexual, porque tem sido um dos pecados mais apoiados pela sociedade, na mídia, nos órgãos públicos, nas escolas, e até em certas igrejas, que se dizem cristãs. O pecado homossexual não é maior ou menor que outros. No entanto, o governo e a sociedade não dão apoio ao homicídio, à mentira, à calúnia, à pedofilia, ao roubo, ao peculato, à falsidade ideológica, ao tráfico de drogas, etc. Mas dão apoio mais que expressivo à prática do homossexualismo. E tal pecado traz a ira de Deus sobre a nação, não mais do que outros, mas pelo fato de ter mais apoio da sociedade.

3. A SOLUÇÃO PARA A TRAJÉDIA HUMANA

Qual é a solução? Escolas? Educação? Parece que não. A razão é simples. Nas escolas, públicas e privadas, a educação é meramente "informativa", ou seja, não valoriza princípios morais, éticos, e muito menos espirituais. Somente a escola, ou a educação, com base nos princípios bíblicos, pode ser "formativa" do caráter, contribuindo para a formação de verdadeiros cidadãos, bons pais de família, bons filhos, que contribuem para a elevação do caráter da sociedade. Sob o argumento de que a escola não deve ser moralista, o sistema educacional contribui para a falta de moral e de ética.

II - PRINCÍPIOS DA ÉTICA BÍBLICA

O modo de pensar e de agir, com base na ética cristã, tem amplo respaldo na Bíblia Sagrada. E dá lugar à definição de alguns princípios ou parâmetros éticos, que são bem claros e objetivos. Estes são diferentes dos princípios da sociedade sem Deus, os quais são inconsistentes, variáveis, mutantes, e acima de tudo relativistas. Até mesmo as leis, que deveriam servir de fundamento para a conduta do indivíduo, elas variam conforme o tempo, a época, os costumes, as inovações, e tudo o que mudar no meio social.

1. O PRINCÍPIO DA FÉ

S. Paulo, o apóstolo dos gentios, dizia: "Tens tu fé? Tem-na em ti mesmo diante de Deus. Bem-aventurado aquele que não se condena a si mesmo naquilo que aprova. Mas aquele que tem dúvidas, se come, está condenado, porque não come por fé; e tudo o que não é de fé é pecado" (Rm 14.22,23).

Neste texto, vê-se a ênfase na fé ou na convicção do crente diante de Deus, quanto ao que ele faz ou deixa de fazer. Ele não precisa recorrer a paradigmas humanos ou lógicos para posicionar-se quanto a atos ou palavras. Se tem dúvida, não deve fazer, pois "tudo o que não é de fé é pecado". E se não tem dúvida, pode fazer tudo o que aprova?

Depende. Não é só uma questão de aprovar ou não aprovar. Alguém pode aprovar algo, e fazer, por entender que é de fé.[1]

A fornicação está liberada na sociedade. O governo aprova. Os professores materialistas a aprovam; grande parte dos pais aprova o sexo antes do casamento; aliás, muitos nem aprovam o casamento. Mas a ética bíblica diz que é pecado. Seria por fé que um jovem cristão se entregaria à fornicação? Certamente, não. A Bíblia diz: "Foge, também, dos desejos da mocidade; e segue a justiça, a fé, a caridade e a paz com os que, com um coração puro, invocam o Senhor" (2 Tm 2.22; Sl 119.9; Ec 12.1,2).

2. O PRINCÍPIO DA LICITUDE E DA CONVENIÊNCIA

Na primeira carta aos coríntios, vemos Paulo ensinar: "Todas as coisas me são ilícitas, mas nem todas as coisas convêm; todas as coisas me são lícitas, mas eu não me deixarei dominar por nenhuma" (1 Co 6.12). Todas as coisas me são lícitas, mas nem todas as coisas convêm" (1 Co 10.23a).

Esse critério orienta o cristão a que não faça as coisas apenas por que são lícitas, mas porque são lícitas e convêm, à luz do referencial ético que é a Palavra de Deus. Há quem entenda esse princípio, argumentando que se podemos fazer algo, é porque isso é lícito. À luz da ética cristã, não é bem assim que se deve argumentar. Primeiro, diante de uma atitude ou decisão a tomar, é preciso indagar, se tal comportamento está de acordo com a Palavra de Deus, se tem apoio nas Escrituras.[2]

Há crentes que têm o costume de tomar vinho em suas casas; há outros que tomam cerveja de vez em quando; há os que tomam champanhe nas festas de casamento. É lícito? Há quem responda que sim. Mas, à luz da Bíblia, não convêm. Por quê? Por que, tomando bebida alcoólica, o crente está contribuindo para a indústria da bebida alcoólica, que é uma das maiores responsáveis pelos acidentes no trânsito e mortes por homicídio, em todo o mundo. Essa é apenas uma das razões, mas existem muitas outras.

3. O PRINCÍPIO DA LICITUDE E EDIFICAÇÃO

Diz a Bíblia: "todas as coisas me são lícitas, mas nem todas as coisas edificam" (1 Co 10.23b).

---

[1] LIMA, Elinaldo Renovato de. *Ética cristã* (CPAD), pp. 15-17.

[2] Ibid. pp. 17,18.

Com base neste texto, não basta que alguma conduta ou proceder seja lícito, mas é preciso que contribua para a edificação do cristão. É um princípio irmão gêmeo do anterior. A ênfase aqui é na edificação espiritual de quem deve posicionar-se ante o fazer ou não fazer algo.[3]

Infelizmente, entre as pessoas que mais dão audiência para programas perniciosos, estão muitos crentes, de todas as igrejas evangélicas. No horário noturno, muitas irmãs, e até seus esposos; muitos jovens, ao invés de ir aos templos, cultuar a Deus, estão diante do televisor, assistindo novelas indecentes, recheadas de satanismo e de prostituição; milhares de crentes postam-se diante da TV, para assistir ao famigerado programa, em que pessoas são confinadas numa casa, para serem acompanhadas em suas reações carnais.

O índice de audiência é espantoso. As pessoas votam para ver quem vai ser despedido da "experiência" do *reality show*. Cada ligação telefônica engorda a renda da emissora de TV. É lícito? Para o cristão, cremos que não. Edifica? Muito menos. Pelo contrário. Tal tipo de programação contribui para a destruição dos valores morais, da família e da fé. Diz o salmista: "Portar-me-ei com inteligência no caminho reto. Quando virás a mim? Andarei em minha casa com um coração sincero. Não porei coisa má diante dos meus olhos; aborreço as ações daqueles que se desviam; nada se me pegará" (Sl 101.2,3).

4. O princípio da glorificação a Deus

"Portanto, quer comais, quer bebais ou façais outra qualquer coisa, fazei tudo para a glória de Deus" (1 Co 10.31).

Aqui, temos um princípio ético abrangente, que inclui não só o comer ou o beber, mas "qualquer coisa", que demande um posicionamento cristão.

Esse princípio da glorificação a Deus é fundamental em momentos cruciais do comportamento cristão. Tenho orientado a juventude quanto ao comportamento a ser seguido pelo jovem cristão, por exemplo, no namoro. É grande a pressão do Diabo e da carne, para a prática do sexo antes do casamento. E há muitas pessoas, inclusive pastores, que preferem fechar os olhos, e deixar que os jovens pequem, alegando que os costumes mudaram, que não se pode fazer nada, etc. Ensino que, havendo uma

---

[3] Ibid. p. 19.

pressão para a fornicação, basta o jovem ou a jovem indagar: "Posso fazer isso para a glória de Deus?" A resposta, obviamente, será não, se o jovem tiver um mínimo de temor a Deus, e respeito à sua palavra.[4]

Diz Paulo: "Foge, também, dos desejos da mocidade; e segue a justiça, a fé, a caridade e a paz com os que, com um coração puro, invocam o Senhor" (2 Tm 2.22).

Assim, qualquer atitude ou decisão a tomar, em termos morais, financeiros, negócios, transações, etc., tudo pode passar pelo crivo do princípio da glorificação a Deus, e o crente fiel, na direção do Espírito Santo, saberá responder sem maiores dificuldades.[5]

5. O PRINCÍPIO DA AÇÃO EM NOME DE JESUS

"E, quanto fizerdes por palavras ou por obras, fazei tudo em nome do Senhor Jesus, dando por ele graças a Deus Pai" (Cl 3.17).

A condição do crente para realizar ou deixar de realizar algo decorre da autoridade que lhe foi conferida pelo Nome de Jesus. Assim, quando o cristão se vê na contingência de tomar uma decisão, de ordem espiritual, ou humana, pode muito bem concluir pela ação ou não, se puder realizá-la no nome de Jesus, conforme orienta o apóstolo Paulo aos irmãos colossenses.[6]

Suponhamos que um irmão é tentado a adulterar com uma mulher, amiga sua. Se ele se descuidar, não vigiando e orando, poderá cair. Mas, se diante da proposta diabólica, indagar: "Posso fazer isso *'Em nome do Senhor Jesus?'*" É lógico que, se ele tiver um pouco de temor a Deus, jamais irá fazer algo pernicioso em nome de Jesus.

6. O PRINCÍPIO DO FAZER PARA O SENHOR

"E, tudo quanto fizerdes, fazei-o de todo o coração, como ao Senhor e não aos homens" (Cl 3.23).

Na vida cristã, surgem verdadeiras armadilhas, como testes para a fé e a convicção do servo de Deus. Um exemplo marcante do desrespeito

---

[4] Ibid. pp. 20,21.

[5] Ibid. p. 21.

[6] Ibid. p. 22.

aos princípios éticos, tem sido anotado, com relação à conduta de certos políticos evangélicos, em câmaras municipais, em assembléias legislativas e até no Congresso Nacional. Em momentos críticos, em que a nação exigia um posicionamento sério, ante as injustiças e a corrupção, houve casos em que certos políticos crentes ficaram ao lado daqueles que não atendiam aos legítimos interesses do povo, e muito menos do povo evangélico. Em troca de favores, de emissoras de rádio, de verbas públicas, de cargos públicos, houve casos em que cristãos agiram para agradar aos homens e não ao Senhor. Isso é antiético e anticristão.

Esses homens esquecem-se do que fez Daniel, na Babilônia, quando manteve sua fé e conduta, diante de Deus, permanecendo em oração, mesmo sob a ameaça de uma lei injusta, elaborada pelos homens ímpios e invejosos. Preferiu ir para a cova dos leões, confiando no Deus Todo-poderoso, do que se encurvar à vontade de homens maus. Todos sabemos a história desse homem de Deus, que foi um modelo de integridade moral e espiritual, ao lado dos três jovens Hananias, Misael e Asarias. Estes, preferiram ser lançados na fornalha de fogo ardente, aquecida sete vezes mais, a se encurvarem diante dos ídolos e dos homens.[7]

7. O PRINCÍPIO DO RESPEITO AO IRMÃO MAIS FRACO

"Mas vede que essa liberdade não seja de alguma maneira escândalo para os fracos. Porque, se alguém te vir a ti, que tens ciência, sentado à mesa no templo dos ídolos, não será a consciência do que é fraco induzida a comer das coisas sacrificadas aos ídolos? E, pela tua ciência, perecerá o irmão fraco, pelo qual Cristo morreu. Ora, pecando assim contra os irmãos e ferindo a sua fraca consciência, pecais contra Cristo. Pelo que, se o manjar escandalizar a meu irmão, nunca mais comerei carne, para que meu irmão não se escandalize" (1 Co 8.9-13).

No texto bíblico acima, vemos que o apóstolo ensinava sobre os que comiam coisas sacrificadas aos ídolos. S. Paulo diz que os mesmos tinham "fraca consciência" e que os que têm ciência, sentando-se à mesa no templo dos ídolos, podem induzir o que é fraco a pecar. "E, pela tua ciência, perecerá o *irmão fraco*, pelo qual Cristo morreu... ferindo a sua *fraca* consciência, e pecando contra Cristo" (ênfases minhas). Desse texto, podemos tirar várias lições para a vida do cristão em relação aos outros irmãos mais novos na fé, ou mesmo antigos, que têm consciência

---

[7] Ibid. pp. 23,24.

fraca. O apóstolo chega ao extremo de dizer que se pelo manjar que come, um irmão se escandaliza, nunca mais haveria de comê-lo.[8]

Na classe de novos convertidos, tenho visto irmãos, bem novos na fé, escandalizados com crentes antigos, que praticam coisas que não agradam a Deus. Com certa dificuldade, procuro mostrar-lhes que, no meio da igreja local, há o "trigo", que são os crentes fiéis, santos e cumpridores da Palavra. E há o "joio", que são os crentes desobedientes, que não têm compromisso com Deus. Ver Romanos 8.13-20.

8. O PRINCÍPIO DA PRESTAÇÃO DE CONTAS

"Mas tu, por que julgas teu irmão? Ou tu, também, por que desprezas teu irmão? Pois todos havemos ide comparecer ante o tribunal de Cristo. Porque está escrito: Pela minha vida, diz o Senhor, todo joelho se dobrará diante de mim, e toda língua confessará a Deus. De maneira que cada um de nós dará conta de si mesmo a Deus" (Rm 14.10-12).

Jesus, em seu ministério terreno, chamou a atenção para a prestação de contas, por ocasião de sua vinda em glória: "Porque o Filho do Homem virá na glória de seu Pai, com os seus anjos; e, então, dará a cada um segundo as suas obras" (Mt 16.27). Obras falam de atitudes, de comportamento, de ação. Em termos da ética cristã, não há dúvida de que cada pessoa prestará contas a Deus, no seu tribunal divino, do que fizer ou deixar de fazer. Isso em relação à prestação de contas futura, em termos escatológicos. Entretanto, aqui mesmo, nesta vida, há muitos de quem Deus tem cobrado a prestação de contas antecipadamente por causa de seus atos pecaminosos, e há, também, aqueles a quem o Senhor tem galardoado pelas suas boas obras ou atitudes.

Diz a Bíblia: "Não erreis: Deus não se deixa escarnecer; porque tudo o que o homem semear, isso também ceifará. Porque o que semeia na sua carne da carne ceifará a corrupção; mas o que semeia no Espírito do Espírito ceifará a vida eterna. E não nos cansemos ide fazer o bem, porque a seu tempo ceifaremos, se não houvermos desfalecido. Então, enquanto temos tempo, façamos o bem a todos, mas principalmente aos domésticos da fé" (Gl 6.7-10).[9]

---

[8] Ibid. pp. 24-26.

[9] Ibid. pp. 28,29.

9. O PRINCÍPIO DO EVITAR A APARÊNCIA DO MAL

"Abstende-vos de toda aparência do mal" (1 Ts 5.22).
A aparência do mal pode prejudicar a reputação de um servo de Deus.

A Bíblia, em sua sublime sabedoria, adverte o cristão para que tome cuidado não só com o mal, mas com sua aparência.

O perigo em desrespeitar esse princípio reside no fato de se correr o risco de que alguém, imprudentemente, possa confundir a atitude de um servo ou serva de Deus, espalhando boatos inverídicos. Quando isso acontece, mesmo que haja um esclarecimento posterior, a pessoa torna-se alvo de críticas e insinuações malévolas que, uma vez espalhadas, são como penas que se soltam ao vento. Fáceis de se espalhar; difíceis de serem recolhidas.[10]

III - A ÉTICA PARA TODAS AS IDADES

Já é por demais conhecido o famoso "conflito de gerações". Na sociedade, em geral, as pessoas estão confusas, pois não sabem mais o que fazer, diante de tantas mudanças que ocorrem com rapidez nunca imaginada. Os pais ficam perplexos, ao verem seus filhos, até crianças, saberem tantas coisas, que eles não sabem.

Meninos de sete anos já têm o domínio do manuseio do computador, e sabem ter acesso a informações da rede mundial de computadores (internet). Cada vez mais crianças e adolescentes demonstram total rebelião ante a autoridade paterna. O relacionamento entre pais e filhos tem sido um desafio enorme. Os pais liberais de ontem estão apavorados, sem saber o que fazer diante da onda de relativismo que domina seus filhos. Estes querem liberdade total, sem a devida responsabilidade. Aqueles desejam impor regras, mas não se sentem seguros com o receio de serem tachados de retrógrados.

As leis do país favorecem à falta de ética. O governo incentiva a prostituição, distribuindo preservativos aos adolescentes. É a ditadura do materialismo, disfarçada de evolução dos costumes. E a nação não tem referenciais seguros em que se basear.

Mas a Bíblia Sagrada tem todos os referenciais éticos e morais para a sociedade. Aceitando-os, terá a segurança do código de ética divino, que tem o respaldo do próprio Deus. Rejeitando-os, ficará perdida, sem

---
[10] Ibid. pp. 29,30.

rumo e sem valores a seguir com segurança. O resultado é o aumento da tragédia moral que caracteriza o presente século.

1. A ÉTICA PARA OS PAIS

"E vós, pais, não provoqueis a ira a vossos filhos, mas criai-os na doutrina e admoestação do Senhor" (Ef 6.4).

1) Ter bom relacionamento com os filhos. A Bíblia ensina como os pais podem e devem criar seus filhos. Não provocar a ira deles é fundamental. Através do diálogo franco e amigo, os pais podem conseguir levar seus filhos a ter uma vida plena de ânimo e fé, enfrentando as vicissitudes da vida de modo seguro e sadio. Quando os pais dão exemplo, no relacionamento com os filhos, estes se sentem estimulados a ter um relacionamento bom e respeitoso com os outros.

2) Os filhos são herança do Senhor. Quando se fala de herança, vem logo à mente da maioria das pessoas algum tipo de bem, ou de riqueza, a ser deixada pelos pais, quando estes morrerem. Mas, muito mais importante do que bens materiais, os filhos são considerados herança do senhor. Os pais precisam valorizar mais os seus filhos, dando-lhes boa formação espiritual, fundamentada na Palavra de Deus, que é o *Manual* para uma família feliz (Ef 6.4b).

3) Os filhos são galardão de Deus. São prêmios de Deus para os pais. Alguém pode achar estranha essa explicação. Só pode assimilar essa visão, ou essa concepção do significado de filhos, quem crê em Deus e em sua Palavra (Sl 127.3). Lamentavelmente, a maioria dos pais não vê os filhos dessa forma. Mas os cristãos conseguem entender esse aspecto espiritual dos filhos diante de Deus e de sua Palavra.

4) Os pais devem cuidar do ensino espiritual a seus filhos no próprio lar. "Ponde, pois, estas minhas palavras no vosso coração e na vossa alma, e atai-as por sinal na vossa mão, para que estejam por testeiras entre os vossos olhos, e ensinai-as a vossos filhos, falando delas assentado em tua casa, e andando pelo caminho, e deitando-te, e levantando-te; e escreve-as unos umbrais de tua casa e nas tuas portas, para que se multipliquem os vossos dias e os dias de vossos filhos na terra que o Senhor jurou a vossos pais dar-lhes, como os dias dos céus sobre a terra" (Dt 11.18-21).

O texto é por demais significativo. Uma pessoa só pode dar o que tem. Se um pai de família deseja ensinar a Palavra de Deus a seus filhos precisa, antes de tudo, ter essa Palavra no seu interior, no coração e na alma. O ensino espiritual é diferente do ensino secular, formal, escolar, acadêmico. Nas escolas e nas faculdades, os professores podem ensinar coisas que não têm nada a ver com suas vidas, ou de suas famílias. Um matemático pode ensinar muito bem (ou mal) sua matéria sem que isso tenha qualquer relação com seus filhos, sua esposa, ou seu casamento.

Mas se viver aquilo que ensina; se tiver consciência do valor daquilo que está ensinando; se um pai ensina honestidade aos filhos, precisa, antes disso, ser honesto em sua vida pessoal, familiar, e social; se uma mãe ensina amor a seus filhos necessita demonstrar isso em sua vida prática. Na vida espiritual os professores precisam ser exemplos e não apenas transmissores de instruções técnicas ou filosóficas como ocorre em grande parte das escolas pelo mundo afora. Esse é o primeiro requisito para que o ensino espiritual, no lar, tenha eficácia: *os pais precisam dar valor à Palavra de Deus em suas próprias vidas.*

2. A ética para os filhos

A Bíblia mostra os deveres específicos dos filhos para com seus pais. É o único livro que valoriza de fato o relacionamento dos filhos com Deus e com seus pais, numa perspectiva espiritual, dentro da ética cristã.

1) Guardar a Palavra de Deus

"Como purificará o jovem o seu caminho? Observando-o conforme a tua palavra" (Sl 119.9). O moço que observa a Palavra de Deus está preparado para viver diante do Senhor e dos homens, como José e tantos outros de que nos fala a Bíblia. A Escritura é a causa da fortaleza espiritual que dá força para vencer o Maligno, conforme lemos em 1 João 2.14b: "Eu vos escrevi, jovens, porque sois fortes, e a palavra de Deus está em vós, e já vencestes o maligno".

A Palavra de Deus representa muito para o jovem e para todo cristão:

Ela é pura (Sl 12.6);
Ela é reta (Sl 33.4);
Ela é firmada no céu (Sl 119.89);

Ela é lâmpada e luz (Sl 119.105);
Ela é puríssima (Sl 119.140);
Ela é verdade em tudo (Sl 119.160);
Ela permanece eternamente (Is 40.8; Mt 24.35);
Ela é semente (Lc 8.11);
Ela nos limpa (Jo 15.3);
Ela enriquece (1 Co 1.5);
Ela é poder de Deus (1 Co 1.18);
Ela é a espada do Espírito (Ef 6.17);
Ela é viva e eficaz (Hb 4.12).

2) Obedecer aos pais e honrá-los

A obediência dos filhos aos pais é um dever sagrado. Deus não abre mão em tempo algum dessa exigência. Ele a afirma a ponto de condicionar a felicidade no viver ao seu cumprimento. Na Bíblia, vemos como Deus honra a obediência filial.

Temos o exemplo de uma família, na qual todos os filhos de um homem chamado Recabe foram usados por Deus como exemplo para a nação israelita, pelo de fato de obedecerem a seu pai.   Nos dias atuais, a obediência dos filhos aos pais é rara, mesmo entre famílias cristãs. Está havendo, em muitos lugares, verdadeira crise de relacionamento entre filhos e pais.

O espírito de rebeldia tem tomado conta de muitos lares. Os filhos, às vezes pequenos, afrontam os pais, de maneira gritante. Adolescentes, rapazes e moças tratam os pais como se fossem criaturas desprezíveis, indignas de respeito e honra. Isso causa tristeza aos pais, que se vêem maltratados pelos filhos com dureza e falta de amor.

Em parte, às vezes, a culpa é dos próprios pais, que não criaram os filhos conforme manda a Bíblia. Não lhes ensinaram toda a Palavra de Deus desde muito cedo. Isso fez com que os demônios penetrassem no lar, controlando a vida dos filhos. Em parte, também a desobediência dos filhos é estimulada pela época libertina em que vivemos. A educação moderna, que se diz avançada, induz as famílias a não se oporem com rigor aos desejos dos filhos de se afirmarem naquilo que querem fazer.

A indisciplina campeia por toda a parte. A permissividade em matéria de costumes se alastra impunemente. Nada é errado. Nada é pecado para a sociedade moderna. O que era errado há vinte anos, hoje, segundo o modernismo, não o é mais. Como conseqüência, os papéis se invertem. Os filhos querem mandar nos pais, e não ouvir os seus conselhos. A falsa evolução da sociedade transforma muitos filhos em fantoches do Diabo. Rebelam-se contra a família constituída e criticam os pais. Não querem aceitar ordens dos pais. Mas se submetem docilmente às ordens do Inimigo, entregando-se aos vícios, aos prazeres ilícitos, ao pecado.

Entretanto, os filhos cristãos devem pautar sua conduta pela Palavra de Deus, que manda obedecer aos pais e honrá-los: "Vós, filhos, sede obedientes a vossos pais no Senhor, porque isto é justo. Honra a teu pai e a tua mãe: é o primeiro mandamento com promessa" (Ef 6.1,2).

O filho cristão deve procurar obedecer a seus pais, confiando que, assim fazendo, Deus derrama a bênção sobre sua vida. Honrar os pais e obedecer-lhes é ouvir seus conselhos para o bem; é atender suas solicitações nas necessidades cotidianas; é contribuir para a paz e harmonia no lar; é respeitar o direito de os pais terem o repouso tranqüilo, não lhes perturbando o sono por chegarem tarde em casa; é tratá-los com carinho e afeição; é ser-lhes gratos por tudo o que fizeram, e fazem, pelos filhos; é ajudá-los na luta pela vida; é, mesmo depois de independentes financeiramente, considerá-los superiores a si mesmos; é dar graças a Deus pelos pais, principalmente pelos pais cristãos, que os encaminharam na vereda da justiça: "Vós, filhos, obedecei em tudo a vossos pais, porque isto é agradável ao Senhor" (Cl 3.20).

O filho que não obedece aos pais causa muitos prejuízos ao lar. É necessário ouvir a correção dos pais (Pv 13.1), para não sofrer as conseqüências da desobediência. A Bíblia considera insensato aquele que não obedece aos pais e tristeza para sua mãe (Pv 10.1). O filho que obedece, ao contrário, alegra seu pai (Pv 15.20); e é considerado a "coroa dos velhos" (Pv 17.6).

Por tudo isso, é bom atender ao que a Bíblia diz com relação à obediência filial, pois além de ser mandamento de Deus, é causa de longevidade, conforme se vê em Êxodo 20.12 e Efésios 6.2,3.

Que Deus abençoe os filhos cristãos a fim de que saibam obedecer de coração aos pais, honrando-os, conforme manda a Palavra de Deus!

Para um mundo sem ética consistente, só a Palavra de Deus pode ser o guia seguro e infalível da conduta do homem na Terra. A Igreja do Senhor Jesus Cristo é formada de pessoas que são, ao mesmo tempo "sal da terra" e "luz do mundo", com a responsabilidade de ser exemplo para a sociedade em todos aspectos da vida, tanto espiritual, como humano, material, social, etc.

11

A COMPLETUDE DA BÍBLIA

Porque eu testifico a todo aquele que ouvir as palavras da profecia deste livro que, se alguém lhes acrescentar alguma coisa, Deus fará vir sobre ele as pragas que estão escritas neste livro (Ap 22.18).

A Bíblia é o livro completo. Comete pecado abominável qualquer que adicionar ou subtrair alguma coisa ao seu conteúdo divinamente inspirado. Os livros, escritos por inspiração humana, podem sofrer revisões ou atualizações. Muitos autores escrevem sobre temas que precisam passar por modificações as mais diversas, visto que se referem às coisas humanas, que são mutáveis e falíveis. No entanto, em se tratando da Bíblia Sagrada, esse fato não pode acontecer.

Em primeiro lugar, porque o seu autor, que é Deus, pela iluminação do Espírito Santo, atuando sobre a mente dos escritores humanos, não falha. Diz a Bíblia: "Toda boa dádiva e todo dom perfeito vêm do alto, descendo do Pai das luzes, em quem não há mudança, nem sombra de variação" (Tg 1.17).

Em segundo lugar, em decorrência da infalibilidade de Deus, sua Palavra também não falha, não passa, não precisa de revisão ou de atualização: "O céu e a terra passarão, mas as minhas palavras não hão de passar" (Mt 24.35). Os escritores humanos da Bíblia, foram homens falhos, mas foram usados por Deus como instrumentos da transmissão escrita de sua Palavra, por inspiração e revelação, sob a coordenação e supervisão do Espírito Santo. Este é o Editor divino da Bíblia.

O grande perigo (que se constitui pecado gravíssimo), das tentativas de revisões dos textos sagrados, é o surgimento de heresias que acabam servindo de ensino e que dão base às seitas e falsas religiões e movimentos pseudocristãos. Quando alguém, em sua carnal presunção, sente-se com autoridade para acrescentar palavras ou sentenças à Bíblia, visando adaptá-la às visões modernas ou pós-modernas do mundo, geram verdadeiros monstrengos doutrinários, que induzem muitos ao erro, cometendo verdadeira impiedade. Diz a palavra: "Mas os homens maus e enganadores irão de mal para pior, enganando e sendo enganados" (2 Tm 3.13).

A Bíblia, no seu conteúdo inspirado por Deus, não precisa de qualquer revisão, atualização, ou adaptação. O que se pode admitir é a revisão das traduções, ou das versões, em termos lingüísticos ou semânticos, desde que não seja alterado o sentido das palavras, com base nos textos originais mais antigos. Ela tem a completude necessária para se impor como o Livro de Deus para a humanidade.

I – O QUE É A COMPLETUDE DA BÍBLIA

Completude quer dizer: "Caráter do que é, ou está completo". Homens escreveram os livros da Bíblia. Mas o seu conteúdo, como mensagem de Deus aos homens, está completo em si mesmo. Nada se pode acrescentar ou diminuir a esse conteúdo, inspirado, revelado, pleno e inerrante. Traduções, versões, interpretações ou visões acerca da Bíblia podem ser emitidas, divulgadas, estudadas, aceitas ou rejeitadas. Ela é completa em todos os seus aspectos fundamentais.

1. ELA É COMPLETA EM SEU CONTEÚDO

No âmago de sua essência, o conteúdo da Bíblia não pode sofrer alterações. Tudo o que foi escrito teve a supervisão do Espírito Santo. Está escrito: "E temos, mui firme, a palavra dos profetas, à qual bem fazeis em estar atentos, como a uma luz que alumia em lugar escuro, até que o dia esclareça, e a estrela da alva apareça em vosso coração, sabendo primeiramente isto: que nenhuma profecia da Escritura é de particular interpretação; porque a profecia nunca foi produzida por vontade de homem algum, mas os homens santos de Deus falaram inspirados pelo Espírito Santo" (2 Pe 1.19-21).

Conforme lemos no capítulo 8, ao longo de 1600 anos, Deus usou homens fiéis, comprometidos com a verdade, para reunir os textos bíblicos, que formaram o "cânon sagrado". No meio de uma variedade enorme de livros, só passaram a figurar como canônicos aqueles que passaram por um crivo de muito critério e autenticidade.

A Bíblia, usada pelos evangélicos ortodoxos, possui 66 livros. A Bíblia, usada pelo catolicismo, contém 73 livros. Aquela, à luz das melhores análises, realizadas pelos estudiosos das Escrituras, demonstra ter a mais consistente coerência quanto à completude dos textos sagrados. Na Bíblia católica, aceita inclusive por certos ramos de denominações evangélicas, há os livros chamados apócrifos ou deuterocanônicos, que contêm mensagens destoantes dos demais livros. Por volta do ano 100 d.C., o cânon do Novo Testamento foi completado, encerrando, assim, o acervo de livros que haveriam de integrar a Bíblia Sagrada.

A Bíblia é a Palavra de Deus. Ela é "provada; é um escudo para todos os que nele confiam" (Sl 18.30). Os livros que integram a Bíblia têm passado pela "prova de fogo" da validade interna e externa. Os críticos, materialistas e ateus, têm procurado lançar dúvida e descrédito contra a Bíblia. Mas Ela tem resistido aos ataques do maligno. "Seca-se a erva, e caem as flores, mas a palavra de nosso Deus subsiste eternamente" (Is 40.8).

2. *Ela é completa em sua mensagem*

A mensagem da Bíblia é completa. Tudo o que Deus quis, e quer, para o homem, no relacionamento entre ambos, está na Bíblia. A mensagem da Bíblia é tão elevada e tão profunda, que certo pensador disse: "Se o homem conseguisse cumprir os capítulos 5 a 7 de Mateus, que contém o Sermão do Monte, proferido por Jesus, a humanidade já estaria revivendo o Paraíso na Terra".

1) *Sobre a cosmogonia*

A Bíblia, como Palavra de Deus, é a mensagem de Deus ao ser humano. A Bíblia tem a completa explicação sobre as origens do universo, da vida, do homem, dos demais seres vivos, da matéria e de todas as coisas. O relato do capítulo primeiro do Gênesis engloba todas as fases e processos pelos quais Deus, o Criador, fez surgir todas as coisas pelo poder de sua Palavra.

2) Sobre a salvação

A Bíblia é completa quanto à mensagem da salvação para o homem caído. Toda a mensagem da Bíblia revela o amor de Deus para com o homem, na criação, na Queda e na Redenção. Jesus Cristo é o tema central da Bíblia. Nela, não há lugar para outros salvadores, salvadoras, medianeiros ou medianeiras. Jesus disse: "Eu sou o caminho, e a verdade, e a vida. Ninguém vem ao Pai senão por mim" (Jo 14.6b). Disse Pedro: "E em nenhum outro há salvação, porque também debaixo do céu nenhum outro nome há, dado entre os homens, pelo qual devamos ser salvos" (At 4.12; 1 Tm 2.5).

3) Sobre a História

As falsas religiões, com seus falsos livros, vêem a História de modo cíclico. Isto é: tudo teve início e volta ao começo. Os espíritas crêem na reencarnação. A Bíblia mostra que a História é linear. Ela tem começo e fim. A História do homem teve começo, passou pela Criação, pela Queda e tem assegurada a Redenção, para os que buscam a Deus, por meio de Cristo, e terá um fim, na "consumação dos séculos" (Mt 13.49; 28.20). Depois do "fim" (Mt 24.14; 1 Co 15.24), haverá a continuidade dos propósitos de Deus para o universo, quando haverá "céus novos e nova terra" (Is 65.17; 2 Pe 3.13; Ap 21.1).

II – DETURPAÇÃO DA COMPLETUDE DA BÍBLIA

Ao longo dos séculos, a Bíblia tem sido o livro mais lido e o mais atacado pelas forças que se opõem à verdade da mensagem de Deus aos homens. Em vez de procurarem interpretá-la à luz de suas próprias páginas e textos – A Bíblia interpreta a si mesma – homens presunçosos, dominados pela ignorância ou pela soberba, procuram deturpar a Palavra de Deus. De diversas formas, os ímpios, em seu orgulho, procuram deturpar as idéias em torno da Bíblia. E o fazem de diversas formas.

1. POR ADIÇÃO

No Apocalipse, o Senhor Jesus falou a João, na Ilha de Patmos: "Porque eu testifico a todo aquele que ouvir as palavras da profecia deste livro que, se alguém lhes *acrescentar* alguma coisa, Deus fará vir sobre ele as pragas que estão escritas neste livro" (Ap 22.18; grifo meu). Exemplo de adição é o que fizeram os russelistas ou Testemunhas de Jeová. Na Bíblia, no original grego, o texto de João 1.1, está escrito: "No princípio, era o Verbo, e o Verbo estava com Deus, e o Verbo era Deus".

Na *Tradução do Novo Mundo das Escrituras Sagradas* (a "bíblia" deles), adicionaram o artigo indefinido "um", descaracterizando o sentido do versículo: "No princípio era a Palavra e a Palavra estava com o Deus, e a Palavra era *um* deus..." Justificam essa mudança, no texto, alegando que, "pela ausência do artigo definido 'o' (*hó*), isso significa que Cristo era apenas um deus (com 'd' minúsculo), e não o Deus"[1] (grifo e parêntese acrescentado). Note-se que, para Deus, acrescentam o artigo definido "o", numa clara demonstração de que aceitam a divindade de Deus (Jeová), mas não aceitam a divindade de Cristo.

2. POR SUBTRAÇÃO

Diz o Apocalipse: "E, se alguém *tirar* quaisquer palavras do livro desta profecia, Deus tirará a sua parte da árvore da vida e da Cidade Santa, que estão escritas neste livro" (Ap 22.19; grifo meu). Críticos presunçosos têm procurado subtrair da Bíblia partes importantes, visando diminuir seu caráter divino e completo. Notadamente, os teólogos liberais procuram dessacralizar a Bíblia, chegando a ponto de dizer que Ela não é a Palavra de Deus; apenas a contém. Análises críticas, que seguem essa linha de pensamento, concluem que nem tudo o que está na Bíblia foi inspirado, ou mesmo revelado. Seus falsos doutores apregoam, nas universidades teológicas, que não se deve crer na concepção virginal de Cristo, em seus milagres, e até em sua ressurreição. Um dos maiores exemplos dessa mutilação bíblica é o que defendem os que fazem o Seminário de Jesus, nos EUA, que chegam a afirmar que apenas 18% do que está no Novo Testamento merece crédito.

3. POR MODIFICAÇÃO

Certas traduções da Bíblia, às vezes, visando contextualizar sua mensagem, ou adaptá-la aos tempos pós-modernos, modificam as frases dos textos bíblicos, de tal forma que descaracteriza todo o sentido doutrinário original. Há traduções da Bíblia que, no intuito de atender ao "politicamente correto", em que todas as palavras "sodomitas" e "efeminados" foram tiradas do texto, e substituídas por outras, mais "amenas".

Os russelistas (Testemunhas de Jeová) modificaram o texto original, que fala sobre "O Espírito de Deus", como em Gênesis 1.2: "E a terra era sem forma e vazia; e havia trevas sobre a face do abismo; *e o Espírito de Deus* se movia sobre a face das águas". Na "bíblia" deles,

---

[1] GEISLER, Norman L. & RHODES, Ron. *Resposta às Seitas*, p. 262.

está escrito assim: "Ora, a terra mostrava ser sem forma e vazia, e havia escuridão sobre a superfície da água de profundeza; e *a força ativa de Deus* movia-se por cima da superfície das águas".[2] Com isso, reforçam a heresia que rejeita a doutrina da Trindade. Negam que Jesus é Deus e negam a divindade e a Pessoa do Espírito Santo.

4. POR SUBSTITUIÇÃO

Muitas religiões e seitas dizem crer na Bíblia, mas não a consideram a verdade absoluta de Deus para o homem. No catolicismo, as *tradições*, os dogmas, e interpretações do magistério têm praticamente a mesma autoridade da Bíblia Sagrada, ou a Ela se sobrepõem, com mais força e autoridade. No Concílio de Trento (1545), o Papa declarou que a tradição católica tem a mesma autoridade da Bíblia. Na verdade, na prática, a Bíblia é substituída pela tradição. Jesus reprovou os fariseus, dizendo: "invalidando, assim, a palavra de Deus pela vossa tradição, que vós ordenastes. E muitas coisas fazeis semelhantes a estas" (Mc 7.13). Em 1950, o Papa Pio XII proclamou que Maria ascendeu ao céu em corpo e alma, logo após a sua morte. Onde está escrito isso? Em lugar nenhum, na Bíblia. Mas os católicos crêem nesses dogmas com a mesma fé, ou mais, do que naquilo que está escrito na Bíblia.

O livro de Mórmon substitui a Bíblia para os adeptos da Igreja de Jesus Cristo dos Santos dos Últimos Dias. Os espíritas pregam que o espiritismo é a "Terceira Revelação". A primeira, segundo seus ensinos, foi dada a Moisés; a segunda, através de Jesus Cristo. E a pretensiosa "terceira" e última é o espiritismo. Essa é uma característica marcante nas seitas e heresias: desprezar a Bíblia como única fonte de autoridade doutrinária, e achar que Ela não tem a revelação completa da parte de Deus. Mas Jesus disse: "Passará o céu e a terra, mas as minhas palavras não passarão" (Mc 13.31).

III – AGRESSÕES À ORTODOXIA

1. LIVROS DITOS REVELADOS

Livros com "a última revelação" têm sido publicados e espalhados por todas as partes, levando milhares de pessoas ao erro e ao engano doutrinário. Supostos "contatos imediatos de terceiro grau" têm sido propalados por pastores e ensinadores de certas igrejas, com evidentes distorções da Palavra de Deus.

---

[2] *Tradução do Novo Mundo das Escrituras Sagradas*, p. 7.

Neste aspecto, é grande o número de livros, de revistas, periódicos, e outras publicações, que divulgam mensagens heréticas, muitas das quais têm aparente conteúdo de verdade. Muitas vezes, misturam interpretações verdadeiras com as falsas, causando confusão na mente dos leitores. A chamada "teologia da prosperidade" usa e abusa dos textos bíblicos, visando demonstrar suas falácias para atrair os incautos. Grande parte dos crentes, de todas as igrejas evangélicas, e, principalmente, das pentecostais, jamais se deu ao trabalho gratificante de ler e estudar a Bíblia.

Quando surge uma "nova igreja", uma "nova teologia", uma "nova doutrina", apresentando inovações e modismos, não poucos caem na armadilha das novidades. Haja vista a chamada "bênção de Toronto", em que seus mentores e líderes apareciam como pessoas extremamente espirituais, levando as pessoas a um estado de verdadeiro transe emocionalista. Ali, muitos urravam como leão, dizendo estar cheias do Espírito do "Leão de Judá"; outras cantavam como galo, miavam como gatos, caindo ao chão. Há pouco tempo, no Jornal o *Mensageiro da Paz*, um dos líderes daquele movimento declarou para o mundo que tudo não passava de mistificação, engano e engodo, e até de influência demoníaca! A que ponto pode chegar uma comunidade, quando não se fundamenta na ortodoxia bíblica!

Bem disse Paulo: "Tende cuidado para que ninguém vos faça presa sua, por meio de filosofias e vãs sutilezas, segundo a tradição dos homens, segundo os rudimentos do mundo e não segundo Cristo" (Cl 2.8). Pedro advertiu: "E também houve entre o povo falsos profetas, como entre vós haverá também falsos doutores, que introduzirão encobertamente heresias de perdição e negarão o Senhor que os resgatou, trazendo sobre si mesmos repentina perdição" (2 Pe 2.1).

Uma boa regra é: diante de qualquer doutrina, ensino, orientação, ou norma, confrontá-lo com a Palavra de Deus. Se não houver fundamento, claro, explícito, ou implícito, consistente, o crente não deve aceitá-lo. É necessário fazer como os cristãos bereanos, que ao ouvirem a palavra, examinavam "cada dia nas Escrituras se estas coisas eram assim" (At 17.11). Paulo, advertindo aos efésios, exortou-os, dizendo que Deus houvera dado ministros do evangelho, "querendo o aperfeiçoamento dos santos, para a obra do ministério, para edificação do corpo de Cristo, até que todos cheguemos à unidade da fé e ao conhecimento do Filho de Deus, a varão perfeito, à medida da estatura completa de Cristo, para que não sejamos mais meninos inconstantes, levados em roda por todo vento de doutrina, pelo engano dos homens que, com astúcia, enganam fraudulosamente" (Ef 4.12-14).

2. Experiências pessoais

No meio de muitas igrejas locais, principalmente nas de linha pentecostal, já é por demais conhecido o fato de que há muitos exemplos de pessoas, que se apresentam como sendo profetas, profetizas, videntes, ou mesmo pessoas que não possuem qualquer dom, afirmando que tiveram uma "revelação", que "Deus falou com elas" sobre determinada coisa, sobre este ou aquele comportamento. E passam suas experiências para a congregação, na expectativa de que todos aceitem o que dizem como se fosse algo fundamentado na Bíblia. Há muitas "doutrinas", no meio evangélico que surgiram de experiências pessoais.

Praticamente, todas as seitas surgiram assim. Uma profetiza (ou profeta) diz que viu, no céu, os dez mandamentos, e, um, brilhava mais do que os outros; e formula uma doutrina. Outro fundador de religião diz que um anjo lhe falou, e mostrou um livro. Outro diz que recebeu "a unção do riso", e põe todas as pessoas para rir de modo descontrolado e irreverente. E afirma que Deus lhe revelou! Lamentavelmente, grande parte dos crentes não examina os fatos à luz da Bíblia. Mas prefere aceitá-los sem o senso crítico, porque o pastor, o missionário, ou a irmã de oração é uma serva de Deus, e tem autoridade. E, assim, as heresias vão proliferando. É assim que os falsos ensinos e as "vãs sutilezas" (Cl 2.8) tomam conta de muitas igrejas locais.

Nem profecia, nem sonho, nem revelação, nem experiência pessoal, por mais impressionante que seja, pode ser acrescentada ou substituir o que está escrito na Palavra de Deus.

3. Marketing personalista. DVD's, Apostilas, etc.

Nos dias atuais, na "era da informação e da imagem", da Internet, parece que menos crentes estão lendo a Bíblia. E muito menos a estudando. Mas aumenta, a cada dia, o número de pessoas, nas igrejas, acessando sites na Internet; baixando (fazendo *download*) vídeos e arquivos de mensagens e armazenando para seu deleite ou informação. Por um lado, nada há que reprovar, pois o acesso à informação, hoje, é bem mais amplo e ao alcance de todos. Porém, o que há de negativo é o fato de tantas pessoas, principalmente jovens, que jamais leram a Bíblia, estarem recebendo imagens e informações de segunda e de terceira mão, sem ao menos examinarem se elas estão de acordo com a Palavra de Deus.

Há pregadores que disponibilizam seus DVD's e CD's com suas mensagens. Em princípio, nada há de errado nisso. É uma forma de expor ensinos, estudos e mensagens. Há homens de Deus, que utilizam a mídia e seus produtos para disseminar a Palavra de Deus de modo ético e sincero. Mas há os que, tornando-se famosos, fazem uso da mídia para difundir mensagens sem fundamento bíblico, aproveitando-se do nome e da imagem que formaram diante do público. Passam a ser "gurus", idolatrados e bafejados por admiradores e fãs.

Os tais comportam-se como astros de cinema, e mudam até o visual para agradar seus seguidores, induzindo-os a um verdadeiro culto à personalidade. Já vimos casos de DVD's em que o pregador fala uma hora e não abre a Bíblia, ou cita textos, em que fundamente sua mensagem. Limitam-se a "massagear" o ego das pessoas, com mensagens triunfalistas, ou de auto-ajuda: "Você já venceu!", "Eu profetizo vitória...!", "Você é filho do rei; não pode ser pobre"; "Você não precisa mais orar! Deus já lhe deu todas as bênçãos celestiais!" "Declare, determine, decrete...!"

Esses pregadores não pregam se não receberem polpudos "cachês", pois já entraram na era do marketing personalista, a exemplo dos cantores famosos, que não cantam para Deus, mas sim, por dinheiro. Como são "pop-stars" ou "celebridades", o que eles dizem é aceito como verdade absoluta por seus admiradores, que nem sequer se dão ao trabalho de examinar as Escrituras.

4. Novas teologias

Modernamente, existem "novas" teologias, que procuram substituir a Bíblia em sua interpretação ortodoxa. Essas correntes teológicas têm influenciado grande parte do meio evangélico, quase sempre ávido por mudanças e inovações. Dentre essas novidades teológicas, destacamos as seguintes:

1) Teísmo Aberto

Como foi visto, no capítulo 1, existe o "Teísmo Aberto", que é uma verdadeira aberração contra a interpretação honesta da Bíblia, que prega um "deus" fracassado, impotente, que ignora o futuro, falho e mutável. Em seus ensinos, querem mutilar a Bíblia, ao mesmo tempo, adicionando, subtraindo, substituindo, e modificando o verdadeiro sentido da Palavra de Deus como mensagem do Senhor ao homem caído.

2) Teologia da Prosperidade

Essa corrente teológica e doutrinária tem feito grande estrago no meio evangélico. Seus líderes difundem a idéia de que o crente em Jesus não pode ser pobre, nem pode ficar doente. Se isso acontecer, é porque há algo errado em sua vida: ou está em pecado ou não tem fé. É o cúmulo da precipitação no julgamento da espiritualidade das pessoas. E seus mentores dizem-se possuídos de autoridade divina.

Diz Hagin: "Você é tanto uma encarnação de Deus quanto Jesus Cristo o foi..." (Hagin, *Word of Faith*, 1980, p. 14). "Você não tem um deus dentro de você. *Você é um Deus*" (Kenneth Copeland, fita cassete *The Force of Love*, BBC-56). "Eis quem somos: somos Cristo!" (Hagin, *Zoe: A Própria Vida de Deus,* p.57). Baseiam-se, erroneamente, no Sl 82.6, citado por Jesus em Jo 10.31-39. "Eu sou um pequeno Messias".[3] Satanás, no Éden, incluiu no seu engodo, que o homem seria "como Deus, sabendo o bem e o mal" (Gn 3.5). Isso é doutrina de demônio.

Em João 10.34, Jesus citou o Salmos 82.6, mostrando a fragilidade do homem e não sua deificação: "Todavia, como homens morrereis e caireis, como qualquer dos príncipes" (v. 7). "Deus não é homem" (Nm 23.19; 1 Sm 15.29; Os 11.9 Ex 9.14). Fomos feitos semelhantes a Deus, mas não somos iguais a Ele – Deus é *Onipotente* (Jó 42.2); o homem é frágil (1 Co 1.25); Deus é *Onisciente* (Is 40.13, 14; Sl 147.5); o homem é limitado no conhecimento (Is 55.8,9). Deus é *Onipresente* (Jr 23.23,24). O homem só pode estar num lugar de cada vez (Sl 139.1-12)".[4]

Diante desse ensino, pode-se entender porque os adeptos da doutrina da prosperidade pregam que podem obter o que quiserem, nunca sendo pobres, nunca adoecendo. É que se consideram deuses! Com autoridade suprema para decretar, determinar, exigir e reivindicar as promessas e bênçãos de Deus. À luz da Bíblia, tal comportamento equivale a orgulho, presunção e soberba. Eles não valorizam a completude da Bíblia. Usam certos textos, torcendo a interpretação e a aplicação, de forma a satisfazerem seus objetivos em busca de poder e fama sobre as comunidades carentes de conhecimento bíblico.

Não existe outro livro igual ou semelhante à Bíblia. Primeiro, porque Ela é a Palavra de Deus; segundo, porque seus textos, no que tange ao conteúdo inspirado e revelado por Deus, revelam a sua completude. Nada se lhes pode acrescentar ou diminuir, sob pena de maldição sobre quem o fizer. Basta que o homem, com humildade, curve-se diante da grandeza e da soberania de Deus, e aceite, pela fé, a sua mensagem para a humanidade.

---

[3] Haggin, citado por haneegraf, p. 119.

[4] LIMA, Elinaldo Renovato de. *Perigos da pós-modernidade* (CPAD), p. 174,175.

12

A IGREJA — SERVA DA BÍBLIA

Jesus respondeu e disse-lhe: Se alguém me ama, guardará a minha palavra, e meu Pai o amará, e viremos para ele e faremos nele morada (Jo 14.23).

A Igreja, como coluna e firmeza da verdade, está fundada sobre a Bíblia e a Ela submete-se em todas as áreas de sua atuação. A Igreja é a Noiva de Jesus. É o Corpo de Cristo. Constituída de todos os salvos, em todos os tempos, e em todos os lugares. Assim como uma noiva ama o noivo, a Igreja, de modo sublime e espiritual, ama o seu Noivo, com o amor ágape. Esse é o relacionamento de afeto entre o Senhor Jesus e sua Igreja. Assim como a noiva anela por receber e ler as cartas do noivo, a Igreja tem prazer em ter, ler, estudar e obedecer a Carta do Noivo – Jesus: "Oh! Quanto amo a tua lei! É a minha meditação em todo o dia!" (Sl 119.97).

Ao mesmo tempo, deve haver uma relação de obediência ao Senhor, por parte de todos os que compõem a Igreja. Jesus é o Noivo e também o Senhor da Igreja. No sentido espiritual, no qual a Igreja é um organismo vivo, não há a menor dúvida de que existe uma relação perfeita de obediência e submissão à Palavra de Deus. No sentido humano, no entanto, há diversos aspectos, em que se fazem necessárias advertências da parte de Deus, com base na sua Palavra, para que haja total submissão dos crentes aos mandamentos do Senhor Jesus.

A maior prova do amor da Igreja ao noivo é a obediência à sua Palavra: "Jesus respondeu e disse-lhe: Se alguém me ama, guardará a minha palavra, e meu Pai o amará, e viremos para ele e faremos nele morada" (Jo 14.23). O amor a Jesus não é demonstrado por conhecimentos bíblicos ou teológicos; não é pelo exercício de muitas funções nas igrejas; tudo isso pode ser feito sem amor; pois há quem faça muitas coisas nas igrejas por interesse humano ou material.

Obediência à Palavra é prova eloqüente do amor da Igreja a Cristo. "Se me amardes, guardareis os meus mandamentos" (Jo 14.15). A Igreja é Noiva de Cristo, e é serva de sua Palavra. Nos tempos que antecedem a Vinda de Jesus, o número de igrejas locais tem aumentado significativamente. Infelizmente, porém, pode-se constatar, por observação, que há muitos movimentos que não se submetem à Palavra. Igrejas que não valorizam a Palavra de Deus não podem ser consideradas igrejas cristãs. Não são servas da Palavra, nem servas de Cristo. São servas de teologias, de filosofias, do pós-modernismo, do relativismo; são servas de seus fundadores, de seus dogmas, mas não têm Cristo como Senhor, nem sua Palavra como regra de fé e prática.

A Igreja de Cristo lhe é submissa e aceita a autoridade da Bíblia, a Palavra de Deus. A teologia é bem-vinda para a Igreja do Senhor, desde que não tenha a pretensão de sobrepor-se ao conteúdo espiritual e ético, que integra o Livro Sagrado. A Bíblia é completa em si mesma, e não admite alterações no seu texto, por adição, subtração, modificação, ou qualquer outro tipo de interferência em sua integridade, como livro inspirado e revelado por Deus, pelo Espírito Santo. Este comentário é dirigido, em sua parte crítica e reflexiva, não à Igreja, a Noiva do Cordeiro, mas às igrejas enquanto organizações, formadas pelos crentes, em todos os lugares no plano terreno.

I – A IGREJA E A SUBMISSÃO À PALAVRA

A Igreja tem dois grandes sentidos, em face dos propósitos que lhe estão afetos. Um sentido espiritual, invisível, no seu todo, em todos os tempos (igreja universal, o Corpo de Cristo), e um sentido organizacional, local (visível, formada pelos crentes vivos, a igreja militante).

1. No SENTIDO ESPIRITUAL

Neste sentido, a Igreja é um *organismo espiritual*, tendo Cristo como a Cabeça (Cl 1.18) e os crentes como seu Corpo. Nesse aspecto, tem a administração espiritual, sobrenatural, sob a direção do Espírito Santo (Jo 14.26). Só precisamos colocar-nos sob sua dependência e tudo funciona bem.

É a essa Igreja que se refere o autor do livro aos Hebreus, que se expressa de modo eloqüente nas seguintes palavras: "Mas chegastes ao monte Sião, e à cidade do Deus vivo, à Jerusalém celestial, e aos muitos milhares de anjos, *à universal assembléia e igreja dos primogênitos,* que estão inscritos nos céus, e a Deus, o Juiz de todos, e aos espíritos dos justos aperfeiçoados" (Hb 12.22,23; grifo meu). Nessa Igreja (com "I" maiúsculo), só os salvos de verdade estão incluídos, tantos vivos, como os que já morreram, desde a fundação do mundo.

No aspecto espiritual, a Lei Maior, à qual a Igreja deve ser submissa, é a Palavra de Deus, a Bíblia Sagrada. E não temos a menor dúvida de que quem faz parte dessa Igreja está plenamente submetido aos ditames da Bíblia, em todos os aspectos da vida: espiritual, moral, ético, social, familiar, financeiro e nos demais do seu dia-a-dia.

2. No SENTIDO ORGANIZACIONAL

No âmbito da "igreja local", a Igreja é formada por pessoas que se unem, e se reúnem, para adorar e servir a Deus, em um determinado lugar (bairro, região, país, etc.), e é formada pelos crentes, salvos (ou não). É vista por Deus, e, também, pelas pessoas em geral. Pode ser considerada uma organização. No meio dessa igreja (local), estão "o trigo", ou seja, os crentes fiéis e santos e o "joio" – os falsos crentes. *Como organização,* a Igreja precisa de direção, de atividades, normas, de estatutos, e de ações humanas.

Entretanto, mesmo como organização, suas normas, que devem constar de seus estatutos, não devem sobrepor-se à Bíblia Sagrada. Perante as autoridades civis ou jurídicas, os estatutos de uma igreja constituem sua lei. Os crentes devem estar sujeitos às autoridades legitimamente constituídas (Rm 13.1-7). Mas, para integrar a Igreja de Cristo, a igreja local precisa estar submissa, antes de qualquer coisa, e acima de tudo, à Palavra de Deus. O cristão deve cumprir a lei do País, até o ponto em que esta não fira os princípios espirituais e morais da Palavra de Deus.

Jamais poderemos concordar com suas práticas, ou considerá-las membros do corpo de Cristo, visto que as mesmas são consideradas pecados abomináveis aos olhos do Senhor (cf. Lv 18.22; 20.13; Rm 1.24-27; 1 Co 6.9,10). Há igrejas de homossexuais, com pastores e pastoras homossexuais. Tais comunidades não têm o respaldo da Bíblia, nem a Ela se submetem. São organizações espúrias à luz da Bíblia.

Na Europa há países onde existe a "Bíblia politicamente correta", em que os textos que condenam certos atos pecaminosos foram substituídos por expressões amenizadas, para descaracterizar a natureza dos pecados. Em "Bíblias" desse teor, a oração do Pai Nosso é lida, deturpada: "Pai e Mãe nossos que estais nos céus [...]" Seus teólogos dizem que Deus é Homem e Mulher. Verdadeira heresia. Deus não tem sexo. Na Bíblia, não deturpada, Deus se apresenta, dizendo: "Eu sou o Deus de teu pai, o Deus de Abraão, o Deus de Isaque e o Deus de Jacó" (Êx 3.6b,15,16; Ne 9.32). Deus jamais se apresentou, dizendo: "Eu sou a deusa...; eu sou a Senhora". Há lugares, em que não se pode mais ler textos bíblicos que condenam a prostituição, a fornicação, ou o homossexualismo. Isso é sinal de que os fins dos tempos estão mais próximos do que podemos imaginar.

A igreja, no sentido humano, tem procurado agradar o mundo. Mas a recíproca não é verdadeira. Ou seja: o mundo não tem procurado agradar à igreja. Há uma ingenuidade muito grande, no meio de certas igrejas ou denominações, em pensar que, agradando o mundo, vão ser mais bem vistas e bem situadas no meio social ou político. Em certos momentos, existe aparente harmonia, mas quando há confronto da igreja local com os interesses materiais, ela passa a ser perseguida. Há pastores, procurando agradar a sociedade sem Deus. O Diabo quer destruir a Igreja. Só não vai conseguir porque Jesus disse: Eu "edificarei a minha igreja, e as portas do inferno não prevalecerão contra ela" (Mt 16.18).

Os anjos são submissos à Palavra de Deus: "Bendizei ao Senhor, anjos seus, magníficos em poder, que cumpris as suas ordens, obedecendo à voz da sua palavra" (Sl 103.20). A natureza é submissa à Palavra: "Mandou às trevas que a escurecessem; e elas não foram rebeldes à sua palavra" (Sl 105.28). Os seres celestiais obedecem a Deus. Os que não obedeceram, foram lançados para fora dos céus. Muito mais significativa é a obediência da Igreja à Palavra do Senhor. Quando o povo de Deus submete-se à sua Palavra, Ele manda bênçãos espirituais e materiais sobre todos e sobre a Terra (Dt 11.13-15).

II – A IGREJA E A FIDELIDADE À PALAVRA

1. O RESPEITO À INTEGRIDADE DA PALAVRA

Quando este autor exercia o magistério universitário, certo professor, questionando sobre a aplicabilidade da Bíblia, nos tempos pós-modernos, afirmava que "a Bíblia precisa ser revista; precisamos fazer uma releitura dos textos bíblicos, visto que não têm mais sentido para os tempos atuais". É a perturbação do Diabo com o valor da Palavra de Deus. O Adversário sabe que, se a Palavra de Deus for pregada com integridade (ortodoxia), é grande o poder de destruição do pecado que Ela tem; é grande o efeito transformador de mentes e vidas, que serão salvas para o Reino de Deus, pela fé em Cristo Jesus. A Igreja tem compromisso com a verdade (Jo 17.17). E não pode fugir à sua missão profética e proclamadora do evangelho de salvação. Para cumprir sua missão, a Igreja não precisa rever a Bíblia, mas cumpri-la, com submissão e santidade.

2. A IGREJA DEVE PREGAR A VERDADE

A Igreja deve pregar a Palavra da Verdade: "Pelo que, tendo este ministério, segundo a misericórdia que nos foi feita, não desfalecemos; antes, rejeitamos as coisas que, por vergonha, se ocultam, não andando com astúcia nem falsificando a palavra de Deus; e assim nos recomendamos à consciência de todo homem, na presença de Deus, pela manifestação da verdade" (2 Co 4.1,2). Os obreiros, e, principalmente, os pastores, líderes de parte do rebanho do Senhor, têm o ministério, não por mérito ou capacidade intelectual, e, sim, "segundo a misericórdia que nos foi feita" pela bondade de Deus.

A responsabilidade é muito grande, diante do Senhor e de sua amada Igreja. O púlpito não deve ser palanque político, mas a tribuna da verdade do evangelho. É o líder que conduz a igreja local para os rumos de sua história, em obediência a Deus. No que tange à pregação da Palavra, Paulo alerta para evitarmos a falsificação da Palavra de Deus, com falsas doutrinas, falsas interpretações, ou falsas aplicações do texto bíblico, de acordo com conveniências pessoais, ou de grupos. E isso só é possível "pela manifestação da verdade". É comum o jargão "doa a quem doer", na linguagem da comunicação. Na igreja local, é indispensável que a Palavra da Verdade seja ensinada e pregada, "doa a quem doer". Tal assertiva, por outro lado, não deve ser vista como o líder, ou quem ensina, ser atrevido, grosseiro ou deselegante, usando o púlpito de maneira agressiva e desrespeitosa. De modo algum. Mas deve significar a ministração da doutrina, seja para edificação, ânimo, ou para exortação: "Que pregues a palavra, instes a tempo e fora de tempo, redarguas, repreendas, exortes, com toda a longanimidade e doutrina" (2 Tm 4.2).

III – A IGREJA E A SANTIDADE DA PALAVRA

1. A PALAVRA DE DEUS É SANTA

"Porque se lembrou da sua santa palavra e de Abraão, seu servo" (Sl 105.42). Todo cristão, bem instruído, sabe o que significa ser santo. Aquilo que é separado, consagrado ou dedicado a Deus. Aquilo que faz diferença diante de Deus e dos homens. A Palavra de Deus, consubstanciada na Bíblia, é portadora de uma mensagem única e especial. Nenhum livro, de qualquer religião, ou seita, jamais aproximou-se do caráter divino e santo do conteúdo dos textos bíblicos. Mesmo se tratando de um objeto material, em sua confecção, todos os crentes deveriam ter reverência e cuidado ao pegar na Bíblia.

Não se trata de legalismo ou pieguice. Mas de reverência no manuseio do Livro Sagrado. Os mulçumanos respeitam tanto o seu livro, o Alcorão, que jamais admitem referências jocosas a seu respeito. Danificar o livro é considerado crime. Mas há cristãos que dão mais valor a livros escolares do que à Bíblia. Já vi um pastor colocar a Bíblia no chão, por incomodar-se em tê-la na mão, durante o culto. Um juiz não coloca a Constituição em qualquer lugar. É um livro, mas representa a lei maior da nação. A Bíblia é um livro, mas representa a Lei de Deus para sua Igreja. No próximo capítulo, falaremos sobre a atitude ética para com o Livro Sagrado

2. O TEMOR ANTE A PALAVRA DE DEUS

"Ouvi, Senhor, a tua palavra e temi" (Hc 3.2). O profeta Habacuque, ante a situação espiritual do povo, à sua época, fez uma dramática oração ao Senhor, começando por expressar o seu temor, ao ouvir a Palavra de Deus. Vivemos dias difíceis, onde o ouvir a Palavra, por parte de muitos crentes, causa-lhes desconforto: "Porque virá tempo em que não sofrerão a sã doutrina; mas, tendo comichão nos ouvidos, amontoarão para si doutores conforme as suas próprias concupiscências" (2 Tm 4.3). Há, infelizmente, pessoas, nas igrejas, que não suportam "ouvir a sã doutrina".

Estimulados pelo modernismo, há uma geração, nos tempos atuais, que não aceita a doutrina, pregada em sua integridade e pureza. Prefere "o politicamente correto" nas pregações. A famigerada doutrina da prosperidade tem levado muitos crentes ao raquitismo espiritual; gostam de ouvir mensagens triunfalistas ou de caráter psicológico, que lhes massageiem o ego, mas não lhes infunde temor, na presença de Deus. Paulo previu isso: "Amontoarão para si doutores conforme as suas próprias concupiscências", ou seja, pessoas que preferem ouvir mensagens que lhes agradem, segundo seus interesses pessoais, ou sua maneira de viver.

Recentemente, o Jornal *Mensageiro da Paz*, editado pela CPAD, publicou matéria de capa, informando o que aconteceu com uma "megaigreja", em Chicago, EUA. Para agradar os mais jovens, o seu líder resolveu implantar um tipo de crescimento de igreja, baseado no atendimento dos interesses pessoais e no "marketing secular". As mensagens deixaram de enfocar o que Deus queria para o povo, e passaram a enfatizar os interesses das pessoas. O resultado já é conhecido em todo o mundo: fracasso confessado pelos líderes daquela igreja. O motivo: Deixaram de lado a fidelidade à Palavra de Deus. Procuraram o crescimento numérico, sem o crescimento qualitativo. Fizeram muitos seguidores do modelo de crescimento, mas não conseguiram formar discípulos (Mt 28.20).

Mas a Igreja do Senhor, integrada por crentes, nas igrejas locais, expressa, na vida de seus membros, o verdadeiro temor de Deus, que é a reverência profunda e o respeito à sua Palavra e à sua Pessoa. O temor do Senhor, decorrente da observância da sua Palavra, não provoca medo ou receio. Pelo contrário: é causa de vida sábia: "Mas disse ao homem: Eis que o temor do Senhor é a sabedoria, e apartar-se do mal é a inteligência" (Jó 28.28; Sl 2.11; 5.7; 86.11; 111.10).

3. A Bíblia é o livro do povo santo

Graças a Deus, que em meio aos povos e nações, há um povo, separado por Deus, para ser seu povo, na Terra. É a Igreja de Deus, formada por gente de todas as nações, "tirados para fora" do mundo. "Bem-aventurada é a nação cujo Deus é o Senhor, e o povo que ele escolheu para a sua herança" (Sl 33.12). A Igreja é essa "nação", mas só pode fazer parte dela, quem se submete à Palavra de Deus, formando também o verdadeiro Israel de Deus: "E, a todos quantos andarem conforme esta regra, paz e misericórdia sobre eles e sobre o Israel de Deus" (Gl 6.16).

Este povo, que ama e obedece à Bíblia, tem que ser um povo santo. É condição indispensável. Diz Pedro: "Portanto, cingindo os lombos do vosso entendimento, sede sóbrios e esperai inteiramente na graça que se vos ofereceu na revelação de Jesus Cristo, como filhos obedientes, não vos conformando com as concupiscências que antes havia em vossa ignorância; mas, como é santo aquele que vos chamou, sede vós também santos em toda a vossa maneira de viver, porquanto escrito está: Sede santos, porque eu sou santo" (1 Pe 1.13-16; Lv 11.44; 20.26).

IV – A IGREJA E A PROCLAMAÇÃO DA PALAVRA

É a missão da Igreja. Seu trabalho deve ter a visão missionária. "Não dizeis vós que ainda há quatro meses até que venha a ceifa? Eis que eu vos digo: levantai os vossos olhos e vede as terras, que já estão brancas para a ceifa" (Jo 4.35). Quando os campos estão brancos, e os frutos não são colhidos, a tendência natural é a perda da safra ou da plantação. Da mesma forma, os campos espirituais estão brancos, prontos para serem colhidos, através da proclamação do evangelho de Cristo.

A Grande Comissão é tarefa inacabada, como se sabe. Milhões de pessoas ainda não conhecem a Jesus, no meio dos povos não-alcançados. Quem lhes falará de Cristo? As falsas religiões estão enganadas e enganando a maior parte da população do planeta. Na Índia, há pessoas que adoram ratos; na África, há pessoas que adoram árvores, pedras, rios e outros elementos naturais; são adeptas do animismo. Em muitos lugares, como no Brasil e na América Latina, ainda tem grande influência a idolatria. Jesus, no seu último contato com os discípulos, ordenou: "Ide por todo o mundo, pregai o evangelho a toda criatura. Quem crer e for batizado será salvo; mas quem não crer será condenado" (Mc 16.15b,16).

A Igreja, no sentido universal, como Corpo de Cristo, deve ser comprometida com a Palavra. De igual modo, vista como igreja localizada num determinado lugar, também precisa estar submissa à Palavra de Deus. Dela, emana toda a sabedoria, a graça e o poder, para que cumpra a sua missão salvífica e proclamadora da verdade do evangelho de Cristo. Que Deus nos conceda a visão de Cristo, vendo o mundo como um celeiro de almas, que estão sendo levadas para a perdição: "Livra os que estão destinados à morte e salva os que são levados para a matança, se os puderes retirar. Se disseres: Eis que o não sabemos; porventura, aquele que pondera os corações não o considerará? E aquele que atenta para a tua alma não o saberá? Não pagará ele ao homem conforme a sua obra?" (Pv 24.11,12)

13

O VALOR DO ESTUDO DA BÍBLIA

Oh! Quanto amo a tua lei! É a minha meditação em todo o dia! (Sl 119.97).

Estudar a Bíblia não é apenas lê-la. É aproveitar lições preciosas para o crescimento espiritual, extraindo alimento para a alma. A Bíblia é o Livro de Deus. Ela é a mensagem de Deus para todas as pessoas, em todos os tempos, em todos os lugares. Deus amou o mundo. "[...] Deus, nosso Salvador, que quer que todos os homens se salvem e venham ao conhecimento da verdade" (1 Tm 2.3,4). A Bíblia é a revelação especial de Deus para a humanidade. Ainda que seja o livro mais editado, no mundo, ao longo dos tempos, é, ainda, o livro menos conhecido de muitos povos e nações. O desejo de Deus é que a sua Palavra chegue a todo o ser humano, para que seja lido, apreciado e estudado.

Ler, de uma forma geral, significa passar a vista pelas palavras de um texto. Ler a Bíblia já é algo bastante proveitoso para quem tem a oportunidade de ter o Livro Sagrado em suas mãos. Há povos não-alcançados pelo evangelho de Cristo que jamais tiveram um só exemplar da Bíblia nas mãos de qualquer pessoa. Graças a Deus, no mundo Ocidental, em que (ainda!) há liberdade de culto, existem pessoas que possuem não só um exemplar, mas muitos, da Bíblia Sagrada.

Os cristãos, em geral, gostam de ler a Bíblia. Uns mais; e outros, menos; há, ainda, os que nunca leram a Bíblia. Neste trabalho, desejamos enfatizar o ato de "estudar" a Bíblia. É mais do que apenas lê-la. Na leitura, há benefícios para a mente, para a alma. Mas, no estudo, há maior aproveitamento do conteúdo, da mensagem, e dos ensinos e doutrinas, que permeiam as páginas do Santo Livro, dado por Deus à humanidade, e, principalmente, aos que nEle crêem.

Há inúmeros exemplos de pessoas que, nos mais variados momentos e situações da vida, encontraram respostas para seus problemas nas páginas da Bíblia Sagrada.

I – O QUE É LER A BÍBLIA

1. LEITURA COMUM

Ainda que o dicionário também defina o verbo ler como estudar, podemos afirmar que, na prática, ler a Bíblia se constitui no ato de passar a vista de modo corrido, por suas palavras ou sentenças. No livro de Atos, temos o exemplo claro de um homem que estava lendo, e até procurando estudar, mas não conseguia entender o texto: "[...] E eis que um homem etíope, eunuco, mordomo-mor de Candace, rainha dos etíopes, o qual era superintendente de todos os seus tesouros e tinha ido a Jerusalém para adoração, regressava e, assentado no seu carro, *lia o profeta Isaías*" (At 8.27,28; grifo meu).

O ato de ler, simplesmente pode levar a pessoa que tem um livro em mãos, a percorrer suas páginas, apenas passando e repassando as folhas, sem um exame mais atento e acurado, do conteúdo lido. Há, nas igrejas locais, pessoas que têm o hábito de *ler* a Bíblia. Algumas sentem-se orgulhosas por poderem dizer: "Já li a Bíblia toda 'tantas' vezes". E isso causa admiração aos que ainda não leram o Livro todo nem uma vez. A leitura bíblica, de modo repetido, sempre deixa, na mente do crente algum conhecimento, algum proveito, por tratar-se de uma palavra viva e poderosa (Hb 4.12). Mas ler não é a mesma coisa que estudar.

2. Leitura persistente

Diz Paulo: "Persiste em ler, exortar e ensinar, até que eu vá" (1 Tm 4.13). Há muitos cristãos que começam a ler a Bíblia, no início do ano, com o propósito de lê-la todos os dias. Mas são poucos os que alcançam esse objetivo. Assim, como acontece, quando o crente define o propósito de orar, diariamente, o desejo de ler a Bíblia sofre muitas oposições. Não é fácil dedicar-se à oração e à leitura da Bíblia. Fatores, os mais diversos, contribuem para que haja a perda de interesse por essa prática saudável na vida devocional. Cansaço, fadiga, distrações (TV, revistas e outros) contribuem para o descuido em ler a Bíblia. Mas, se o fiel desejar crescer na fé, precisa, antes de qualquer coisa, começar pelo menos a ler a Bíblia. Uma meta por demais significativa é procurar ler a Bíblia toda, durante o ano.

II – O ESTUDO SIGNIFICATIVO DA BÍBLIA

1. O que é estudar

O dicionário nos diz que estudar é "Aplicar a inteligência a, para aprender; Dedicar-se à apreciação, análise ou compreensão de; examinar, analisar [...] Observar atentamente [...] Procurar fixar na memória; esforçar-se para saber de cor [...] Aplicar o espírito, a memória, a inteligência, para saber, ou adquirir instrução ou conhecimentos [...] Ser estudioso [...] Meditar, pensar; assuntar".[1]

Aplicando essas definições ao estudo da Bíblia, podemos dizer que estudar a Bíblia é aplicar a inteligência para apreciação, análise e compreensão dos textos bíblicos; é procurar aplicar o espírito, a memória e a inteligência, para saber, ou adquirir instrução e conhecimentos da Palavra de Deus.

O estudioso da Bíblia procura "conhecer a sabedoria e a instrução; para se entenderem as palavras da prudência" (Pv 1.2). Estudar a Bíblia leva o crente a ter sabedoria, ou seja, a capacidade para praticar o conhecimento, ou a ciência das coisas de Deus, em todos os aspectos da vida. O estudo da Bíblia não pode tornar-se mero aprendizado teórico, ou a memorização de textos. O estudo bíblico deve ter como objetivo a prática dos princípios divinos na vida diária. Um dos problemas que envolvem o estudo teológico é a visão acadêmica que domina muitos estudiosos, que se deleitam em expor idéias, doutrinas e filosofias, que só servem para o orgulho do in-

---

[1] *Dicionário Aurélio.*

telecto e o diletantismo dos seus teóricos. No estudo da Bíblia, não há lugar para a soberba intelectual.

III - BENEFÍCIOS NO ESTUDO DA BÍBLIA

1. CRESCER EM CONHECIMENTO

O servo, ou serva de Deus, precisa ler e *estudar* a Bíblia, diariamente, para crescer no conhecimento do Senhor Jesus Cristo (2 Pe 3.18). Há muitos cristãos raquíticos na fé por falta de conhecimento. Há quem diga que, no meio pentecostal, há muito barulho e pouco conhecimento da Palavra de Deus; pode parecer desconfortável, mas a prática nos mostra que é grande o número de pessoas, nas igrejas pentecostais, e mais ainda, nas neopentecostais, que não procuram aprofundar-se no conhecimento das verdades bíblicas.

Este autor costuma usar metáforas, aplicadas à vida cristã, ao dizer: Há cristãos que não crescem no conhecimento das coisas de Deus. Uns ainda estão no "Jardim de Infância da Fé", depois de terem saído da pediatria espiritual; outros contentam-se em ficar na "Creche da Fé", apenas dependendo dos cuidados dos mais experientes (é um dever da igreja local cuidar dos novos na fé); mas há pessoas, com mais de dez anos de conversão, que não querem buscar o conhecimento. Este é progressivo. Exige esforço, dedicação, disciplina, interesse e persistência.

Quando os crentes não lêem, nem tampouco estudam a Bíblia, portam-se como meninos espirituais. Daí, porque há tanto emocionalismo, em muitas igrejas locais. É a falta de conhecimento. Por falta de conhecimento bíblico, há muitos que se deixam levar por "vento de doutrina", ou seja, por modismos passageiros, que têm levado muitos à ruína espiritual.

Há igrejas locais, ou denominações, que chegam ao absurdo de dizer que o verbo pedir (gr. sôzo) é a mesma coisa que "exigir". E muitos, por falta de conhecimento, querem por Deus "no canto da parede", "exigindo" seus direitos! Diz Paulo: "Até que todos cheguemos à unidade da fé e ao conhecimento do Filho de Deus, a varão perfeito, à medida da estatura completa de Cristo, para que não sejamos mais meninos inconstantes, levados em roda por todo vento de doutrina, pelo engano dos homens que, com astúcia, enganam fraudulosamente" (Ef 4.13,14).

Diz a Palavra: "Conheçamos e prossigamos em conhecer o Senhor: como a alva, será a sua saída; e ele a nós virá como a chuva, como chuva serôdia que rega a terra" (Os 6.3). No meio pentecostal, e mais especialmente, no meio neopentecostal, há uma grande superficialidade entre grande parte dos fiéis. Por falta de estudo, bem como de ensino da Palavra de Deus, é que os modismos e invencionices têm tomado conta de muitas igrejas locais. Diz a Bíblia: "A sabedoria é a coisa principal; adquire, pois, a sabedoria; sim, com tudo o que possuis, adquire o conhecimento" (Pv 4.7). A falta de conhecimento da Palavra de Deus leva à destruição: "O meu povo foi destruído, porque lhe faltou o conhecimento" (Os 4.6a).

2. MEDITAÇÃO

O salmista tinha prazer em ler e meditar na Palavra de Deus: "Oh! Quanto amo a tua lei! *É a minha meditação em todo o dia*!" (Sl 119.97, grifos meu). Meditar pode ser entendido como a atitude interior, de reflexão, ponderação e exame daquilo em que se pensa. Os místicos da Nova Era levam as pessoas a adotarem a chamada meditação transcendental, que conduz experiências de transe espiritual de modo passivo. Mas a meditação, com base na Bíblia, leva o crente a ter a mente ativa na absorção das mensagens proporcionadas pelo Espírito Santo de Deus.

O hábito de ler e estudar a Bíblia, meditando, resulta em grandes benefícios espirituais. Através desse hábito, o crente avalia sua situação diante de Deus; seu nível de conhecimentos bíblicos; e abre o coração para ouvir Deus falar pela Palavra. Numa leitura rápida e superficial, dificilmente alguém poderá ouvir a voz de Deus. A vida moderna, com sua pressa, com seu corre-corre, prejudica a atitude reflexiva. Diante de um televisor, não há o que meditar. As mensagens já são oferecidas prontas e acabadas, por meio de milhões de "pixel", ou de pontos luminosos, que parecem hipnotizar os telespectadores. Porém, diante da Bíblia, ninguém poderá ser abençoado, se não parar para pensar e procurar ouvir Deus falando através de suas páginas.

3. PREVENÇÃO

É necessário ter a Palavra no coração para não pecar (Sl 119.11). O velho ditado popular, que diz: "É melhor prevenir que remediar" faz muito sentido, quando aplicado à vida cristã. Ninguém cai, no pecado, numa fração de segundo. Normalmente, a tentação, tal qual um pássaro vagante, sobrevoa a mente e os pensamentos. Mas muitos deixam que ela faça um ninho em seu interior. Um dos fatores que contribuem para a queda, ante a tentação, é a falta de vigilância. Primeiro, por não ter uma vida de oração. Jesus disse: "Vigiai e orai, para que não entreis em tentação; na verdade, o espírito está pronto, mas a carne é fraca" (Mt 26.41). Em segundo lugar, a falta de leitura e estudo da Bíblia, de modo que a mente fique saturada da Palavra de Deus, é fator decisivo para o fracasso diante da tentação. Outro ditado ilustra a vulnerabilidade mental diante dos ataques do Maligno: "Mente desocupada é oficina do Diabo". E há várias formas de esvaziar a mente.

Diante de novelas recheadas de satanismo e sexo ilícito, muitos ficam totalmente vazios da presença de Deus; diante de conversas irreverentes, de murmuração, e leviandade, muitos não dão lugar à presença do Espírito Santo e ficam vazios. Por isso, a leitura e o estudo da Bíblia podem ocupar os espaços da alma para que o crente não seja fragilizado diante das tentações. Diz o salmista: "Escondi a tua palavra no meu coração, para eu não pecar contra ti" (Sl 119.11). Isso significa meditar na Palavra de Deus, valorizando seus ensinos e lições para a vida.

4. Consolo

"Lembra-te da palavra dada ao teu servo, na qual me fizeste esperar. Isto é a minha consolação na minha angústia, porque a tua palavra me vivificou" (Sl 119.49,50). A vida cristã tem momentos difíceis. Muitas vezes, as lutas parecem intermináveis. Sem o consolo divino, é impossível ter paz de espírito em determinadas situações. Ao contrário do descrente, que, em momentos de tribulações, recorre à bebida alcoólica, à vingança, ou se entrega à depressão, o servo ou a serva de Deus, busca o consolo na leitura da Bíblia. Muitos textos bíblicos têm servido de conforto para os momentos de angústia. "Deus é o nosso refúgio e fortaleza, socorro bem presente na angústia" (Sl 46.1); "O Senhor é o meu pastor; nada me faltará" (Sl 23.1); "Isto é a minha consolação na minha angústia, porque a tua palavra me vivificou" (Sl 119.50). Estes e inúmeros outros textos têm sido meios usados por Deus para levantar muitos abatidos e desanimados.

5. Direção divina

"Lâmpada para os meus pés é tua palavra e luz, para o meu caminho" (Sl 119.105). Em momentos de dúvidas, qual a direção a seguir? Qual a melhor decisão, quando nos vemos diante de uma encruzilhada da vida? O não-crente recorre ao horóscopo, aos adivinhos, aos demônios. Mas o crente fiel busca o direcionamento, na oração, na presença de Deus, e na sua Santa Palavra. A leitura da Bíblia, em oração contrita, pode ser um meio abençoado de ter a direção do Senhor para as decisões a tomar. Deus fala através de sua Palavra. São inúmeros os testemunhos de pessoas que, sem saber o que fazer, tiveram o discernimento de seus problemas, através da leitura da Bíblia. Nunca se ouviu dizer que os livros dos filósofos, ou as obras famosas dos intelectuais, guiassem ninguém, nos momentos de aflição ou de incertezas. Mas são abundantes os relatos de homens e mulheres, que foram guiados pela Palavra de Deus. Como lâmpada e luz, a Bíblia nos mostra o caminho a seguir, tanto na vida espiritual, como nas outras áreas da vida.

6. PODER ESPIRITUAL CONTRA AS TENTAÇÕES

"Está escrito". Após ser batizado, no Jordão, Jesus foi levado ao deserto para ser tentado, ou provado. Esta é uma prova eloqüente de sua humanidade. Abrindo mão do uso poderoso de seus atributos divinos, o Senhor deixou-se levar ao paroxismo da provação pelo Adversário, em pleno deserto, enfrentando o calor sufocante do dia, e o frio intenso da noite, sem comer. Ao sentir os efeitos da fome, no seu auge, o Tentador se aproxima do Mestre e lhe propõe transformar pedras em pães. Jesus, usando o texto de Deuteronômio 8.3, diz, resolutamente: "Está escrito: Nem só de pão viverá o homem, mas de toda a palavra que sai da boca de Deus" (Mt 4.4). Ele não investiu com impropérios contra o Tentador, mas usou "a espada do Espírito, que é a palavra de Deus" (Ef 6.17b), vencendo a primeira investida satânica, para pôr em dúvida sua divindade.

Não se dando por vencido, o Tentador procurou usar outra estratégia. Não sabemos como, mas a Bíblia diz que o Adversário "o transportou à Cidade Santa, e colocou-o sobre o pináculo do templo", sugerindo-lhe que se atirasse do alto abaixo, citando, atrevidamente, o Salmo 91.11: "Aos seus anjos dará ordens a teu respeito, e tomar-te-ão nas mãos, para que nunca tropeces em alguma pedra". A tentação estava-se intensificando, à proporção que as forças físicas do Senhor descaíam. Mas Jesus, outra vez, usando a Palavra citou Deuteronômio 6.16, dizendo: "Também está escrito: Não tentarás o Senhor, teu Deus".

A última tentativa do Adversário de levar Jesus a fraquejar espiritualmente e ser derrotado para sempre foi desencadeada, apelando para a "concupiscência do mundo", através da sugestão para a obtenção do poder e da glória humana. O Tentador "mostrou-lhe todos os reinos do mundo e a glória deles. E disse-lhe: Tudo isto te darei se, prostrado, me adorares" (Mt 4.8,9). Com fome e sede, abatido fisicamente, sentindo-se pobre, no sentido humano, o que se passaria pela cabeça de um ser humano, diante de tão sugestiva oferta? Para um homem comum, talvez a visse como irrecusável.

Mas Jesus, resolvendo dar um basta no atrevimento do Adversário, usou a Palavra, com autoridade suprema, e replicou: "Vai-te, Satanás, porque está escrito: Ao Senhor, teu Deus, adorarás e só a ele servirás" (Mt 4.10). Ali, foi demonstrado o poder da Palavra de Deus sobre a tentação; mesmo que a mente esteja sob o efeito da fraqueza da carne, Jesus mostrou-nos que é possível vencer todas as tentações usando o poder da Palavra de Deus.

7. Ordenamento da vida

"Ordena os meus passos na tua palavra, e não se apodere de mim iniqüidade alguma" (Sl 119.133). No mundo relativista, a vida das pessoas, em geral, está desordenada. A falta de ética predomina em todas as áreas da vida social. As pessoas não querem saber de disciplina, de normas, e muitos passam a adotar a libertinagem como estilo de vida. A juventude e a adolescência têm sido guiadas pelos formadores, ou deformadores de opinião, e aceito a filosofia do "é proibido proibir".

No entanto, os servos e servas de Deus, jovens ou adultos, procuram pautar suas vidas segundo a Palavra de Deus, de modo ordenado, disciplinado e ético. "Lâmpada para os meus pés é tua palavra e luz, para o meu caminho" (Sl 119.105). O crente em Jesus não se guia pelas novelas, pela mídia, pelos filmes profanos, nem pelas opiniões dos intelectuais, filósofos, professores, ou "sábios" mundanos, pois eles: "Dizendo-se sábios, tornaram-se loucos" (Rm 1.22; 1 Co 1.26).

Com base na Bíblia, os pais podem orientar seus filhos a terem uma vida ordeira, disciplinada, com segurança, para enfrentarem os desafios da vida pós-moderna; os cônjuges podem viver com satisfação e santidade, dando exemplo aos filhos e aos mais jovens, fortalecendo a instituição familiar. Como se vê no Salmo 119.133, o ordenamento da vida tem por objetivo evitar que a iniqüidade se apodere do homem ou da mulher de Deus.

III – COMO ESTUDAR A BÍBLIA

1. Atitude espiritual

1) Humildade

Diante da Bíblia, o estudioso deve curvar-se com humildade diante de Deus, como o salmista, ao dizer: "Dá-me entendimento, e guardarei a tua lei e observá-la-ei de todo o coração" (Sl 119.34); "A toda perfeição vi limite, mas o teu mandamento é amplíssimo" (Sl 119.96). Ou como Paulo, que se deslumbrou, diante da profundidade da Palavra de Deus: "Ó profundidade das riquezas, tanto da sabedoria, como da ciência de Deus! Quão insondáveis são os seus juízos, e quão inescrutáveis, os seus caminhos!" (Rm 11.33)

Ninguém deve arrogar-se o direito de ser considerado "mestre" ou "doutor" na Bíblia. Paulo diz que Deus "[...] deu uns para apóstolos, e outros para profetas, e outros para evangelistas, e outros para pastores e *doutores*" (Ef 4.11; grifo meu), mas, diante da grandeza e da profundidade da Palavra de Deus, cabe a Ele avaliar quem pode ser visto como doutor nas Escrituras. Jesus aconselhou: "Nem vos chameis mestres, porque um só é o vosso Mestre, que é o Cristo" (Mt 23.10). Há "Doutores em Divindade", que recebem certificados ou diplomas, concedidos por faculdades diversas, mas, diante da altura e da profundidade da Bíblia, entendemos que todo estudioso deve considerar-se apenas aprendiz.

Tiago, com muita sabedoria e humildade, aprendida aos pés do Mestre dos mestres, ensinou: "Meus irmãos, muitos de vós não sejam mestres, sabendo que receberemos mais duro juízo" (Tg 3.1). E Jesus, orando ao Pai, disse: "Graças te dou, ó Pai, Senhor do céu e da terra, que ocultaste estas coisas aos sábios e instruídos e as revelaste aos pequeninos" (Mt 11.25b). No estudo da Bíblia, é atitude sábia humilhar-se diante de Deus, assumindo a posição de "pequenino".

2) Fé

O estudioso da Bíblia só poderá extrair dela lições aplicáveis à sua vida se tiver fé. Estudar a Bíblia sem fé de que Ela é a Palavra de Deus pode ser considerado como perda de tempo, ou mero exercício intelectual. Há teólogos que lêem a Bíblia, e dizem que a mesma não é a Palavra de Deus: apenas a contém. Há quem leia a Bíblia, considerando-a apenas mais um livro de literatura, ou um livro de lendas, de histórias, ou de poesia.

A Bíblia contém, sim, história, poesia, geografia, leis, ética, e muito mais. Porém Ela é muito mais que uma coletânea literária. É a Palavra de Deus. Ao lê-la e estudá-la, com fé, o homem sente que o Espírito Santo fala a seu coração, e provoca sensações, emoções e atitudes, que o direcionam a viver de acordo com a vontade de Deus. Diz a Bíblia: "Mas que diz? A palavra está junto de ti, na tua boca e no teu coração; esta é a palavra da fé, que pregamos" (Rm 10.8).

Um leitor, ou estudante da Bíblia, que está cheio de dúvidas quanto à genuinidade e autenticada da Bíblia, vive se perguntando: "Será que a Bíblia é mesmo a Palavra de Deus"? "Não foram homens que a escreveram"? "Não será um livro como outro qualquer"? O escritor aos Hebreus mostra a inutilidade da pregação e, por extensão, da leitura, ou do estudo da Bíblia, sem o respaldo da fé: "Porque também a nós foram pregadas as boas-novas, como a eles, mas a palavra da pregação nada lhes aproveitou, porquanto não estava misturada com a fé naqueles que a ouviram" (Hb 4.2). É preciso ter olhos espirituais para ver o valor da Palavra de Deus. "Desvenda os meus olhos, para que veja as maravilhas da tua lei" (Sl 119.18).

3) Oração

A oração é a chave que abre as portas da percepção das verdades emanadas da Palavra de Deus. Com humildade e oração, o crente adentra a presença de Deus e recebe do Espírito Santo, o discernimento do conteúdo e do significado do que os textos bíblicos querem expressar. Em uma cidade nordestina, certo irmão bem humilde, ficou ansioso para saber o significado do Apocalipse; e mesmo sem matricular-se em qualquer curso de teologia, recebeu por meio de oração e jejum, todo o significado dos símbolos, das figuras, e das profecias constantes do livro escatológico. Quem estuda a Bíblia deve começar com oração; lê-la em atitude de oração; e terminar a leitura, diariamente, com oração e agradecendo a Deus pelo privilégio de ter o Sagrado Livro em suas mãos, para lê-lo, estudá-lo, e guardar suas lições para praticá-las na vida diária.

4) Santidade

A Bíblia determina que devemos ser santos em toda a maneira de viver (1 Pe 1.15). Qualquer pessoa, mesmo descrente, ou ímpia, pode ler a Bíblia. Uns a lerão para serem salvos, pelo fato de a lerem buscando a verdade. Quem procura, acha (Lc 11.9), quando busca de todo o coração (Jr 29.13). Outros a lerão para sua própria condenação, por lerem-na com o propósito de refutá-la ou de negar seus princípios.

No entanto, para estudar a Bíblia de modo significativo, com proveito para a sua vida, é necessário ter santidade. Ninguém chegará a Deus sem santificação (Hb 12.14). É preciso ler a Palavra de todo o coração (Sl 119.10). A leitura e o estudo da Bíblia devem levar o estudioso a não pecar contra Deus: "Escondi a tua palavra no meu coração, para eu não pecar contra ti" (Sl 119.11). "Santifica-os na verdade; a tua palavra é a verdade" (Jo 17.17).

2. ATITUDE INTELECTUAL

1) Método

Refere-se à maneira ou processo utilizado na leitura da Bíblia. Há pessoas que nunca leram a Bíblia toda, simplesmente porque não adotaram um método simples para conseguir atingir esse objetivo, que é tão saudável para quem quer familiarizar-se com a Palavra de Deus. Há pessoas, em igrejas locais, que sequer sabem localizar um livro, no Novo ou no Antigo Testamento. Um método simples, porém eficaz de leitura bíblica, é seguir uma tabela de leitura que se encontra em muitas Bíblias.

Outro método, mais simples ainda é ler três capítulos por dia, de segunda a sexta-feira, e cinco capítulos aos domingos e feriados. Como a Bíblia tem 1189 capítulos, nos 365 dias do ano, haverá tempo suficiente para lê-la integralmente durante o ano. Não se trata de uma obrigação ler a Bíblia toda em um ano. É desejável, e se constitui numa experiência enriquecedora para a vida cristã, que só traz benefícios espirituais. No entanto, deve ser um objetivo do cristão,que ama a Palavra de Deus, poder lê-la e estudá-la, toda, durante um certo tempo, que pode ser de um ano, dois ou três anos. Depende da disponibilidade de tempo de cada um, e da boa vontade em atingir esse objetivo.

2) Anotações

Como não devemos apenas ler, mas estudar a Bíblia é interessante que se façam anotações. Ao ler um texto bíblico, o estudante ou o estudioso, deve ter o hábito de destacar certos aspectos relevantes que observa. Poderá sublinhar o que lhe chama a atenção; e poderá anotar, à margem, termos ou frases que são significativas no estudo. Mais proveitoso ainda é ter uma caderneta ou caderno de anotações onde vão sendo registradas as idéias e informações obtidas no estudo.

3) Lições para a vida

Mais importante do que ler a Bíblia e fazer anotações que podem ser apenas um exercício intelectual, é procurar extrair da leitura e do seu estudo, lições importantes para a vida. Algumas perguntas podem ser feitas: O que esse texto tem de importante para a minha vida? O que Deus me fala através desse estudo? Estou agindo conforme o que está escrito no texto bíblico? O que fazer para me comportar de acordo com o ensino que contém nesse texto? O método de interrogação abre portas para o entendimento mais profundo do significado das passagens da Bíblia. "Achando-se as tuas palavras, logo as comi, e a tua palavra foi para mim o gozo e alegria do meu coração; porque pelo teu nome me chamo, ó Senhor, Deus dos Exércitos" (Jr 15.16).

3. ATITUDE ÉTICA

1) Comportamento

Certo irmão me perguntou se havia algum problema em ler a Bíblia sem camisa. Eu perguntei: Numa sala de aula, você estuda a lição, diante do professor, sem camisa? Ele respondeu que não. Quando lemos a Bíblia, não estamos diante de um Livro qualquer. Estamos diante da Carta de Deus para a sua Igreja; estamos diante de um Livro, que não contém apenas palavras ou categorias gramaticais, como substantivo, adjetivo, verbo, pronome, etc. A Bíblia é a Palavra de Deus. Ela é "espírito e vida" (Jo 6.63). Não precisamos idolatrar o Livro, mas precisamos ter reverência e respeito, pois tem valor espiritual que transcende à compreensão humana. Os muçulmanos jamais desrespeitam o Alcorão. Os hindus jamais se comportam de modo leviano diante de seus livros sagrados. Os cristãos têm muito mais razões para postarem-se de modo respeitoso e reverente, ao manusearem e estudarem a Bíblia. "Ouvi, Senhor, a tua palavra e temi" (Hc 3.2).

4. ATITUDES PRÁTICAS

1) Tempo (Sl 119.97)

Um dos motivos pelos quais muitos crentes sequer lêem a Bíblia, e jamais a estudam, é porque não reservam um período de tempo para se dedicar a essa tarefa, como parte de sua vida devocional. Oração e leitura da Bíblia são as duas atividades mais importantes para o momento individual de adoração a Deus. O salmista disse: "Antecipei-me à alva da manhã e clamei; esperei na tua palavra" (Sl 119.147). As desculpas esfarrapadas de que não se tem tempo não convencem. Muitos cristãos passam horas e mais horas, diante da TV, ou do computador, muitas vezes, entretidos com coisas supérfluas. E não passam 15 minutos por dia, voltados para a leitura e estudo da Bíblia. Lendo a Bíblia, durante 15 a 20 minutos por dia, lendo e estudando três a cinco capítulos, é suficiente para ler a Bíblia toda durante o ano. Os benefícios para o crescimento espiritual são extraordinários. Pode-se ler um capítulo só, ou dois, diariamente, e ter-se-á oportunidade de ler a Bíblia toda em dois ou três anos.

2) Local

Os bons leitores e, sobretudo, os bons estudantes, sabem que, além de escolher o tempo adequado para isso, é muito importante escolher o local para se dedicar ao estudo. É interessante que o leitor da Bíblia procure, em sua casa, um lugar costumeiro para o estudo da Palavra de Deus. Essa atitude tem efeito psicológico sobre o aprendizado da palavra de Deus. O local, se possível, deve ser tranqüilo, sem barulho que prejudique a concentração na leitura; deve ter iluminação adequada para não cansar a visão; jamais ler, ouvindo rádio, ou diante de um televisor. "Oh! Quanto amo a tua lei! É a minha meditação em todo o dia!" (Sl 119.97)

3) Disciplina

A disciplina é indispensável para quem quer estudar a Bíblia com dedicação. Muitos não conseguem ler a Bíblia porque não sabem organizar seu tempo, suas atividades, sua vida. Fazem tudo sem planejamento, sem definição de prioridades. Com isso, desperdiçam tempo, energia, e não conseguem alcançar os objetivos desejados. A leitura de toda a Bíblia deve ser um objetivo importante na vida cristã. Mas para alcançar esse objetivo, faz-se necessário estabelecer metas. O estudante deve dizer: Desejo ler a Bíblia toda, durante o ano; para tanto, preciso ler entre 3 a 5 capítulos por dia, no mesmo horário, e no mesmo local. "A tua palavra é muito pura; por isso, o teu servo a ama" (Sl 119.140); "Os meus olhos anteciparam-me às vigílias da noite, para meditar na tua palavra" (Sl 119.148).

IV – REGRAS BÁSICAS DE INTERPRETAÇÃO DA BÍBLIA

1. "A BÍBLIA, SUA PRÓPRIA INTÉRPRETE"[2]

Ou seja, *a Bíblia interpreta Ela mesma*. Parece simples, mas não é. Há textos, na Bíblia, em que encontramos dificuldade em

---

[2] E. LUND & P.C. NELSON. *Hermenêutica*, p. 23.

sua interpretação. Quando um texto parece difícil ou obscuro, é necessário recorrer às palavras correlatas; se isso não resolver, é interessante que se leia o texto antes e depois da parte em estudo, ou seja, ao contexto; se mesmo assim não conseguir, é necessário analisar todo o capítulo, ou passagem; e se ainda houver dificuldade, é necessário ver textos paralelos e, se não há esclarecimento, busca-se o sentido geral da própria Bíblia. Se não houver compreensão, ainda, não adianta querer dar interpretações particulares ou extra-bíblicas. Só com oração, na presença de Deus, poder-se-á ter a luz do Espírito Santo, que é o Autor da Bíblia. Mas, seguramente, se Ele resolver dar a interpretação, certamente, sê-lo-á dentro da própria Bíblia, e não fora dela.

Por desrespeito a essa regra fundamental, é que surgiram, surgem, e ainda vão surgir muitas heresias, que resultam em seitas e movimentos espúrios, contrários à Palavra de Deus. O cristão não deve permanecer com dúvidas a respeito de alguma passagem bíblica. Além de buscar a interpretação no próprio Livro, poderá recorrer a pessoas, nas igrejas locais, que tenham mais conhecimento bíblico e teológico, visando alcançar o significado daquilo que lê. O mordomo-mor de Candace, quando indagado por Filipe, se entendia o que lia, respondeu: "Como poderei entender, se alguém me não ensinar?" (At 8.31)

2. PROCURE INTERPRETAR AS PALAVRAS, RESPEITANDO O SEU CONTEXTO

O contexto se constitui dos versículos que antecedem o texto, os que o seguem, e os que têm correlação, em outros textos bíblicos. Quando uma palavra ou o versículo, apresentar alguma dificuldade para seu entendimento, deve-se ler um pouco antes, e até depois, a fim de buscar-se o sentido verdadeiro dos mesmos. A não observância dessa regra tem sido causa de muitas heresias ensinadas por seitas e movimento heréticos. Uma palavra isolada pode causar distorções no sentido do texto.

3. É PRECISO CONSIDERAR O SENTIDO DAS PALAVRAS NO TEXTO

Vale salientar que há o sentido literal e o sentido figurado. Às vezes, o "sentido usual e comum" não é o literal.

1) Sentido literal. É aquele que consta dos dicionários, nas enciclopédias bíblicas, e em outros auxílios lingüísticos.

Exemplos:
"Então, o Senhor Deus fez cair um sono pesado sobre Adão, e este adormeceu; e tomou uma das suas costelas e cerrou a *carne* em seu lugar" (Gn 2.21; grifo meu).
Qual o sentido da palavra "carne" no texto? Lendo o texto vê-se, naturalmente, o sentido literal de "tecido muscular" do corpo humano.
"Ora havia naquela mesma comarca *pastores* que estavam no *campo*, e guardavam durante as *vigílias da noite* o seu *rebanho*" (Lc 2.8; grifo meu). Qual o sentido das palavras sublinhadas? Não há outro, senão o literal.

2) Sentido figurado. "E viu Deus a terra, e eis que estava corrompida; porque toda *carne* havia corrompido o seu caminho sobre a terra" (Gn 6.12; grifo meu). Embora "carne" possa ter mais de um significado, no léxico, no texto só pode ter um sentido. Qual o sentido da palavra carne nesse texto? Pelo conteúdo do versículo, verifica-se que, mesmo tendo a mesma grafia que a do versículo anterior, tem um sentido diferente do literal. Nesse versículo, "carne" tem o significado de pessoas, seres humanos, daquela época, antes do Dilúvio.
"Como purificará o jovem o seu *caminho*? Observando-o conforme a tua palavra" (Sl 119.9; grifo meu). Neste versículo, a palavra "caminho", no sentido literal (vereda, percurso), perderia significado. Mas, analisada no contexto da frase, tem a conotação de conduta, modo de agir, de viver e de procedimento.
João, ao ver Jesus disse: "Eis o *Cordeiro* de Deus, que tira o pecado do mundo" (Jo 1.29b; grifo meu). A palavra "Cordeiro" não tem sentido literal (animal). Refere-se à missão de Jesus, de ser morto, como um cordeiro, para a salvação dos que nEle crêem.

4. OBSERVAR O DESÍGNIO DO TEXTO, DO LIVRO E AS PASSAGENS PARALELAS, PARA INTERPRETAR O SENTIDO ONBSCURO DE PALAVRAS OU EXPRESSÕES APARENTEMENTE CONTRADITÓRIAS

Quando ocorrerem passagens ou textos, que pareçam obscuros ou contraditórios, deve-se levar em conta o objetivo ou desígnio da passagem ou do livro em que o texto se insere; se isso não esclarecer, deve-se levar em conta o objetivo ou desígnio da Bíblia.

O desígnio de uma passagem bíblica pode ser visto, quando se lê o texto várias vezes, considerando os aspectos históricos, o tempo em que foi escrito, a quem se destinava. Há situações em que o desígnio do livro encontra-se claro internamente, em algum versículo. Em João 20.31, vemos o desígnio dos Evangelhos: "Estes, porém, foram escritos para que creiais que Jesus é o Cristo, o Filho de Deus, e para que, crendo, tenhais vida em seu nome".

Há muitas outras regras da interpretação bíblica. Mas, para que o leitor fique mais aprofundado no assunto, é desejável que adquira livros específicos sobre *hermenêutica bíblica*.

A Bíblia não é apenas um livro; nem mais um livro entre tantos outros. Ela é a Palavra de Deus. O crente deve valorizar não somente a leitura, mas principalmente, o estudo sistemático, diário e persistente do Sagrado Livro. É de grande proveito para a formação do caráter cristão, individual, familiar, e de toda a igreja local. O estudo bíblico contribui decisivamente para o crescimento na graça e no conhecimento do Senhor Jesus Cristo.

BIBLIOGRAFIA

ALMEIDA, Abraão de. *Deus revela o futuro*. Rio de Janeiro: CPAD, 1983.

_____. *Teologia Contemporânea*. Rio de Janeiro: CPAD, 2002.

ANDRADE, Claudionor Corrêa de. *Dicionário Teológico*. Rio de Janeiro: CPAD, 1997.

ARCHER, Gleason. *Enciclopédia de Dificuldades Bíblicas*. São Paulo: Vida, 1997.

_____. *Merece Confiança o Antigo Testamento?* São Paulo: Vida Nova, 1986.

BANCROFT, E.H. *Teologia Elementar*. São Paulo: IBR, 1979.

BERGSTÉN, Eurico. *Teologia Sistemática: Doutrina das Últimas Coisas*. Rio de Janeiro: CPAD, 1980.

BERKHOF, Louis. *Teologia Sistemática*. Campinas: Luz Para o Caminho, 1990.

_____. *Bíblia de Estudo Pentecostal*. Rio de Janeiro: CPAD, 1995.

_____. *Bíblia de Estudo de Aplicação Pessoal*. Rio de Janeiro: CPAD, 2003.

_____. *Bíblia em Orden Cronológica*. São Paulo: Vida, 2001.

BOYER, Orlando. *A Visão de Patmos*. Rio de Janeiro: CPAD, 1955.

CABRAL, Elienai. O estado intermediário dos mortos. *Lições Bíblicas*. Rio de Janeiro: CPAD, p.21. 3º Trimestre de 1998.

_____. A Ressurreição dos Mortos. *Lições Bíblicas*. Rio de Janeiro: CPAD, p.25, 3º Trimestre, 1998.

CAMARGO, Gonzalo Baez. *Breve História Del Cânon Bíblico*. México: CUPSA, 1992.

CHAFER, Lewis Sperry. *Teologia Sistemática*. São Paulo: Hagnos, 2003.

CHAMPLIN, R.N. & BENTES, J. M., *Enciclopédia de Bíblia e Teologia*, Vols. 5,6. São Paulo: Candeia, 1995.

COHEN, Armando Chaves. *Estudos Escatológicos: "O Apocalipse"*. Brasília, 1990.

DARWIN, Charles. *Origem das Espécies*. S. Paulo: Hemus, s.d.

DUFFIELD, Guy P. & VAN CLEAVE, Nathaniel M. *Fundamentos da Teologia Pentecostal*. São Paulo: Quadrangular, 2002.

EHRMAN, Bart D. *O que Jesus Disse? O que Jesus não Disse?* São Paulo: Prestígio, 2006.

GEERING Lloyd. *Deus em um Mundo Novo*. São Paulo: Fonte Editorial, 2005.

GEISLER, Norman & NIX, William. *Introdução Bíblica: como a Bíblia chegou até nós*. São Paulo: Vida, 1997.

GEISLER, Norman L. & RHODES, Ron. *Resposta às Seitas* . Rio de Janeiro: CPAD, 2001.

GILBERTO, Antônio. *O Calendário da Profecia*. Rio de Janeiro: CPAD, 1985.

_____. *A Bíblia através dos Séculos*. Rio de Janeiro: CPAD, 1987.

GRENZ, Stanley J & GURETZK, *David* I, *Dicionário de Teologia*. São Paulo: Vida, 2000.

GRUNDY, Stanley. *Teologia Contemporânea*. São Paulo: Mundo Cristão, 1983.

HELDER, Pontes. *Um pouco de Historiografia*. Disponível em http://umpoucodehistoriografia.blogspot.com. Acesso em: 09 Novembro de 2007.

BIBLIOGRAFIA

HENRY, A. Virkler. *Hermenêutica*. São Paulo: Vida, 1987.

HORTON, Stanley M.. *A Vitória Final*. Rio de Janeiro: CPAD, 1995.

_____. *Teologia Sistemática*. Rio de Janeiro: CPAD, 1997.

_____. *Nosso Destino*. Rio de Janeiro: CPAD, 1998.

LIMA, Elinaldo Renovato de. *A Família Cristã nos Dias Atuais*. Rio de Janeiro: CPAD, 1986.

_____. Lições Bíblicas. *Hebreus*. Rio de Janeiro: CPAD, 3º Trimestre de 2001.

_____. *Ética Cristã*. Rio de Janeiro: CPAD, 2002.

_____. *Perigos da Pós-modernidade*. CPAD: Rio, 2007.

LIVINGSTON, George Herbert. *et al. Comentário Bíblico Beacon*. Rio de Janeiro: CPAD, 2005.

LOCKYER, Herbert. *Apocalipse: o Drama dos Séculos*. São Paulo: Vida, 1982.

OLSON, N. Lawrence. *O Plano Divino através dos Séculos*. Rio de Janeiro: CPAD, 1974.

PACHE, René. *L'au de lá*. Saint Légier: Editions Emaüs, 1982.

PEARLMAN, Myer. *Conhecendo as Doutrinas da Bíblia*. Rio de Janeiro: CPAD, 1963.

PFEIFFER, Charles F. *et al. Dicionário Bíblico Wycliffe*. Rio de Janeiro: CPAD, 2006.

SILVA, Severino Pedro da. *Apocalipse Versículo por Versículo*. Rio de Janeiro: CPAD, 1985.

STRONG, Augustus Hopkins. *Teologia Sistemática*. São Paulo: Hagnos, 2003.

SUMMERS, Ray. *A Mensagem do Apocalipse*. Rio de Janeiro: JUERP, 1986.

WALVOORD, John F & WALVOORD, John E. *Armagedom*. São Paulo: Vida, 1975.

WILEY, H. Orton & CULBERTSON, Paul T. *Introdução à Teologia Cristã*. São Paulo: Casa Nazarena de Publicações, 1990.